KB253457

누다심의
심리학 블로그

누다심의 심리학 블로그

강현식 지음
임익종 그림

살림

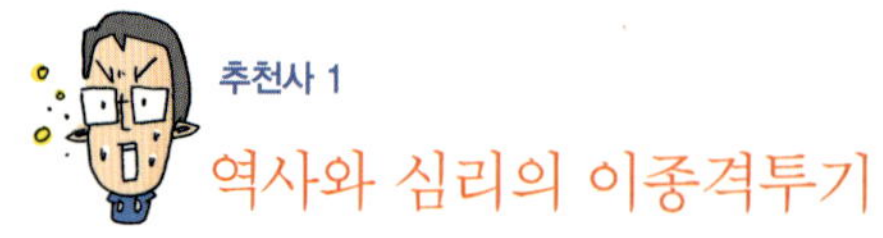

역사와 심리의 이종격투기

중국집에 가면 항상 고민이었다. 자장면을 먹을 것인가, 짬뽕을 먹을 것인가. 그 오랜 고민을 한 번에 풀어준 것이 '짬짜면'이었다. 그릇을 반으로 나눠 반은 자장면을, 나머지 반은 짬뽕을 넣은 것이다. 이 책은 마치 짬짜면 같다. 어느 한쪽이 맛이 없다면 짬짜면을 시킬 사람이 없을 터인데 『누다심의 심리학블로그』는 역사 속에서 보는 심리, 인간의 심리로 꿰뚫는 역사로 반 그릇씩을 풍성하게 채우고 있다.

이 책의 심리관련 내용에 대해 숙지하고 있던 나는 저자가 풀어놓는 역사에 대한 해박하고도 쉬운 해설에 놀라지 않을 수 없었다. 그리고 심리이론도 어렵지 않게 잘 풀어내고 있어 한 우물만 제대로 파라던 옛 어른들의 말은 유효기간이 끝나버렸다는 탄식을 하게 만든다. 심리학+역사이야기. 전혀 어울릴 것 같지 않은 두 가지 영역이 만나 부딪힐 때 생기는 공감각적 자극은 매너리즘에 빠진 우리의 마음의 비어 있던 영역을 확 트여줄 것이다.

이종격투기에 사람들이 열광하는 이유는 맞붙어본 적이 없는 두

격투기가 격돌해 전혀 다른 모습을 보이기 때문이다. 이는 사람들의 상상을 자극한다. 마찬가지로 『누다심의 심리학 블로그』는 평소 역사와 심리에 관심이 있던 사람들이 이 두 영역을 넘어서서 새로운 상상을 할 수 있는 신천지를 펼쳐줄 것이다.

하지현 (건국의대 정신과 교수)

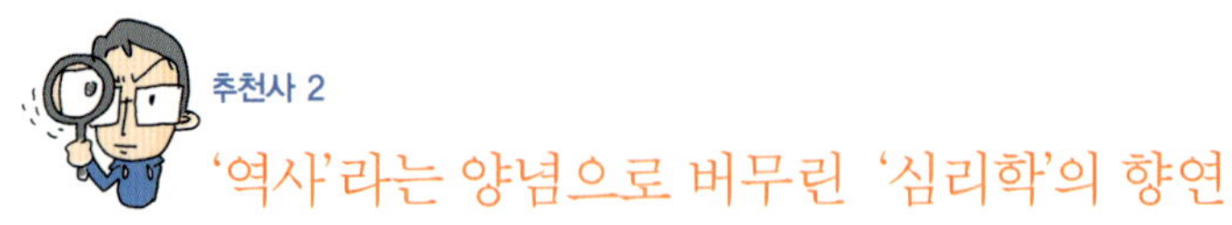

'역사'라는 양념으로 버무린 '심리학'의 향연

이 책은 '역사'라는 양념으로 버무린 '심리학'의 향연이다. 입시 위주의 암기식 역사 교육에 진저리치는 청소년들과 심리하면 '사이코'라는 말 외에는 문외한인 이들에게 두 가지 모두를 맛볼 수 있는 좋은 길잡이이다.

역사를 바라보는 눈은 매우 다양하다. 그렇지만 오늘날 역사학이라는 학문의 세계에서 역사는 정치적 이해 관계, 사회경제적 배경, 사료를 포함한 여러 통계 수치 등으로 가득 찬 매우 난해한 과학처럼 뒤바뀌면서 일반인들과의 거리가 사뭇 멀어졌다. 최근 역사학계는 이러한 흐름에 반성하며 좀 더 인간의 이야기가 녹아든 역사 서술의 방식을 찾고 있다. 미시사 혹은 문화사나 심성사라고 부르는 것들이 등장하였다. 서양의 관상학, 기생을 통해 본 시대사, 중세 농민의 생활사 등 여러 각도에서 상상력이 풍부하고 다양한 이야기로서의 역사가 등장하고 있다. 하지만 이러한 노력이 청소년들을 위해 눈높이를 맞춰 다가서려는 노력은 부족한 것 같다.

이 책은 위와 같은 문제의식이 잘 정돈된 느낌이다. 어렴풋이 이름이라도 들어봤을 법한 알렉산더, 나폴레옹, 마르크스에서부터 최근의 이라크 전쟁까지 역사적 사건들을 들추면서 그 속에 감춰진 인간의 내면을 알기 쉽게 풀어 주고 있다. 음모와 배신, 광기, 질투, 욕망 등 우리가 순전히 개인적 측면으로 치부해 버릴 심리가 실제 역사에서 매우 중요한 열쇠로 작용했음을 이야기하고 있다.

　어린 시절 역사책에 열광하다 제도 교육의 딱딱함으로 역사를 한쪽 구석으로 밀어버렸던 청소년들에게 이 책이 자기와 마주보고 세상을 바라볼 수 있는 하나의 시선을 가꿔가는 데 큰 도움이 되리라 기대하며 역사와 심리학의 화학적 결합에 박수를 보낸다.

최경석(서라벌고 역사 교사)

역사를 심리학으로 들여다보다

♥ 역사 history

역사는 교육과정에서 빠지지 않는 과목입니다. 저 역시 초등학교 때부터 역사를 배우기는 했지만, 너무 재미없고 지루하게 배웠던 기억이 있습니다. 제가 만난 역사 선생님들은 대체로 교과서를 줄줄 읽어가면서 시험을 위해 암기 포인트를 집어주는 방식을 쓰셨습니다. 역사를 특별히 좋아하는 것도 아니었기에, 이런 수업 방식은 역사에 흥미를 완전히 잃게 만들었습니다. 적어도 고등학교 2학년 때까지는 말이죠.

그런데, 고등학교 2학년 때 만난 세계사 선생님은 달랐습니다. 선생님은 교과서에 얽매이지 않았을 뿐만 아니라, 오히려 교과서를 뛰어넘는 설명을 해주셨습니다. 교과서에 나오는 내용을 이야기하되, 아주 재미있는 옛날이야기를 들려주듯이 역사를 가르쳐주셨습니다. 선생님의 이야기에 빠져 있으면, 수업은 이미 끝나버리곤 했습니다. 교과서를 펴지 않았기에 진도를 나가지 않은 것 같았지만, 선생님이 해주셨던 재미난 이야기들이 교과서 내용 그대로였던 것입니다. 게다가 선생님은 우리들의 흥미를 끌어내기 위해서 야사(野史)를 들려주시기도 했고, 또한 교과서에서 잘못 기록된 부분을 지적해서 관점에 따라 역사를 다르게 해석할 수 있음을 알려주시기도 했습니다.

저는 그 뒤로 역사를 좋아하게 되었습니다. 무조건 외워야 하는 역사, 전체 평균을 올리기 위한 암기 과목인 역사가 아니라, 우리 선조들의 이야기인 역사에 눈을 뜨게 된 것입니다. 이야기로서의 역사, 바로 이것이 책을 쓰면서 제일 염두에 둔 주제였습니다. 독자들이 마치 할머니의 무릎을 베고 누워서 옛날이야기를 듣는 것처럼 이 책을 읽을 수 있다면, 그래서 저처럼 역사에 별 관심이 없었던 사람이 역사에 대해서 조금이나마 재미와 흥미를 느낀다면 이 책의 첫 번째 목적은 이루었다고 할 수 있습니다.

'역사를 전공하지 않은 사람이 역사에 대한 이야기를 해도 될까?'

책을 쓰기에 앞서 고민이 많았습니다. 하지만 역사학을 전공하는 사람들을 위한 책이 아니라 청소년을 위한 책이기 때문에, 내가 이해할 수 있는 정도의 이야기라면 사람들도 쉽게 이해할 수 있을 것이라고 생각했습니다. 그래서 가능하면 쉽게 쓰려고 했고, 그러면서도 정확한 정보를 제공하기 위해서 검증된 자료들을 사용했습니다. 이를 위해서 새롭게 읽고 살펴본 책들이 수십 권에 이릅니다. 그런데도 역사학적 관점에서 혹시 잘못된 부분이 있다면 언제든지 바로잡겠습니다.

♥ 심리학 psychology

'도대체 심리학과 역사가 무슨 상관이 있는 걸까', '심리학으로 역사를 어떻게 설명하겠다는 거야?'

아마 이 책을 보는 분들은 심리학과 역사가 서로 어울리지 않는다고 생각할 수도 있을 것입니다.

사람들이 말하길, 역사를 모르고서는 현재를 이해할 수 없고, 미래를 예측할 수 없다고 합니다. 그래서 역사를 공부하는 것이겠죠. 어떻게 이런 주장을 할 수 있을까요? 그것은 바로 역사가 되풀이된다고 보기 때문입니다. 물론 어떤 사람은 역사는 되풀이된다기보다 진보한다고 주장할 것입니다. 그러나 이들이 말하는 진보도 과거의 반복과 순환 안에서 이해할 수 있습니다. 만약 역사가 과거와 상관없이 발전하고 진보한다면, 우리는 굳이 과거를 들여다볼 필요도 없을 것입니다.

그렇다면 왜 역사는 반복될까요? 그 이유는 과거에 살았던 사람들이나 지금 살고 있는 사람들, 그리고 앞으로 살 사람들 모두 똑같은 "사람"이기 때문입니다. 사람의 마음과 행동을 연구하는 심리학에서는 사람의 마음과 행동을 움직이는 원리가 있음을 주장합니다. 그리고 이 원리는 과거나 현재나 미래에 상관없이, 사람이라면 모두 똑같다고 합니다.

역사를 이해할 때 사람의 마음과 행동을 빼놓고는 생각할 수 없습니다. 역사는 사람의 마음과 행동의 모음이니까요. 그리고 사람의 마음과 행동을 연구하는 것이 심리학이므로, 우리는 역사를 심리학으로 들여다볼 수 있다는 결론에 도달할 수 있습니다. 물론 역사학자들과 심리학자들은 서로의 영역에 대해 별 관심을 갖지 않는

듯합니다. 그래서 이러한 새로운 시도를 양쪽 모두 곱지 않은 시선
으로 바라볼 수도 있습니다. 하지만 이미 역사학자의 연구에는 심
리학적 해석이 상당 부분 포함되어 있으며, 심리학에서도 역사를
이해하기 위한 연구와 노력들이 있음을 볼 수 있습니다. 심리학의
관점으로 역사를 이해하려는 것이 생소할 수는 있겠지만, 이미 사
용하고 있는 접근이라고 할 수 있습니다.

이 책을 통해 역사를 새로운 눈으로 볼 수 있고, 역사를 바라보
는 또 다른 관점을 갖게 된다면 이 책의 두 번째 목적은 이루었다고
할 수 있습니다.

♥ 고마운 사람들 thanks to

이 책이 나올 수 있기까지 애쓰신 분들께 고마움을 전합니다.

우선 살림의 강심호 선생님은 첫발을 뗄 수 있도록 도와주셨고,
이정화 선생님은 훌륭한 조언과 편집으로 이 책이 세상에 나올 수
있도록 애쓰셨습니다. 이 두 분은 서투르고 부족한 저를 오랫동안

기다려 많은 힘을 주셨습니다.

첫 책에 이어서 일러스트를 맡아준 익종에게도 고마움을 전합니다. 그의 재치 있는 그림은 언제나 제 글을 빛나게 해줍니다.

결혼한 지 얼마 지나지 않아 글을 쓰기 시작해 함께 있는 시간이 많이 부족했지만, 언제나 사랑으로 격려하고 원고를 검토해준 내 반쪽에게 감사와 사랑을 전합니다. 마지막으로 오랜 시간 동안 공부할 수 있도록 물심양면으로 도와주신 부모님께 감사드립니다.

부디 이 책이 역사를 이해하고, 사람을 이해하는 데 조금이나마 도움이 되었으면 좋겠습니다.

2007. 1.
누구나 다가갈 수 있는 심리학을 꿈꾸는 이
강현식

Contents

누다심의 심리학블로그

01 음모의 심리학

모든 사건에는 분명 비밀조직의 그림자가 있다?

댄 브라운(Dan Brown)의 소설 『다빈치 코드』는 예수가 막달라 마리아와 결혼하여 딸을 낳았다는 스토리로 전 세계적으로 큰 관심을 끌었다. 이 소설에서 작가는 가톨릭 교회가 신앙의 근본을 뒤흔들 수 있는 충격적인 사실을 은폐하기 위해서 막달라 마리아를 창녀라고 낙인찍었으며, 지금도 비밀단체인 오푸스 데이(Opus Dei)를 통해 음모를 꾸미고 있다고 주장했다.

가톨릭 교회를 비롯한 많은 기독교인들은 이 소설의 내용이 터무니없다고 즉각 반발하고 나섰다. 심지어 인도에서는 상영금지 가처분 소송까지 벌어져서 영화가 1주일 연기되어 개봉되기도 했다. 많은 사람들이 이 소설에 대해 민감하게 반응한 이유는 소설에서 작가가 사용한 소재들이 나름대로 상당한 설득력이 있을 뿐만 아니라, 실제로 존재한 것들이기 때문이다. 그 대표적인 예가 오푸스 데이이다. 오푸스 데이는 실제로 존재하는 가톨릭 단체로, 소설에서는 아주 끔찍한 살인도 서슴없이 저지르는 모습으로 묘사했다. 이런 묘사에 대해 오푸스 데이는 자신들은 소설과 영화에 나오는 것처럼 음모를 꾸미는 비밀단체가 아니라고 강력하게 반박했다. 그런데 흥미롭게도 오푸스 데이와 가톨릭 교회가 이렇게 강하게 반발하고 나서자, 사람들의 의구심은 오히려 더 커졌다. 정말 일반인들이 모르는 무엇인가가 있는 것이 아닌가 하고 생각하는 것이다.

이렇게 사람들은 자신들이 모르는 비밀조직이 존재한다고 쉽게 믿는 경향이 있다. 비밀조직이 자신들의 이익을 위해 음모를 꾸미고 여러 사건을 조작한다고 의심한다. 그리고 사건이 크면 클수록 단순한 사고가 아니라 어떤 목적을 가진 비밀조직이 뒤에 있으며, 만약 단순한 사고였다고 수사 당국이 발표하더라도 곧이곧대로 믿지 않는다. 오히려 비밀조직이 음모를 꾸미면서 수사 당국에까지 영향력을 미쳤을 것이라고 짐작한다. 이러한 현상을 음모론(conspiracy theory)이라고 한다. 바로 엄청난 사건 뒤에는 엄청난 이유가 있다고 생각하는 것이다. 다시 말해, 확실하게 알 수는 없지만, 우리가 알지 못하는 무언가가 있다고 의심한다. 뒤에서 사건을 일으키는 조직은 나름대로 목적을 달성하기 위해 우리의 상상을 초월하는 조직력과 자금력으로 대형 사건들을 일으킨다는 것이다. 더 나아가 그들이 이미 세계경제와 정치를 주름잡고 있으며, 세계 역사의 방향을 결정하고 있다고 한다. 이처럼 음모론은 사건을 뒤에서 조종하는 비밀조직을 가정하는 경우가 많다.

하지만 다른 한편에서는 이 모든 것이 허구이며, 사실이더라도 지나치게 과장되었다고 주장한다. 세계 역사란 그렇게 단순하게 움직이는 것이 아니며, 또한 이들이 추구하는 목적이 인류 모두에게 도움이 된다면 그렇게 크게 문제가 될 것이 없다고 한다.

이러한 음모론은 주로 실체가 명확하지 않은 비밀조직일 때 적용되지만, 눈에 보이는 실체가 연결이 될 때에는 편견으로 이어진다. 그 대표적인 예가 바로 유대인들에 대한 편견이다. 유대인들이 모종의 음모를 꾸미고 있다는 오해는 결국 유대인에 대한 편견을 심화시켰고, 이는 더 나아가 유대인 박해로까지 이어졌다는 점에서 음모와 편견은 공통 부분이 있음을 알 수 있다.

과연 누구의 주장이 맞는지, 비밀조직이 실제로 존재하는지, 그리고 어떻게 활동하는지를 살펴보려는 것은 아니다. 우리는 지금부터 왜 끊임없이 음모론이 제기되고 있으며, 심리학에서는 음모와 연관이 있는 편견에 대해서 어떤 연구를 했는지를 살펴볼 것이다.

비밀조직은 언제부터 존재했을까

오직 그리스도교만이 유일한 진리이며, 따라서 그리스도를 섬기는 교회만이 유일한 구원의 방법이고, 그 교회의 수장이 교황이므로 누구든지 교황의 말에 순종해야 천국에 갈 수 있다는 논리가

1천 년 이상 중세 유럽을 지배했다. 하지만 이러한 논리는 자연과학의 발견과 종교개혁, 그리고 르네상스 운동으로 더는 힘을 갖지 못하게 되었고, 많은 지식인들은 새로운 사상과 철학에 관심을 가졌다.

이처럼 중세 시대까지는 인간의 이성(理性)보다는 교회의 권위를 더 우선으로 여겼다. 인간이 스스로 생각해보고 판단하기보다는 교회에 물어보는 방법을 더 좋아했던 것이다. 하지만 중세 시대가 막을 내리면서 사람들은 인간의 가능성, 이성과 합리성에 눈을 뜨기 시작했다. 이와 같은 사상은 16~18세기에 계몽주의(啓蒙主義, enlightenment)[1]로 꽃피우면서, 지식인들은 구시대의 진리와 제도에 만족하지 않았다. 계몽주의 사상의 뿌리인 고대 철학에 눈을 돌려서, 모든 종교는 하나의 핵심적인 진리가 다르게 표현된 것이라는 가르침을 받아들이기 시작했다. 또한 종교적인 믿음은 개인의 깨달음에 근거한 것이지, 기존의 종교 단체가 주도할 수 없다고 생각했다. 그리고 종교의 평등성은 세상의 여러 불평등한 문제를 해결하는 데도 적용해야 한다고 주장하기 시작했다. 바로 이런 배경에서 수많은 조직들이 탄생했으며, 이 조직들은 가톨릭 교회를 비롯한 기존의 종교 단체들로부터 심한 탄압을 받았기 때문에 대체로 비밀조직의 형태로 발전했다.

그중 가장 오랜 역사를 가진 단체가 바로 프리메이슨(Freemason)[2]이다. 처음에 프리메이슨은 중세 석공(mason)들의 친목과 사업을 목적으로 만든 길드(guild)에서 시작된 것으로 추정되지만,

1) 신(神)·이성(理性)·자연·인간 등의 개념을 하나의 세계관으로 통합한 혁신적 사상. 예술·철학·정치에 혁명적인 발전을 가져왔다. 이성의 계몽을 통해 우주를 이해하고 인간 생활을 개선하려고 했다.

2) 세계 동포주의, 인도주의를 바탕으로 사회 사업과 박애 사업 따위를 벌이는 세계적인 민간단체. 하지만 이들이 추구하는 목표가 전 세계를 하나의 종교와 국가로 통합하려는 것이라고 주장하는 사람들도 있다.

점차 석공이 아닌 사람들도 회원으로 받아들이기 시작했다. 이들은 비밀스럽게 모여서 새로운 지식을 나누고 새로운 세상을 함께 모색하면서, 필요하다면 실제적인 일을 추진하기도 했다. 프리메이슨에 가입한 사람들은 조직에 속해 있다는 소속감과 기존의 종교와는 다른 믿음, 그리고 비밀조직이라는 긴장감, 그리고 인맥을 만들 수 있었다. 오늘날 영국에는 60만 명, 북미 지역에는 350만 명의 프리메이슨이 활동하고 있는 것으로 짐작하지만, 정확한 수치와 규모는 알려져 있지 않다. 그야말로 비밀조직이기 때문이다.

그렇다면 비밀조직들은 정말 역사의 흐름에 직접 영향력을 행사했을까? 이에 대해서는 많은 논란이 있다. 정확하고 객관적인 자료가 부족한 상황이지만 미국의 독립혁명을 중심으로 그 가능성을 살펴보자.

미국에서는 1730년 무렵 프리메이슨이 창설되었다. 기존의 종교나 제도와는 전혀 다른 프리메이슨의 사상은 식민지 시대를 살고 있던 미국 지식인 계층에 빠르게 퍼져 나갔다. 이때 프리메이슨에 가입한 많은 지식인들은 독립전쟁에서 중대한 역할을 했다. 예를 들자면, 벤자민 프랭클린(Benjamin Franklin)[3]은 펜실베니아 프리메이슨 지부의 그랜드 마스터(Grand Master)[4]였다. 어떤 자료에 따르면, 미국 독립선언서의 서명자 56명 중 프리메이슨 단원이 프랭클린을 비롯하여 50명이었다고도 하고, 또 다른 자료에 따르면, 8명뿐이었다고도 한다.

프리메이슨 단원으로 미국에서 가장 널리 알려진 인물은 미국의 오푸스 데이를 옹호하는 사람들은 이 단체가 가톨릭 교회의 성직 자치단의 하나로 평신도들로 구성되어 있으며, 그 목적은 사람들이 각자 자신의 일터와 가정, 그리고 일상적인 활동 속에서 그리스도를 발견하도록 도와주는 것이라고 한다. 하지만 오푸스 데이를 비판하는 사람들은 성직 자치단은 교회 내부의 통상적인 감독이나 간섭에서 자유로운 권력 기반을 구축하기 위해 손쉬운 수단, 즉 비밀결

사람들은 자신들이 모르는 비밀조직이 있다고 쉽게 믿는 경향이 있다.

사 조직을 구축하기 위한 방법일 뿐이라고 주장한다. 그러면서 오푸스 데이는 회원들에게 보수적 사상을 주입한 후, 이들을 사회의 각 분야로 침투시킴으로써 막대한 부를 축적함과 동시에 영향력을 증대하며, 이러한 부와 영향력을 가지고 자신들의 보수적 입지를 확고히 하려 한다고 주장한다.

–『비밀과 음모의 세계사』에서

초대 대통령인 조지 워싱턴(Geroge Washington)이다. 그는 대통령 취임 당시 선서에서 프리메이슨의 성경을 사용했다고 한다. 또한 오늘날 미국에서 사용하는 1달러 지폐의 뒷면에 있는 피라미드 위쪽에 사람의 눈이 보이는데, 이것이 바로 프리메이슨을 상징하는 기호이다. 1달러 지폐에 버젓이 프리메이슨을 상징하는 기호가 들어갔다는 것은 미국에 프리메이슨 단원이 아주 많고 영향력도 매우 크다는 것을 보여주는 단적인 예라고 주장하는 사람도 있다.

프리메이슨의 상징이
라고 알려진 '진보의
눈.' 미국 1달러 지폐
에 그려져 있다.

그렇다면 미국의 독립전쟁은 순전히 프리메이슨이 계획하고 이끈 것이었을까? 독립을 바라는 사람들의 간절한 염원으로 일어난 시민운동이 아니라, 프리메이슨의 작품이었을까?

물론 정확한 사실을 알기는 어렵지만, 프리메이슨의 사상이 기존의 체제나 제도, 종교와는 반대되는 상당히 급진적이라는 점을 고려할 때, 혁명가들과 지식인들의 지지를 받았을 것은 확실하다. 더 나아가 많은 혁명가들과 지식인들이 프리메이슨의 단원이었다 해도 전혀 놀랄 일은 아니다. 이러한 이유로 미국의 독립전쟁을 이끌거나 참여했던 사람들의 상당수는 새로운 세상을 원하는 혁명가들과 지식인들이면서, 동시에 프리메이슨이었을 가능성이 크다고 할 수 있다.

1928년 호세 마리아 에스크리바(Jose Maria Escriva)가 설립한 오푸스 데이는 자신들의 사명이 세상 한가운데서 거룩함의 이상을 전파하는 것이라고 한다.

겉으로 보기에는 거룩한 종교 단체인 오푸스 데이가 왜 소설 『다빈치 코드』에서는 무시무시한 단체로 묘사되었을까? 그 이유는 오푸스 데이가 가톨릭 교회 내부에서뿐만 아니라, 사회 여러 부분에서도 막대한 영향력을 행사하고 있는 비밀조직이라는 의심을 받고 있기 때문이다.

이념 대립이 심했던 시기에는 반공산주의 투쟁을 벌였으며, 이념 대립이 약해진 오늘날에는 각 사회의 구성원이 자신의 분수를 지키며 사는 사회를 유지하는 것이 목적이라고 한다. 실례로 남미 지역에서는 오푸스 데이와 연계된 성직자들과 정치가들이 억압적인 우익 정권을 다방면으로 지원해왔다. 대표적인 경우가 바로 일본인 이민 2세로 1990년 페루 대통령에 당선한 후지모리(Alberto Fujimori) 독재 정권을 지지한 것이다. 또한 미국에서 오푸스 데이의 영향력은 사회 최고위 계층까지 미치고 있는데, 전 FBI 국장인 루이스 프리(Louis Freeh)를 비롯하여 대법원 판사 중 일부도 오푸스 데이의 회원으로 활동하고 있다고 한다.

언제나 음모론이 비밀조직에만 연관되는 것은 아니다. 우리 일상생활에서도 수많은 음모론은 제기되고 있다. 어떤 사건이나 사고가 일어났을 때, 사람들은 무슨 음모가 있는 것 같다는 생각을 쉽게 한다. 특히 사건과 사고의 원인이 확실하지 않을 때, 그리고 원인이 명백하게 밝혀졌다고 하더라도 왜 하필 그때 그런 일이 일어났는지 이해할 수 없을 때 음모론을 강하게 제기한다. 굳이 사건과 사고가 아니더라도, 큰 영향력이 있는 사람들이 예상치 못한 행동을 했을 때 무슨 꿍꿍이가 있는 것이 아니냐는 의심을 받기도 한다.

음모론이 제기되었던 대표적인 경우가 바로 교황 요한 바오로 1세의 죽음이었다. 그는 교황으로 선출된 지 33일 만에 서거했다. 2천 년의 교황 역사상 가장 짧은 재위 기간이었다. 바티칸은 심장 발작이었다고 공식 발표 했지만, 많은 사람들은 이 말을 믿지 않았다. 바티칸을 개혁하려는 진보적인 교황이 갑자기 심장발작을 일으켜서 죽었다는 것은 믿기 어려웠기 때문에 교황을 반대하는 사람들이 그를 죽였다는 음모론을 제기했다.

또한 미국 역사상 최연소 대통령인 존 F. 케네디의 죽음 역시 많은 논란이 되었다. 암살자의 단독 범행으로 수사가 종결되었지만, 모든 것이 너무나 형식적이고 빠르게 진행되었다. 사건의 전모를 밝힐 수 있는 결정적인 증거들이 사라져버렸고, 결국 미국 대통령 암살 사건의 수사는 너무나 허무하게 마무리되고 말았다. 이때 제기된 음모론은 백악관을 비롯하여 미국의 고위 인사들이 대통령 암살에 관련되어 있다는 것이다.

이렇듯 역사 속에서 끊임없이 음모론이 제기되고 있는 까닭은 무엇일까?

사건의 베일을 벗기고 싶은 심리

사람들은 누가 가르쳐주지 않아도 자연스럽게 어떤 사건의 원인을 찾으려는 경향이 있다. 예를 들어, 중간고사나 기말고사 같은 시험을 망쳤다면, ‘내가 시험을 망친 이유가 무엇이지?’라고 생각하여 그 이유와 원인을 찾으려고 하고, 평소에 말을 걸지 않던 친구가 갑작스럽게 다가와서 친한 척을 하면, ‘얘가 갑자기 왜 이렇게 친한 척을 하지?’라고 생각한다. 이것을 심리학에서는 ‘귀인(歸因, attribution)’이라고 한다. 말 그대로 원인을 찾는 과정이다.

일반적으로 사람들은 예상했던 일에 대해서는 귀인을 하지 않고, 예상하지 못했던 일에 대해서는 귀인을 하곤 한다. 예상했던 일은 이미 그 원인을 알고 있기 때문이다. 이렇게 예측하지 못했던 일이 일어났을 때, 원인을 찾으려는 귀인의 과정은 사람에게는 세상을 적극적으로 이해하고 더 나아가 예측하기 원하는 소망이 있음을 설명해준다.

예를 들어, 친한 친구가 평소와 다르게 불친절한 태도를 보이면 의문이 생긴다. 이렇게 평소에 예상하지 못한 상황에서 귀인이 일어나는 것은 앞으로 이 친구가 나에게 어떤 태도를 취할지를 알아야 적절하게 대응을 할 수 있기 때문이다. 만약 친구가 집안에 안 좋은 일이 있어서 그런 것이라면 위로를 해야 할 것이고, 오해를 해서 화가 난 것이라면 사과를 해야 할 것이다. 결국 우리는 귀인을 통해 세상을 이해하고 예측하려고 하는데, 이는 결국 우리가 주변 사람들과 환경에 잘 적응할 수 있도록 하는 중요한 심리적 과정인 것이다.

귀인은 갑작스러운 일을 당했을 때 더 활발하게 일어난다. 예를 들어, 평소에 친절했던 친구가 갑자기 불친절하게 대할 때 귀인이

지 않거나 확인되지 않은 정보를 사용하기 때문이다. 이렇다 보니 확실하지도 않은데, 마치 확실한 것처럼 잘못 믿어버리는 오류가 생긴다. 그래서 귀인 과정에서는 수많은 오류들이 존재한다.

음모론에서 가장 많이 생기는 오류가 대표성 발견법(representativeness heuristics)이다. 대표성 발견법이란 어떤 결정을 할 때, 정보가 얼마나 정확한지를 따지기보다는 '얼마나 그럴듯한지'를 따지는 것이다. 예를 들면, 타조와 비둘기는 실제로 모두 새(조류)이다. 만약 사람들에게 타조와 비둘기 중 어느 것이 새(조류)를 대표할 만한지를 묻는다면, 대부분의 사람들은 비둘기라고 대답할 것이다. 왜냐하면 비둘기가 타조보다 새(조류)로서 더욱 그럴듯하게 보이기 때문이다. 이러한 오류가 귀인 과정에서도 적용되고 있다.

회사원 심리 씨는 월요일 아침에 사장님과 모든 임원진 앞에서 아주 중요한 발표를 하기로 되어 있었다. 그런데 시간이 되었는데도 그는 나타나지 않았다. 전날까지 회사에서 밤늦게까지 발표 준비를 했는데, 갑자기 아침에 연락이 끊어졌다. 심리 씨가 일하고 있던 부서가 발칵 뒤집혔다. 심리 씨의 동료들은 아무래도 교통사고가 일어난 것 같다고 나름대로 추측했다. 평소에 아주 성실했고, 한 번도 결근을 한 적이 없었기 때문에 틀림없이 큰일이 생긴 것이라고 생각한 것이다. 그런데 이때 한 사람이 어쩌면 그가 밤늦게까지 발표 준비를 하다가 아침에 못 일어난 것일 수도 있다고 말했다. 하지만 이 주장에 동의하는 사람들은 거의 없었다. 대부분의 사람들은 분명히 큰 사고가 난 것이라고 믿었다. 이 주장이 단지 늦잠 때문이라는 시시한 주장보다는 더 그럴듯해 보이기 때문이다.

음모론도 엄청난 사건 뒤에는 커다란 음모가 있다고 믿는 대표성 발견법의 오류를 범한다. 실제로 엄청난 사건 뒤에는 무서운 음모가 있을 수도 있다. 하지만 꼭 그렇지 않을 수도 있다. 엄청난 사건이지만 그 사건의 전말은 미미할 수도 있으며, 음모는 엄청났지만 사건은 미미하게 나타날 수도 있다. 그런데 사람들이 이를 받아들이지 않는다.

예를 들어, 진보적 성향의 교황 요한 바오로 1세의 죽음과 미국의 케네디 대통령이 암살당했을 때 많은 사람들이 이 두 사건 배후에 음모가 있다고 생각했다. 왜냐하면 전 세계 가톨릭의 수장인 교황이 단순히 심장마비로 죽었다는 발표와 미국의 대통령이 저격수의 총에 맞아 죽었다는 발표는 사건의 심각성과 중대성에 비해 너무 단순하고 간단하기 때문이다. 이렇듯 사건 뒤에 언제나 음모가 있다고 믿는 것은 오류를 범하는 것이다.

음모론에 대체로 비밀조직이 등장하는 이유가 바로 이 때문이다. 큰 사건 뒤에는 거대한 음모가 있고, 이러한 음모를 꾸미고 실행하기 위해서는 이에 걸맞은 조직이 있어야 한다고 생각한다.

하지만 비밀조직에 대한 이야기는 어디까지 믿을 수 있을까? 도대체 왜 비밀조직에 대한 의혹은 끊이지 않는 것일까? 혹시 비밀조직을 둘러싼 온갖 의혹들과 정보들은 그 조직에 대해 잘 모르기 때문에 생기는 것은 아닐까? 혹은 그 조직에 대한 편견 때문에 잘못된 정보가 생겨난 것은 아닐까?

심리의 두 얼굴, 음모와 편견

음모와 함께 생각해볼 수 있는 것이 바로 편견이다. 음모는 주로 실체가 명확하게 드러나지 않은 비밀조직에 해당하는 것이고, 편견은 비교적 실체가 명확한 집단이나 조직에 해당하는 것이라고 할 수 있다. 하지만 음모와 편견은 모두 상대에 대한 무지와 오해, 그리고 선입견 때문에 생겨난다는 점에서, 더 나아가 폭력과 박해, 배척과 비판을 이끌어낸다는 점에서 공통점이 있다.

음모와 편견 때문에 가장 많은 피해를 본 민족이 바로 유대인이다. 기원전 568년 바빌로니아가 유대 왕국을 정복한 뒤, 많은 유대인들을 노예로 끌고 갔다. 그러나 70년 후인 기원전 498년 바빌로니아를 정복한 페르시아의 키루스 대왕(Cyrus II)은 유대인들이 고국으로 돌아가도록 허락했는데, 이때 이들 중 일부는 돌아가는 것을 원하지 않았다. 이후로 유대인들이 전 세계로 뿔뿔이 흩어지기 시작했다. 이렇게 외지에서 자신들만의 공동체를 만들어서 사는 유대인들을 가리켜서 디아스포라(Diaspora)[5]라고 한다. 다른 민족들 사이에서 사는 유대인들은 많은 핍박을 받았다. 그 원인은 다양하고 복잡하지만, 그중에서 근거 없는 음모가 주요한 역할을 했는데, 여기서 근거 없는 음모란 바로 '피의 비방(blood libel)'을

5) '분산'이라는 뜻의 그리스어. 오늘날 이스라엘(팔레스타인) 지역 바깥으로 흩어진 유대인들이나 유대인 공동체를 총칭함.

말한다.

피의 비방은 유대인들이 자신들의 종교 의식을 위해 기독교인을 제물로 바친다는 것이다. 물론 이것은 터무니없는 이야기일 뿐이다. 하지만 이것은 중세 시대에 확고한 전설로 자리 잡았고, 유럽에서는 이를 구실로 유대인의 재산을 빼앗거나 그들을 핍박하고 학대했다. 심지어는 2차 세계대전 당시 독일에서 홀로코스트(Holocaust)[6]를 정당화하기 위한 목적으로 이용되기도 했다.

유대인들이 쉽게 핍박과 박해를 받았던 또 하나의 주요한 이유는 바로 유대인들이 전 세계를 장악하려는 음모를 꾸미고 있다는 의심을 받았기 때문이다. 실제로 유대인들은 자신들의 전통을 지키면서 외국에서 살아남아야 했기 때문에 외국어를 능통하게 사용했고, 경제 활동에서도 뛰어났다. 다른 민족들로부터 핍박과 박해를 받으면서 자신들의 공동체와 조직을 더욱 굳건히 세워야 할 필요성을 느꼈으며, 더 나아가 정치와 경제, 문화의 최고위층으로 진출해야 한다는 사명을 갖게 되었다. 그러나 아이러니하게도 핍박을 받지 않으려는 유대인들의 노력은 다른 민족들에게 유대인들이 전 세계를 장악할 음모를 실천하고 있다고 오해하게 만들었다.

이와 비슷한 일이 로마제국의 초기 기독교인들에게도 일어났다. 로마제국은 황제를 숭배하지 않는 기독교인들을 핍박했다. 로마제국의 모든 나라와 민족이 제국의 질서를 위해서 참여해야 하는 의식에 기독교인들이 참여하지 않은 것이다. 그러자 로마제국은 기독교인들을 제국의 질서를 어지럽히는 집단으로 낙인찍었다. 그러

6) 나치가 12년(1933~1945) 동안 자행한 유대인 대학살.

나 기독교인들이 핍박을 받았던 이유는 단순히 이것 때문만이 아니었다.

당시 로마 시대에는 기독교인들이 의식을 치를 때 살아 있는 사람을 죽여서 먹는다는 소문이 돌았다. 기독교인들은 그리스도가 붙잡히기 전날 밤 제자들과 함께 한 마지막 식사 자리를 기념하는 성찬식이란 예식을 자주 했다.

이 자리에서는 언제나 그리스도가 했던 말을 따라하는데, 그리스도가 빵을 제자들에게 나누어주면서 "이것은 너희를 위하는 내 몸이니 이것을 행하여 나를 기념하라."는 말과, 포도주를 나누어주면서 "이 잔은 내 피로 세운 새 언약이니 이것을 행하여 마실 때마다 나를 기념하라."는 말이다. 이것은 그리스도가 인류를 구원하기 위해서 십자가에 못 박혀 죽으면서 살을 찢기고 피를 쏟는다는 것

레오나르도 다빈치의 「최후의 만찬」. 그리스도가 제자들과 함께한 이 만찬을 기독교인들은 '성찬식'이라는 이름으로 계속 거행하고 있다.

을 의미한다. 이러한 내막을 모르는 사람들이 기독교의 성찬식을 엿보았다면, 분명히 기독교인들은 로마 황제를 숭배하지 않을 뿐만 아니라, 모일 때마다 사람의 살과 피를 나누어 먹는 야만인이라고 생각했을 것이다.

이뿐만이 아니다. 기독교인들은 하나님 나라를 추구하면서 그리스도를 왕이자 주인(Lord)이라고 했다. 물론 하나님 나라는 로마제국처럼 이 땅에 존재하는 나라가 아니었고, 기독교인들의 주인은 로마제국의 황제처럼 이 땅의 사람이 아니었다. 하지만 기독교인들은 로마제국과 로마의 황제가 아닌, 새로운 나라와 새로운 황제를 섬기려 한다는 오해를 받기에 충분했다. 이러한 이유로 초기 기독교인들은 많은 핍박과 박해를 받았던 것이다.

이렇게 유대인과 기독교인은 근거 없는 음모에 시달리고 오해를 받았다. 그렇다면 음모와 편견으로 고통을 받은 집단이 유대인과 기독교인 뿐일까? 어쩌면 프리메이슨이나 오푸스 데이를 비롯한 많은 조직이나 단체도 이런 상황은 아닐까?

프리메이슨은 자유로운 진보사상을 바탕으로 기존의 제도에 반대했기 때문에 자연스럽게 교회와 국가와 같은 기득권 세력이 적으로 간주할 수밖에 없었다. 다시 말해, 이들은 기존의 체제를 뒤엎으려는 세력이고, 이들의 모든 사상과 행동은 모두 의심스러운 것으로 보였다. 심지어 세계사에서 아주 중요한 사건으로 평가받는 미국의 독립전쟁의 배후에 프리메이슨이 있다는 음모론이 제기되면서, 미국의 독립전쟁이 전 세계를 하나로 통합하려는 시도인 것처럼 인식되기도 했다.

반면에 오푸스 데이는 보수적인 우익 단체였다. 물론 공산주의에 반대하는 입장에서 시작되었으나, 단지 사상적인 측면에 그치지 않고 모든 진보적인 흐름을 반대하는 보수적 입장에 서게 된 것이다.

20세기의 가톨릭 교회는 새로운 변화와 진보를 원하는 세력과 기존의 체제를 더욱 확고히 하려는 보수 세력이 날카롭게 대립했다. 이러한 상황에서 진보적인 요한 바오로 1세가 33일 만에 갑작스럽게 죽고 보수적인 요한 바오로 2세가 교황이 되자, 자연스럽게 보수 세력의 대표 단체로 꼽히는 오푸스 데이를 음모의 배후로 지목하게 된 것이다. 더군다나 요한 바오로 1세는 평소 가톨릭 교회의 개혁을 주장했기 때문에 그의 죽음은 수많은 의혹을 불러일으켰다.

물론 음모와 편견의 대상이 되는 조직과 단체들이 전혀 아무런 의도와 목적이 없다고는 할 수 없다. 그 어떤 단체와 조직이든지 권력을 추구하는 것은 당연한 것일 테니 말이다. 조직이나 단체가 움직이기 위해서는 목적이 있어야 하기 때문에 이러한 비밀조직에 대한 음모를 모두 부인할 수는 없다. 물론 이중에는 분명히 터무니없는 음모와 편견도 있다. 음모론이 제기되는 사건들을 보면 하나같이 그 실체를 정확하게 알기 어려운 비밀조직들이 계획한 일들이라고 한다. 이 비밀조직들의 목적은 모든 인류를 행복하고 더 나은 삶을 살도록 도와주는 것이 아니라, 자신들의 목적, 예를 들자면 전 세계를 지배하고, 세계 인구를 노예화하기 위해서라고 한다. 이 목적을 이루기 위해서 필요하다면 사람을 죽이기도 하고, 사건을 은폐하기도 한다고 사람들은 생각한다.

하지만 이러한 생각은 아주 위험하다. 설사 비밀조직이 사람을 죽이고 사건을 은폐하고, 더 나아가 전 세계를 지배하려고 한다고 하자. 그렇다고 해서 이러한 이유로 이들을 핍박하는 것이 정당한가? 유대인들이 전 세계를 장악하려고 하기 때문에 거꾸로 유대인을 장악하는 것이 과연 정당한가? 프리메이슨이 세계 인구를 노예로 만들려고 하기 때문에 프리메이슨을 노예화하는 것이 과연 정당한가?

우리가 이 질문을 끊임없이 던져야 하는 이유는 역사 속에서 확인되지 않은 음모와 편견 때문에 너무나 많은 생명들이 무참히 짓밟혔기 때문이다. 음모와 편견을 모두 부인하는 것은 아니지만, 그렇다고 확실하지 않은 소문과 심증만을 갖고 음모론을 맹신해서도 안 된다.

합리적 추론인가, 망상인가

어느 날 당신이 프리메이슨이나 오푸스 데이가 세상을 정복할 음모를 꾸미고 있다는 이야기를 누군가에게 들었다고 가정해보자.

이 주장을 하는 사람이 제시하는 여러 증거 자료를 보고 당신은 음모론이 상당히 설득력이 있다고 생각한다. 하지만 의심 많은 당신은 평소에 무엇이든 직접 눈으로 확인해야 직성이 풀리는 사람이라, 이번에도 직접 확인하기 위해서 프리메이슨이나 오푸스 데이에 가입하려고 시도한다. 그리고 조직에 가입하는 것에 성공해서 조직 안으로 들어가게 된다면, 당신은 아마도 조직의 마스터 플랜에 대해 알고 싶어질 것이다.

하지만 예상과 달리 조직의 목적이나 방향이 당신이 의심한 세계 정복이나 세계 인구의 노예화가 아니라면 어떨 것 같은가? 처음에 의심했던 생각을 과감히 버릴 것인가? 아니면 여러 이유와 구실을 들어서 계속 의심할 것인가? 여기서 이유와 구실이란 예를 들자면, 당신이 조직의 하부에 속해 있기 때문에 모를 수도 있고, 혹은 다른 조직원들이 당신이 가입한 목적을 알고 당신에게만 그 계획을 숨기고 있다는 것 따위다.

만약 전자라면 당신은 아직 건강한 생각을 하는 사람이라 할 수 있다. 하지만 만약 후자라면, 즉 당신의 예상이나 의심과 반대되는 증거들을 확인했음에도, 여러 이유와 구실을 들어서 당신의 의심을 풀지 않는다면 당신의 생각은 망상(delusion)[7]으로 발전하고 있다고 할 수 있다.

물론 이 이야기는 어디까지 가정을 한 것이지만, 이와 비슷한 경우를 우리 주위에서 얼마든지 볼 수 있다. 많은 사람들은 자신이

7) 논리가 불합리하거나 혹은 반대되는 증거가 명확한데도 잘못된 믿음이나 신념이 지속되는 상태. 사고의 과정은 논리적이지만 그 내용에 문제가 있다.

가지고 있는 생각을 잘 바꾸지 않는데, 어떨 때는 자신의 생각이 명백히 틀렸음을 말해주는 증거를 보고서도 바꾸지 않는다.

사실 그 정도가 심하지 않다면 굳이 망상이라고까지 하지 않지만, 정도가 심해지면 어떠한 설득이나 확실한 증거 앞에서도 굽히지 않는다. 자신의 논리를 더

욱 철저하게 만들면서 온갖 이유와 구실을 갖다 붙이고 자신만의 생각을 점점 견고한 논리로 무장하는 것이 바로 망상이다.

이른바 정신병이라고 하는 정신장애를 다루는 심리학의 하위 분야인 이상심리학이나 정신병리학에서 보더라도, 망상은 아주 심각한 정신장애에 속한다. 대표적인 경우가 바로 의처증이다.

예를 들어, 아내가 바람을 피우고 있다고 믿는 남편이 있다고 하자. 남편은 최근 아내가 밤늦게 외출을 자주 하고, 핸드폰 요금도 전보다 훨씬 많이 나온다. 뿐만 아니라 얼굴과 옷차림에 무척 신경을 쓰는 것 같다. 남편은 이런 상황을 종합해본 결과, 아내에게 다른 남자가 생겼다고 확신하게 된 것이다. 아내에게 이것이 사실인지 확인을 해본 결과, 아내는 남편의 말처럼 정말 최근에 자주

늦게 외출을 했다. 그런데 그 이유가 다른 남자를 만나러 나간 것이 아니라, 학원에서 늦게 돌아오는 딸아이가 걱정되어 마중을 나갔던 것이고, 핸드폰 요금이 많이 나온 것은 아이가 자신의 핸드폰을 사용하기 때문이라고 한다. 이러한 아내의 말이 사실인지 딸에게 확인해본 결과 사실이었다. 그래서 남편에게 아내가 밤늦게 외출을 한 이유와 핸드폰 요금이 많이 나온 이유를 알려준다면, 남편은 어떤 반응을 보일까?

이런 상황에서 보통 사람들은 자신이 오해했음을 인정하거나, 아니면 적어도 자신의 생각이 틀릴 수도 있다는 사실을 받아들인다. 하지만 의처증이 있는 사람들은 이런 증거들이 모두 잘못 되었다거나 혹은 딸하고 아내가 짜고 자신을 속이고 있다고 생각한다. 혹은 아내와 딸의 이야기를 전달하는 사람도 한통속이라고 의심한다. 물론 겉으로는 "아, 제가 잘못 알았군요."라고 거짓으로 시인할지 모르지만, 실제로는 받아들이지 않는다. 망상이 있는 사람들은 확실한 증거를 보고도 자신의 생각을 굽히지 않는다.

굳이 망상까지는 아니더라도 우리 주변에는 지나치게 자신의 고집을 꺾지 않는 사람들이 있다. 물론 자존심이 상해서 겉으로 고집을 꺾지 않는 척하는 사람도 있지만, 정말 모든 것을 자신의 입장에서만 생각하고 자신의 논리에 끼워 맞추는 사람도 있다. 이런 생각이 더 심해지면 망상으로 발전할 수도 있다.

이런 면에서 본다면 음모와 편견도 처음에는 단순한 의심이나 의혹이었지만, 점차 망상으로 발전할 수도 있음을 생각해봐야 한다. 의처증도 처음에는 아내가 바람을 피우는 것이 아닐까 하는 의심에서 시작하기 때문이다. 망상장애의 다른 망상들도 이와 비슷한 과정을 거치는 경우가 많다.

유대인들이나 기독교인들에 대한 음모와 편견도 처음에는 단순한 의심과 의혹의 수준이었을 것이다. 이것이 점차 커져서 결국에는 끔찍한 망상으로 발전했고, 그 결과 이들이 결백하다고 주장하고 설득하고 증거를 보여주었지만 그 시대의 사람들은 이들을 죽음으로 몰아갔다. 완전히 한 시대가 망상에 사로잡힌 것처럼, 망상의 대상이 된 집단과 조직을 아주 끔찍하게 파괴했다.

그렇다면 망상에 사로잡히지 않기 위해서 어떻게 해야 하는가? 단순한 의심이나 의혹도 없어야 하는가? 그렇지 않다. 오히려 건강한 사회일수록 의혹과 견제가 필요하다. 하지만 중요한 것은 의심과 의혹에 대한 타당한 증거를 찾아보아야 한다. 이때 중요한 것은 객관적이고 중립의 입장에서 증거를 찾아야 한다. 자신의 생각을 뒷받침할 증거만을 찾아서는 안 된다. 증거를 찾았다면 그 증거가 정말 의혹과 의심을 뒷받침하는지, 아니면 틀렸음을 증명하는지 신중하게 판단해야 한다. 혹시 틀렸다는 사실을 증명한다면, 의혹과 의심을 버려야 한다. 틀렸다는 것을 증명하는데도, 다른 이유와 구실을 들어 자신의 생각을 굽히지 않는다면, 이는 확실히 망상 수준으로 발전하고 있다고 볼 수 있다.

프리메이슨이나 오푸스 데이를 비롯한 여러 조직들이 음모를 꾸미고 있다는 의심도 마찬가지이다. 증거를 찾되, 객관적으로 찾아야 한다. 어느 한쪽에 편향되게 찾아서는 안 된다. 그리고 여러 증거들을 근거로 해서 신중하게 판단해야 한다.

이러한 과정이 반드시 필요한 이유는 역사 속에서 기득권층이 수많은 힘없는 소수 집단을 처참하게 박해하고 핍박했기 때문이다. 하지도 않은 일을 했다고 의심하고, 있지도 않은 계획을 있다고 하면서, 상대가 부인하면 부인할수록 더욱 사실이라고 믿어버렸다. 사람들은 어느 집단을 지목하면서 앞으로 이들이 전 세계를 지배할 것이고, 자신들을 모두 노예처럼 부릴 것이라는 음모를 만들어냈다. 그리고 그 집단에 대한 편견을 널리 퍼뜨렸다. 이를 구실로 사람들은 오히려 그들을 지배했고, 노예처럼 부렸다. 심지어는 생명을 빼앗기도 했다. 어쩌면 인간의 역사는 끊임없는 음모와 편견의 역사였는지 모른다.

만약 여러 증거들이 의심과 의혹을 확실하게 밝혀주지 못한다면 어떻게 해야 할까? 혹은 의심과 의혹과 관련된 증거를 찾는 것이 현실적으로 어렵다면 어떻게 해야 할까? 대부분의 사람들은 이렇게 애매한 상황에서는 자신에게 유리하거나 혹은 익숙한 쪽으로 결정을 내리게 되어 있다. 하지만 이것은 옳은 결정이 아니고 정확한 결정도 아니다.

의심과 의혹의 결과는 여러 사람에게 끔찍한 결과를 가져다줄 수도 있음을 고려할 때, 신중하고 정확하게 결정을 내려야 한다.

정확한 결정을 내리지 못할 경우에는 미뤄두어야 한다. 애매한 상황을 지속하는 것이 마음을 불편하게 만들겠지만, 모든 것이 확실해질 때까지 판단을 미뤄야 한다. 만약 이 불편함을 견디지 못하고 자기 멋대로 결정을 해버리면, 아무런 죄 없는 피해자를 만들지도 모른다.

망상의 종류

망상에는 여러 가지가 있지만, 우리가 주변에서 쉽게 볼 수 있는 몇 가지만 꼽아보면 다음과 같다.

■ 피해망상(delusion of persecution)

가장 흔한 형태의 망상으로 누군가가 자신을 괴롭히려 한다고 생각한다. 처음에는 단순하게 시작했다가 대부분의 경우에는 확산되는 경향이 있다. 예를 들어, '누군가가 자신을 감시하는 것 같다.'에서, 'FBI나 CIA 같은 국가기관이 24시간 자신을 감시하고 있다.'는 것으로 발전한다.

만약 자신을 해치려하는 사람들이 가족일 경우에는 음식에 독을 탔다고 생각하면서 집에서 음식 먹기를 거부하기도 하고, 자신의 방에서 나오지 않는다. 이 망상의 이면에는 자신이 아주 중요한 사람이라는 생각이 깔려 있다. 자신이 아주 중요한 사람이기 때문에 자신을 누군가가 감시하거나 해치려 한다고 생각하는 것이다.

■ 과대망상(delusion of grandeur)

피해망상은 자신이 중요한 사람이라는 것을 직접적으로 나타내지는 않는다. 하지만 이를 직접적으로 나타내는 망상이 바로 과대망상이다. 과대망상은 자신의 능력과 가치를 지나치게 대단한 것으로 지각한다. 자신을 신과 같은 전능한 존재라고 생각한다. 바로 자신이 하나님이라고 생각하거나, 이 세상을 구원할 것이라고 주장하는 사람들이 이러한 망상을 가지고 있다. 이런 사람은 사이비 종교를 만들어서 자신이 교주가 되는 경향이 있다.

■관계망상(delusion of reference)

주변에서 일어나는 사건과 다른 사람의 행동을 자신과 연관해서 생각한다. 물론 정상적인 사람들도 어느 정도 이러한 경향이 있다. 혼자 식당에 가서 밥을 먹을 때, 주변 사람들이 깔깔대고 웃으면 '나를 보고 웃나?' 하고 생각하기도 한다. 또한 가족이 짜증을 내거나 화를 내면, 뚜렷한 이유가 없는데도 '나 때문에 화가 났나?' 생각하고 눈치를 보기도 한다.

그런데 관계망상은 이 정도가 아니라 더 심각한 수준이다. 예를 들면, 텔레비전을 보면서 뉴스 앵커가 하는 말이 바로 자신에게 하는 것이라고 생각한다. 뉴스 앵커가 웃으면 바로 자신을 보고 비웃는 것이라고 생각한다. 이렇게 관계망상은 주로 자신을 조롱하고 미워하고 괴롭히는 내용으로 많이 나타난다.

■질투망상(delusion of jealousy)

사랑과 관련된 것으로, 일반적으로는 의처증이나 의부증으로 많이 알려져 있는 망상이다. 바로 자신의 배우자나 연인이 바람을 핀다고 끊임없이 의심한다. 우리 주변에서 가장 흔하게 볼 수 있는 망상이기도 하다.

질투망상을 가지고 있는 사람들은 망상이 아주 체계적이고 정교해서 다른 사람들이 그 사람의 이야기를 들으면 깜빡 속아 넘어가기 일쑤다. 이 망상은 다른 망상과 달리 타당한 이유가 있는 것처럼 보인다. 예를 들면, 아내가 밤늦게 외출을 하고, 화장을 진하게 하며, 핸드폰 요금이 많이 나오면 바람을 핀다고 단정하는 식이다. 이런 사람들은 주로 자신이 배우자나 연인에게서 버림을 받을지도 모른다는 두려움이 마음속에 있기 때문에 이런 망상을 갖게 된다.

■ **색정망상(erotic delusion)**

사랑과 관련된 또 하나의 망상으로, 누군가가 자신을 좋아한다고 생각하거나, 혹은 현재는 자신을 잘 모르지만 실제로 만나게 되면 좋아하게 될 것이라고 확신하는 것이다. 색정망상의 대상은 평범한 일반인이 아니고, 유명한 정치가나 연예인인 경우가 많다. 때로는 이 세상의 모든 이성이 자신을 좋아한다고 믿기도 한다.

색정망상은 연예인 스토킹 사건에서 쉽게 볼 수 있는데, 실제로 2006년 8월에는 연예인 강 모 씨를 스토킹한 여성이 구속되었다. 이 여성은 90차례 이상 스토킹 메일을 보내고 허위 사실을 퍼뜨렸다. 강 모 씨 측은 이 여성을 만나서 몇 번이나 설득하려 했지만 실패했고, 결국 법적인 조치를 취했다고 한다.

망상의 종류와 그 내용을 읽고 '혹시 나도 망상이 있는 것은 아닐까?' 하는 생각이 들었다면 당신은 아직까지 지극히 정상이다. 우리 주변에서 쉽게 볼 수 있는 망상은 얼마든지 실제로 일어날 수 있다. 또한 정도의 차이는 있겠지만 누구라도 가질 수 있는 생각이다. 하지만 일상적인 어떤 의심이나 걱정은 망상과 결정적인 차이가 있다. 망상은 절대적이어서 타인이 설득할 수도, 스스로 포기할 수도 없다는 점이다. 때문에 망상에 빠진 사람은 자신의 생각을 절대적으로 굳게 믿을 뿐 아니라, 망상일 가능성을 조금도 인정하지 않는다.

02

배반의 심리학

한 시대의 몰락과 탄생, 배반의 칼로 쓴 역사

세계 4대 문명 발상지 중 하나인 나라답게 중국의 역사는 아주 오래되었다. 중국 역사 속에는 넓은 땅을 차지하기 위해 수많은 나라들이 나타났다가 사라졌으며, 인구만큼이나 많고 다양한 민족들이 정복하고 정복당하면서 흥망성쇠를 끊임없이 반복했다.

우리가 기억하기조차 힘들만큼 수많은 나라와 민족들이 경쟁하고 흥망성쇠를 겪는 과정을 자세히 들여다보면 중요한 시점마다 반드시 배반의 드라마가 있었음을 알 수 있다. 아들이 아버지를 배반하고, 신하가 왕을 배반하고, 친구가 친구를 배반하는 드라마가 한 시대의 몰락과 시작에 결정적인 영향을 미치곤 했다.

배반(背反)이란 말은 등을 돌린다는 뜻으로, 전혀 모르는 사람들이나 적대 관계를 맺고 있는 사람들 사이에서 일어나는 것이 아니라 절친한 사람들 사이에서 생기는 갈등이다. 그렇기에 배반은 언제나 충격적인 사건일 수밖에 없다. 사랑하는 사람이나 가족, 친구 등 자신의 편이라 생각했던 사람들이 어느 순간 자신의 심장을 향해 칼을 겨누고 있다고 생각해보라. 얼마나 충격적이겠는가?

그런데 충격을 받는 것은 단지 마음만이 아니다. 내부의 사정을 잘 아는 사람이 배반을 하면, 아주 치명적인 결과를 가져온다. 하루아침에 나라의 운명이 바뀌거나 민족 간에 피비린내 나는 전쟁이 일어나기도 한다. 그렇기에 배반은 한 시대의 몰락을 재촉하기도 한다. 어쩌면 한 시대가 몰락하는 과정에서 배반이라는 칼이 결정적인 역할을 했을 것이다. 이것이 바로 역사이다.

이러한 배반의 드라마는 단지 중국 역사에서만 찾아볼 수 있는 것은 아니다. 지금도 우리 주변에서 끊임없이 배반이 일어나고 있으며, 때에 따라서 이 배반은 여러 사람의 운명을 바꾸어놓기도 한다. 배반이 우리의 삶 속에서 얼마나 자주 일어나는 일인지, 우리는 사람들의 일상사를 반영하고 있는 드라마나 영화, 소설 노래와 같은 문화의 콘텐츠를 통해서도 쉽게 확인할 수 있다.

지금 당장 텔레비전을 켜고 드라마를 보라. 아버지를 배반하는 아들, 상사를 배반하는 부하직원 등 아주 다양한 배반의 드라마가 펼쳐진다. 겉모양은 다양하지만, 그 속을 들여다보면 모두 가까운 사람을 배반하는 이야기임을 알 수 있다. 이것은 어떤 목표를 두고 절친한 사람과 경쟁하는 과정에서 일어나는 배반이다. 비록 목표를 이루기 위해 손을 잡았지만, 결국에는 배반하는 것이다.

또 하나 중요한 배반의 주제는 바로 '복수'로서의 배반이다. 이것은 자신의 상처받은 마음을 이해받고자 가까운 사람에게 상처를 주는 것이다. 겉으로 보이기에는 철저한 배반처럼 보이지만, 사실 그 이면에는 이해받고 공감받고자 하는 여린 마음이 숨어 있다.

가까운 사람과 경쟁하는 과정에서 배반하는 사람들의 심리를 잘 알 수 있는 일화는 당나라 시대의 현종과 양귀비, 그리고 안녹산 사이에서 일어난 사건이다. 또한 이해받고자 하는 마음으로 배반하는 사람들의 심리는 명나라 말기에 오삼계의 이야기를 보면 잘 알 수 있다. 한 편의 드라마 같은 중국 역사의 두 장면을 감상해보자.

아들의 여자, 양귀비를 탐한 현종의 최후

기원전 2천 년 무렵 황하를 중심으로 크고 작은 나라가 생기기 시작하면서 중국의 역사는 분열과 통일을 되풀이했다. 크고 작은 나라들이 난립하다가 강력한 지도자가 나타나서 통일을 하고, 다시 분열되면 얼마 지나지 않아서 다시 통일이 되곤 했다. 본격적인 통일 중국의 시대를 연 나라가 바로 수(隋)였다. 북방 이민족이 북부를 지배하고, 한족이 남부를 지배한 남북조시대에 마침표를 찍고 581년 양견(楊堅)이 수나라를 세웠다. 하지만 이렇게 4백 년 만에 중국을 통일한 수나라는 2대 황제인 양제(煬帝)의 실정으로 불과 40년 만에 망하고, 618년 당(唐)나라가 들어섰다.

당나라의 6대 황제는 현종(玄宗, 재위 712~756)인데, 현종은 자신의 업적보다도 자신이 사랑한 여인 때문에 더 많이 알려졌다. 그 여인이 바로 양귀비(楊貴妃)이다. 그런데 현종의 아내가 처음부터 양귀비는 아니었다. 원래 현종에게는 정식 아내인 황후(皇后)가 있었다. 하지만 아이를 낳지 못한다는 이유로 궁에서 쫓겨났다. 이후 현종은 무혜비(武惠妃)를 극진히 사랑하게 되었다. 무혜비가 현종의 눈에 들었던 때가 10대 중반이었고, 마흔 살 무렵에 세상을 떠났으니 거의 30년 동안이나 무혜비는 현종의 사랑을 독차지한 셈이다. 그런데 그녀가 갑작스럽게 세상을 떠나자, 현종은 자신의 모든 것을 잃은 듯이 침울한 세월을 보내고 있었다. 슬픔에 잠겨 있는 황제가 나랏일을 제대로 돌볼 리 없고, 황제를 모시고 있는 신하들 역시 마음이 편하지 않았다. 황제가 아끼던 환관(宦官) 고력사(高力士)는 현종이 빨리 마음을 추스를 수 있도록 절세미인이라고 소문이 자자했던 한 여인을 소개해주었다. 그녀가 바로 양귀비라고 부르는 양옥환(楊玉環)이었다. 그런데 놀라운 사실은 양옥환은 현종의 며느리, 곧 현종이 사랑한 무혜비가 낳은 아들의 아내였다. 현종은 양옥환을 보는 순간 그녀의 미모에 넋을 잃고 말았다. 무혜비를 잃은 슬픔은 온데간데없이 사라지고 오로지 양

중국에서는 전통적으로 날씬한 체형을 아름답다고 보았다. 이후 통통한 체형으로 미인의 기준이 바뀌었을 만큼 양귀비는 절세미인이었다고 한다.

옥환을 자신의 여자로 만들고 싶어서 안달이 날 지경이었다. 하지만 자신이 아무리 황제라고 해도 며느리를 곧바로 아내로 삼는 것은 불가능한 일이었다. 현종은 몇 가지 계략을 써서 마침내 양옥환을 자신의 후궁으로 맞이한다. 무혜비가 죽은 지 8년이 지난 후, 현종은 아들을 배반하고 아들의 여자를 빼앗았다. 이때 현종의 나이는 예순한 살이었고, 양귀비는 스물일곱이었다.

놀라운 일이다. 어떻게 며느리를 아내로 삼을 수 있을까? 자신이 가장 사랑한 여인이 낳은 아들의 여자를 빼앗을 수 있을까? 이것은 분명히 아버지가 아들을 배반한 것이다. 여기에서 바로 배반의 드라마가 시작된 것이다.

양옥환이 현종의 애첩 양귀비가 되기 2년 전, 안녹산(安祿山)은 현종에게서 장군의 칭호를 하사받았다. 돌궐족 출신인 안녹산은 타고난 언어 감각으로 북방 이민족의 여러 언어를 익혀 국경 도시에서 통역을 해주고 먹고살았다. 그러던 중 우연한 기회에 군에 들어가게 되었고, 같은 돌궐족 출신인 친구 사사명(史思明)과 함께 크고 작은 전쟁에서 훌륭한 공을 많이 세워 조금씩 두각을 나타내기 시작했다.

안녹산은 출세하기 위해 끊임없이 뇌물 공세를 퍼부었고, 온갖 술수를 부렸다. 결국 출세에 출세를 거듭해 궁중을 마음껏 드나들 수 있게 되었다. 때마침 당나라는 다양한 민족들을 흡수해서 국제적 안목을 가진 대제국을 지향했기 때문에 돌궐족 출신인 안녹산도 높은 위치까지 오를 수 있었다. 궁중에 드나들던 안녹산은 현종의 눈에 띠어 현종과 양귀비의 총애를 받기 시작했고, 급기야는 양귀비의 양자가 되었다. 안녹산이 양귀비보다 열네 살이나 많은데도 양자가 되었다는 것은 그가 현종과 양귀비와 얼마나 가까운 사이였는지를 잘 보여주는 예다. 양귀비의 양자가 됨으로 안녹산은 현종의 양자가 되었다.

안녹산은 양귀비의 마음에 확실히 들기 위해서 온갖 재롱을 부리면서 광대 역할을 마다하지 않았다. 그중 대표적인 것이 바로 '세아(洗兒)'였다. '세아'란 아이가 태어난 지 사흘째 되는 날 잔치를 베풀고 아이를 목욕시키는 의식을 말한다. 751년 양귀비는 양자 안녹산을 데리고 이 놀이를 했다. 안녹산의 생일이 1월 1일이므로 1월 3일에 안녹산은 갓난아이 분장을 하고 궁녀들이 멘 가마를 타고 궁궐을 돌다가 물 속에 들어가서 목욕을 하는 시늉을 했다. 현종은 양귀비와 함께 이 모습을 보고 즐거워하면서 '어머니' 양귀비에게 축의금으로 많은 금은보화를 하사했다.

그러나 현종과 양귀비의 환심을 사기 위해 시종일관 어릿광대 노릇을 했던 안녹산은 남모르게 군대를 키우고 있었다. 친구인 사사명을 비롯하여 유능한 장군을 여러 명 두고, 유사시에는 수십만 병력을 움직일 수 있는 만반의 준비를 하고 있었다. 이런 움직임을 눈치 챈 사람이 바로 양귀비의 육촌인 양국충(楊國忠)이었다. 양국충은 원래 건달 출신이었으나, 현종의 눈에 들어 현종을 가장 가까이에서 모시는 재상이 되었다. 안녹산은 실세가 된 양국충과 잘 지내려고 했으나, 양국충은 안녹산과 잘 지낼 마음이 없었다. 오히려 안녹산이 대군을 키우고 있다는 사실을 알고는 기회가 있을 때마다 안녹산이 반란을 일으킬 것이므로 미리 처단해야 한다고 현종에게 고했다. 하지만 현종은 안녹산을 의심하지 않았다. 한편 안녹산은 현종이 양국충에게 설득당하는 것은 시간 문제라고 보았다. 오랜 고민 끝에 안녹산은 현종이 양국충의 말을 듣고 자신을 체포하기 전에 먼저 거사를 치르기로 결심했다.

755년 마침내 안녹산은 친구 사사명과 함께 15만 병력을 이끌고 남하하기 시작하여, 금세 제2의 수도인 낙양을 함락했다. 당나라 부대는 태평세월을 보내느라 한동안 전쟁을 치르지 않아서 안녹산의 정예부대를 막아낼 힘이 전혀 없었다. 낙양을 함락한 안녹산은 어찌된 일인지 더는 당나라의 수도 장안을 공격할 생각은 하지 않고 낙양에서 스스로 황제임을 선포했다. 전쟁이 싫었던 것일까? 아니면 낙양으로 만족했던 것일까? 낙양에서 엉거주춤하던 안녹산은 반란을 일으킨 지 1년 2개월 만인 757년 둘째아들 안경서(安慶緒)에게 살해당한다. 후계자를 놓고 벌인 암투에 희생된 것이다. 그리고 안경서는 759년에 아버지의 친구인 사사명에게 살해되었고, 사사명은 역시 자신의 아들인 사조의(史朝義)에게 살해되었다.

안녹산에서 사사명까지 이어지면서 당왕조를 뿌리째 흔들어버린 이 '안사의 난'은 763년 사조의가 부하에게 살해될 때까지 무려 9년에 걸쳐 계속되었다. 안사의 난은 당왕조에 큰 타격을 주었고, 그 뒤로 당왕조는 쇠락의 길을 걷는다. 물론 이후로도 140년 동안 명맥을 유지하기는 했지만, 황제가 14명이나 즉위했다는 사실은 파란만장한 왕조의 최후를 잘 보여주고 있다.

아들아 미안하다…… 아버지, 뒤를 조심하세요

현종은 아들의 여자를 빼앗고, 안녹산은 자신의 양아버지인 현종을 배반했다. 안녹산은 자신의 아들에게 죽임을 당했고, 그 친구 사사명 역시 아들에게 죽임을 당했다. 물론 안녹산이 양귀비의 양자가 된 일을 아주 진지하게 받아들일 필요는 없지만, 세아 의식을 할 정도로 안녹산은 양귀비와 현종과 아주 가까운 사이였음을 알 수 있다.

이렇게 본다면 이 네 경우는 모두 아버지와 아들 사이의 경쟁과 갈등에서 비롯된 배반이라고 할 수 있다. 아들의 여자를 빼앗는 아버지와 아버지에게 칼을 들이댄 아들, 이렇게 아버지와 아들의 경쟁과 배반은 역사 속에서 자주 되풀이되는 테마다. 또한 역사 속에서뿐만 아니라 지금도 많은 아버지와 아들이 갈등하고 있으며, 끊임없는 배반을 되풀이하고 있다. 그렇다면 도대체 아버지와 아들은 왜 이렇게 갈등하는 것일까?

아버지와 아들 사이에서 일어나는 경쟁과 갈등에 대해서는 정신분석의 창시자인 프로이트(Sigmund Freud)[1]가 일찍이 언급했다. 프로이트를 비롯해 많은 심리학자들은 한 사람을 이해하기 위해서 그의 어린 시절을 중요하게 다루었다. 그 이유는 어린 시절에 해결하지 못한 갈등이 이후의 삶에 큰 영향을 미친다고 보았기 때

1) 오스트리아의 신경학자이자 정신분석학의 창시자. 프로이트의 정신분석학은 인간의 정신 및 정신병 치료에 관한 이론인 동시에 문화와 사회를 해석하는 시각을 제공하는 이론이다.

문이다. 사람들은 어린 시절 해결하지 못한 갈등을 어른이 되어서도 해결하려고 한다. 마치 성공하지 못한 과제는 두고두고 미련이 남아서 언젠가는 다시 도전하게 되는 이치라고 할 수 있다.

프로이트는 자신의 경험과 그에게 치료받으려고 찾아온 많은 환자들, 그리고 여러 인류문화적 연구를 통해 그동안 사람들이 관심을 갖지 않았던 개인의 어린 시절을 연구했다. 그 핵심에는 바로 아버지와 아들의 경쟁과 갈등, 그리고 배반의 드라마가 있다. 프로이트는 어떻게 이야기하고 있는지 살펴보자.

한 남자와 한 여자가 사랑에 빠졌고 이들은 곧 결혼했다. 오래 지나지 않아 여자는 사랑하는 남자의 아이를 임신했고, 설렘과 기대 속에서 아들을 낳았다. 여자는 아들을 보면서 그동안 한 번도 느껴보지 못한 생명의 신비와 삶의 환희, 그리고 한 생명에 대한 막중한 책임감을 느꼈다. 그러면서 더는 한 남자(남편)에게 보호받아야 할 여자에 만족하지 않고, 한 남자(아들)를 보호할 어머니로 변신한다. 어머니가 된 여자는 이제 더이상 연약하지 않다. 자신의 도움 없이는 한 순간도 살 수 없는 한 남자(아들)를 위해 철저하게 헌신한다. 아이를 위해 가장 좋은 음식을 준비하고, 아이가 시도 때도 없이 보는 용변을 시원하게 치워주고 닦아주며, 언제나 깨끗한 옷을 입혀준다. 이것도 모자라서 온갖 놀이로 아이를 즐겁게 해준다. 그야말로 아들을 위해 자신의 모든 것을 희생한다.

남편은 이런 아내의 변화를 어떻게 받아들일까? 처음에는 놀라고 당황한다. 아이를 낳기 전에는 벌레 한 마리도 못 잡는 여자였는데, 벌레가 아이 쪽으로 다가오자 조금도 주저하지 않고 손으로 바로 때려죽인다. 벌레가 죽으면서 내장이 튀어나와 아내의 손에 묻었지만, 아무렇지도 않은 듯 화장지로 닦아버린다. 아이를 낳기 전에는 집안일을 조금만 해도 피곤하다고 엄살을 부리더니, 이제는 새벽부터 밤늦게까지 집안일과 아이 뒤치다꺼리에 피곤할 법한데도 아이의 미소를 보며 피곤함을 전부 날려버리는 것처럼 보인다. 아이를 낳기 전에는 잠이 많던 여자가, 이제는 아이가 울면 한밤중에라도 벌떡 일어나서 아이를 달랜다. 아이를 낳기 전에는 자신이 회사에서 돌아오기만을 기다렸고, 가끔 회식이 있어 늦게 퇴근하면 실망하는 모습이 역력했는데, 이제는 아이를 보느라 자신이 퇴근을 했는지, 밥을 먹었는지 별 신경도 쓰지 않는다.

남편의 처지에서는 억울할 법도 하다. 왠지 자신은 집에서 찬밥 신세가 되었다는 느낌을 지울 수가 없다. 아이의 밥을 챙겨주느라 남편의 밥을 챙겨주는 일은 뒷전이고, 아이의 옷을 챙기느라 남편의 옷은 건성이다. 억울하기는 해도 이해할 수 있다. 왜냐하면 아내에게는 시도 때도 없이 울어 대는 아들이 있기 때문이다. 하지만 남편은 분명 아내를 빼앗겼다는 박탈감을 느낄 것이다. 표현을 하지 않을 뿐이지, 자신이 가장 사랑하는 여자가 자신이 아닌 다른 누군가(물론 아들이긴 하지만)에게 신경을 쓰느라 자신에게 소홀해지는데, 전혀 섭섭함을 느끼지 않는다면 오히려 이상할 것이다. 아무리 어른이고, 아이의 아버지라고 해도 아내의 사랑을 독차지하다가 아들에게 사랑을 빼앗겼을 때 아무렇지 않을 수는 없다. 그렇지만 아버지 역시 아들의 생존과 행복을 지켜줘야 하는 부모이기 때문에 아내의 태도 변화와 무관심을 이해하려고 노력한다. 또 이때 아버지가 잘 참아야 한다. 아이가 어느 정도 클 때까지 기다려야 한다. 이렇게 기다려서 아이가 어느 정도 자라면, 아이는 엄마 없이도 혼자서 잘 수 있게 되고, 아내는 이 남자(아들)의 방에서 저 남자(남편)의 방으로 잠자리를 옮긴다. 아이가 어느 정도 커서 엄마 없이도 혼자서 밥을 먹을 수 있는 나이가 되면, 아내는 이 남자(아들)의 식탁에서 저 남자(남편)의 식탁으로 자리를 옮긴다.

만약 이때 남편이 기다려주지 못한다면 어떻게 될까? 주로 열등감이 심한 남자들이 이런 상황을 참지 못하는데, 이 경우 남편은 아내의 사랑을 아들에게 빼앗겼다는 생각에 화를 참지 못한다. 이렇게 화를 다스리지 못하면, 남편은 아내를 아이에게서 되찾으려고 한다. 만약 아이가 너무 어려서 엄마가 꼭 필요한 상황이라면 아이에게는 위협적인 상황이 된다. 아이는 큰 상실감과 박탈감을 경험한다. 아직 홀로서기를 할 수 없는 상태에서 엄마를 빼앗긴다면, 이 아이는 커서 열등감이 심한 아이로 자라게 될 확률이 높다. 이런 아이가 한 여자를 만나서 사랑에 빠지고 결혼을 해서 아이를 갖는다면 어떻게 될까? 쉽게 예상할 수 있듯이 열등감이 심한 이 아이는 아버지가 되어도 아내의 사랑을 아이에게 빼앗기는 상황을 못 견딜 것이고, 자신의 아버지가 그랬듯이 아이에게서 아내를 무작정 빼앗아올 것이다.

한 여자를 가운데 두고 두 남자(아버지와 아들)의 목숨을 건 결투가 우리 삶에 있다. 이런 아버지와 아들의 경쟁과 갈등을 가리켜서 프로이트는 오이디푸스 콤플렉스(Oedipus complex)[2]라고 했다. 물론 프로이트는 이 삼각관계를 위와 같이 설명하지는 않았다. 성(性)적인 요소를 더 첨가해 설명했다. 하지만 프로이트에게 성은 그 시대의 억압을 반영한 것이고, 넓은 의미로는 생(生)이라고도 이해할 수 있다. 다시 말해, 프로이트에게 성적인 에너지는 삶의 에너지였다. 그런데 지금은 프로이트가 살았던 시대와 달라서 많은 사람들이 억압을 느끼는 것은 성이 아니라 관계이다. 관계에 대한 욕구가 제대로 채워지지 못해 많은 이들이 심리적 어려움을 겪고 있으니 억압되어 있는 것은 상(相)이라 할 수 있다.

성(性)이든, 생(生)이든, 상(相)이든 중요한 것은 남자는 누구나 어렸을 적 어머니를 중간에 두고 아버지와 경쟁을 했다는 것이다. 아이는 온갖 애교와 귀여움, 그리고 연약함으로 어머니의 모성애를 자극했다면, 남편은 편안함과 따뜻함, 위로와 유혹을 통해 아내의 이성애를 자극한다. 두 남자는 매사에 날카로운 신경전을 벌였다.

2) 그리스 신화에 나오는 테베의 왕 오이디푸스의 이야기에 착안해서 이름을 붙였다. 오이디푸스는 아버지를 죽이고 어머니와 결혼하는 비극의 주인공으로 등장한다.

아버지와 아들의 경쟁과 갈등, 그리고 배반

그렇다면 한 여자를 사이에 둔 두 남자의 경쟁과 갈등은 어떤 결말을 맺는가? 시간이 지나면서 아들이나 아버지 두 남자 중 한 사람은 여자를 포기하게 된다. 보통 아들이 먼저 포기를 하는 경우가 많다. 그 이유는 아버지를 도저히 이길 수 없다는 생각이 들기 때문이다. 아버지는 자신보다 무엇이든지 잘하고 크고 힘도 아주 세기 때문에 아버지를 이길 수 없다고 생각한다. 그러면서 자신이 사랑하는 어머니도 아버지를 좋아하는 것 같으니, 아들은 나중에라도 어머니를 되찾기 위해서는 밥도 많이 먹고 힘도 기르면서, 어머니가 좋아하는 아버지 같은 사람이 되어야겠다고 생각한다. 아들은 아버지의 말과 행동, 그리고 좋아하는 음식과 싫어하는 것까지 닮는 경우가 많은데, 이를 가리켜 프로이트는 동일시(identification)라고 했다.

경쟁과 갈등은 한쪽의 승리가 확실해지면서 화해하는 국면으로 들어서는 것처럼 보인다. 하지만 승리자가 있다는 것은 언제나 패배자가 있음을 전제로 하지 않는가. 만약 이 패배자를 완벽하게 제거하지 못하면, 겉으로는 패배를 인정하고 승리자의 그늘 속으로 들어가서 승리자와 같은 편이 되는 것처럼 보이지만, 언제나 마음속에는 재대결을 준비하고 있을지도 모른다. 이런 이유 때문에 역사 속에서 배반을 두려워한 권력자들은 권력의 최고 정점에 올랐을 때 모든 정적을 숙청했던 것이다.

하지만 경쟁과 갈등의 상대가 아버지와 아들이라면 얘기는 달라진다. 아버지가 아들과 경쟁해서 승리했다고 아들을 숙청할 수는 없기 때문에 어쩔 수 없이 화해하고 공존한다. 그래서 겉으로 보기에 두 남자는 잠깐 동안 평화롭게 지내는 것처럼 보이지만, 사실은 그렇지 않다. 그 내면에는 여전히 갈등의 씨앗이 남아 있다. 한집에 서 한 여자를 사이에 두고 함께 잘사는 것 같지만, 여전히 아버지와 아들은 경쟁 상대로 남아 있다. 왜냐하면 경쟁과 갈등은 누구에게 나 상처를 남기기 쉽고, 한번 받은 마음의 상처는 쉽게 아물지 않기 때문이다.

시간이 지나면서 아버지와 아들의 경쟁 상대는 여자(어머니 혹 은 아내)가 아닌 다른 것으로 바뀐다. 처음에는 어머니 혹은 아내 의 돌봄과 관심, 보살핌을 쟁취하기 위해 경쟁했지만, 나중에는 돈 과 명예, 권력을 놓고 경쟁한다. 물론 현종처럼 아들 수왕과 여자를 놓고 경쟁하다가 결국에는 수왕의 여자를 빼앗는 경우[3]도 있지만, 이런 경우는 흔치 않다. 이보다는 오히려 권력이나 명예를 놓고 아 버지와 아들이 경쟁하고 갈등하는 경우가 훨씬 많다. 굳이 역사 속 에서만 찾을 필요는 없다. 많은 아들들이 특별한 이유 없이 아버지 와 사이가 안 좋은 것은 바로 이런 이유 때문이다. 아버지와 아들 사이에서 일어나는 경쟁과 갈등의 씨앗은 바로 한 여자를 두고 우 리네 인생 초기에 벌어졌던 그 사건이었다. 그것을 완벽하게 해결 하지 못했기 때문에 다시 되풀이하는 것이다.

현종을 배반했던 안녹산은 아들에게 배반을 당해 그 칼에 죽는 다. 사사명 역시 아들에게 배반을 당해 죽는다. 물론 안녹산은 신하 로서 현종을 대적했다고 할 수 있지만, 우리는 양귀비를 사이에 둔 현종과 안녹산의 관계를 알고 있다. 따지고 보면 현종은 안녹산에 게 양아버지였다. 아이러니하게도 양아버지를 배반한 안녹산이 아

3) 현종이 아들 수왕 에게서 빼앗은 여자 는 두 명이다. 처음은 어머니인 무혜비였 고, 그 다음은 아내였 던 양귀비였다.

들에게 배반을 당한 것이다. 안녹산과 함께 움직였던 사사명 역시
도 같은 처지가 되었다.

이처럼 아들이 아버지를 배반하여 굳건한 왕조가 무너지고, 새
로운 왕조가 일어나는 일이 중국 역사에서 끊임없이 되풀이되었다.
모든 권력자들은 정적이 될 수 있는 다른 경쟁자들을 모두 숙청할
수 있다. 하지만 가장 가까이에 있는 최고 경쟁자인 아들은 숙청할
수 없다. 왜냐하면 아들은 아버지의 유일한 계승자이며 동지이기
때문이다. 그러나 동시에 아들은 가장 위협적인 경쟁자이다. 이러
한 이유로 인간의 역사에는 언제나 아버지와 아들의 경쟁과 갈등,
그리고 배반의 이야기가 되풀이되고 있다.

사랑하는 여인을 위해 조국을 배반한 오삼계

17세기 중반 명(明)나라는 동쪽에서는 만주족의 신흥 국가인 청(淸)나라의 공세를 받았고, 서쪽에서는 이자성(李自成)을 우두머리로 하는 농민 반란이 일어났다. 하지만 어려운 상황에서도 명나라에는 믿음직한 장군이 있었는데, 바로 만리장성 동쪽 끝 산해관(山海關)에서 만주족의 침입을 막는 임무를 맡고 있는 오삼계(吳三桂)였다.

1643년 10월, 이자성이 이끄는 반군이 명나라 수도 북경으로 쳐들어올 태세를 보이자, 17대 황제인 숭정제(崇禎帝, 재위 1627~1644)는 오삼계의 아버지를 명나라 수도인 북경의 방위 사령관으로 임명했다. 이때 오삼계는 잠시 북경으로 내려와서 아버지와 함께 머물렀다. 오삼계는 북경에 있는 동안 여러 지인들이 베푸는 잔치에 갔는데, 어느 날 기녀 진원원(陳圓圓)이 노래하고 춤추는 모습에 반해 그녀와 사랑에 빠지고 말았다.

진원원에게 반한 오삼계는 많은 돈을 주고 그녀를 자신의 품에 둘 수 있었다. 오삼계는 진원원을 극진히 사랑했다. 그는 마치 온 세상을 얻은 듯이 행복했다. 하지만 이런 행복한 시간도 그리 길지 않았다. 왜냐하면 오삼계의 임무는 만주족의 침입을 막는 것이기 때문이다. 오삼계는 진원원을 아버지에게 부탁하고 북경을 떠났다.

1644년 사태가 급변해서, 결국 농민 반란군을 이끈 이자성은 북경을 함락했다. 명나라의 마지막 황제 숭정제는 자살했고, 이로써 명왕조는 몰락했다. 이자성은 명왕조를 몰락시켰지만 만주족이 북쪽에서 호시탐탐 내려올 기회를 엿보고 있었기 때문에, 자신이 일으킨 반란을 성공적으로 완수하기 위해서는 오삼계가 절실히 필요했다. 이자성은 오삼계의 아버지를 시켜서 오삼계를 북경으로 불러들였다.

북경을 점령한 이자성의 군대는 얌전히 있지 않았다. 거의 모든 반란군이 그러하듯이 그들은 그동안의 전투에서 얻은 희생, 고생과 상처를 보상받으려는 듯 약탈을 일삼았다. 그리고 남자들만 가득한 군대에서 오랫동안 생활을 한 터라, 마음에 드는 여자가 있으면 무조건 데려가는 일도 서슴지 않았다. 그러던 중 이자성의 부하 유종민(劉宗敏)이 그만 진원원을 데려가버렸다.

아버지의 권유로 북경으로 오다가 유종민이 진원원을 데려갔다는 이야기를 들은 오삼계는 발길을 돌려서 만주족을 찾아갔다. 오삼계는 자신의 처지를 설명하고, 그동안 만주족을 적으로 대했지만 이제부터는 만주족과 손을 잡고 진원원을 빼앗아간 이자성과 유종민을 타도하기로 한다. 오삼계가 원수를 갚기 위해서 같은 민족인 한족을 배반하고 이민족인 만주족과 손을 잡은 것이다.

오삼계가 배반했다는 사실을 알게 된 이자성은 오삼계의 아버지를 처형하고 군대를 이끌고 산해관으로 가서 오삼계와 격전을 벌였다. 하지만 격전을 벌인 장소는 오삼계가 손바닥 보듯이 속속들이 알고 있는 지역이었고, 여기에 만주족이 오삼계와 함께 했기 때문에 이자성은 결코 이길 수가 없었다. 이자성은 겨우 목숨만 건져서 북경으로 달아났다. 이미 만주족과 손잡은 오삼계는 거칠 것 없이 북경으로 향했다. 오삼계가 만주족과 함께 북경으로 쳐들어온 다는 것을 안 이자성은 1644년 4월 황제 즉위식을 서둘러서 치르고 는 서쪽으로 달아났는데, 이자성이 북경을 점령한 기간은 고작 40일이었다.

이자성이 떠나고 사흘 뒤, 만주족은 북경에 피 한 방울 묻히지 않고 입성해서 청(淸)나라를 세운다. 물론 북경에 입성한 만주족 가운데는 오삼계가 있었다. 북경에 도착하자마자 오삼계는 진원원을 다시 찾았다. 오삼계에게 진원원은 세상 무엇과도 바꿀 수 없는 존재였다. 그렇기 때문에 같은 한족을 배반하고, 오랜 세월 동안 목숨을 걸고 싸운 만주족과 손을 잡았던 것이다. 오삼계는 사랑하는 여인을 찾기 위해 자신의 조국을 배반했다.

사랑하는 여자 때문에 민족을 배신한 오삼계를 두고 어떤 사람들은 사내대장부가 그깟 여자 때문에 민족을 배신할 수 있느냐고 비난할지 모른다. 하지만 실상을 알면 이해할 수 있는 것이 바로 사람의 마음이다.

만약 오삼계가 진원원을 만나지 못했다면, 명나라와 청나라의 운명은 어찌 되었을까? 역사에서 '만약'은 아무런 의미가 없다고 하지만, 오삼계의 사랑과 그로 인한 배반이 분명 중국 역사에 결정적인 영향을 끼쳤음은 두말할 나위가 없다.

적 앞에서는 용사, 여인 앞에서는 짱구가 되다

역사를 보면 아주 용감한 용사들에게는 언제나 여인들이 있었다. 물론 남자에게 사랑하는 여자가 있는 것은 당연하지만, 우리를 놀라게 하는 것은 전쟁에서 아주 용감한 남자들이 사랑하는 여인 앞에서는 너무나도 순한 양처럼 변한다는 것이다.

용감한 남자들을 양으로 변하게 한 대표적인 경우가 클레오파트라이다. 클레오파트라는 로마제국을 쥐락펴락했던 시저뿐만 아니라, 안토니우스까지도 꼼짝 못하게 만들었다. 나폴레옹 역시 유럽 전체를 호령했던 정복자이자 위대한 용사였지만, 사랑하는 여인 조세핀 앞에서는 무력한 남자였다.

클레오파트라의 코가 조금만 낮았더라면, 세계의 모든 형세가 달라졌을 것이다.

—파스칼의 『팡세』

용사들은 사랑하는 여인 때문에 그동안 줄기차게 추구해온 정복을 포기하기도 하지만, 사랑의 상처를 씻기 위해 전쟁터로 나가기도 한다. 수천의 군사들 앞에서는 쩌렁쩌렁한 목소리로 호령하지만, 사랑하는 여인 앞에서는 온갖 애교를 피우면서 따뜻한 눈길을 바라는 나약한 남자가 된다. 사랑하는 여인을 위해서라면 무엇이든지 할 기세다.

사랑의 문제는 개인마다 워낙 다르기 때문에 여기서 일률적으로

풀어낼 수는 없지만 보편적인 공통분모도 있다. 바로 용사들에게
큰 영향을 준 여인들은 하나같이 용사들을 아주 쉽게 다루었다는
것이다. 여인들은 용사들에게 끊임없이 매달리거나 애원한 것이
아니라, 자신을 사랑하도록 만드는 법을 알고 있었다.

사랑의 포로가 된 용사들은 여인 앞에서는 순진한 어린아이와
같다. 마치 엄마 앞에서 뛰어노는 아들처럼 용사들은 여인 앞에서
뛰어놀았다. 애교를 부리기도 하고, 우스꽝스러운 흉내도 곧잘 냈
다. 천하를 호령하는 용사, 이름만으로도 적을 꼼짝 못하게 하는 용
사가 여인의 말 한마디에 벌벌 떨었다.

어린아이와 같다는 것은 무엇을 의미하는가? 어린아이에게 엄
마는 그야말로 모든 것이다. 앞에서 언급했듯이, 엄마는 아이를 위
해 가장 맛있고 좋은 음식을 준비하고, 아이가 시도 때도 없이 보

는 용변을 시원하게 치워주고 닦아주며, 언제나 깨끗하고 향기나는 옷을 입혀준다. 이것으로도 모자라서 온갖 놀이로 아이를 즐겁게 해준다. 그야말로 엄마는 아이에게 완벽함을 제공한다. 그렇기에 아이는 엄마의 품에서 한없이 행복하고 편안함을 느낀다. 밖에서 친구들과 싸워서 화가 머리끝까지 났을 때도 엄마를 보는 순간 아이는 행복감을 느낀다. 왜냐하면 아이에게 엄마는 모든 것이기 때문이다.

만약 아이가 엄마를 잃게 된다면 어떻게 될까? 아이는 모든 것을 잃은 것이나 마찬가지이다. 만약 갓난아이라면 생존에 큰 위협을 느낄 것이고, 어느 정도 커서 생존에 위협을 느끼지는 않더라도 심리적으로 큰 타격을 입는다. 엄마에 대한 뿌리 깊은 그리움이 아이의 평생을 지배할 수도 있다. 이렇게 엄마를 잃은 경험을 한 사람에게만 그리움이 있는 것은 아닌 것 같다. 평범한 성장 과정을 거친 사람들도 어린 시절 엄마가 해주었던 완벽한 돌봄을 그리워하는지도 모르겠다. 에드몬도 데아미치스(Edmondo De Amicis) 원작의 『엄마 찾아 삼만 리』는 시대를 초월해 가슴 진한 감동으로 다가온다. 우리 모두가 엄마를 찾는 인생을 사는 것은 아닐까?

용사와 여인이 한번 사랑에 빠지면 그 사랑은 아주 강렬하다. 물론 용사뿐만 아니라 모든 사람의 사랑이 강렬하지만, 중요한 것은 보통 사람들과 달리 용사는 군사적으로나 정치적으로 중요한 위치에 있다는 것이다. 따라서 용사가 다른 일은 돌보지 않고 사랑에만 빠져 있다면 그 손실은 이루 말할 수 없다. 또한 사랑에 상처를 받아서 전쟁에만 몰두한다면 그로 인한 피해 역시 엄청나다. 또 사랑하는 사람을 누군가에게 빼앗겼다면, 사랑하는 사람을 되찾기 위해서 목숨을 걸고 전쟁을 일으킬 것이다. 누군가 사랑하는 사람을 죽였다면, 그 죽음에 대한 대가를 치르도록 전쟁을 일으킬 것이다. 만약 사랑하는 사람을 죽인 자가 같은 편이라면 바로 배반의 드라마가 되고, 이때의 배반은 복수로서의 배반이다.

복수가 갖는 특별한 의미

인간에게 자신이 당한 만큼 갚아주는 복수는 아주 당연한 일처럼 여겨진다. 특히 이런 현상은 아직 대인관계에 대해 별다른 학습을 받은 적이 없는 어린아이들을 보면 확연히 드러난다. 아이들에게는 먹는 것과 노는 것이 가장 중요하다. 만약 한 아이가 다른 아이의 장난감을 몰래 가지고 놀다가 장난감 주인에게 들키면 당연히 아이는 자신의 장난감을 가지고 논 아이에게서 장난감을 빼앗고, 그것으로도 분이 풀리지 않으면 때린다. 화가 풀릴 때까지 다양한 방법으로 그 아이에게 복수를 한다. 장난감 주인의 처지에서는 자신이 소중하게 여기는 장난감을 다른 친구에게 빼앗겼다는 생각에 위기감이 들어 화가 난 것이다.

반면에 주인 없는 장난감을 가지고 놀다가 날벼락을 맞은 아이는 어떨까? 이 아이도 갑작스러운 공격에 당황스럽고 화가 날 것이다. 짧은 시간이었지만 가지고 놀던 장난감을 갑작스럽게 빼앗겼기 때문에 장난감 주인이 느꼈던 그런 기분을 느낄 것이다. 또한 만약 장난감 주인에게 맞으면, 맞는 아이도 화가 날 것이다. 어쩌면 장난감 주인은 자신의 장난감을 다른 아이가 가지고 놀고 있는 것을 보았을 때 느낌을 상대방 아이에게 똑같이 느끼게 해주고 싶을 것이다.

초등학생 아이들에게서도 이와 비슷한 현상이 나타난다. 아이들끼리 장난을 치다가 한 아이가 다른 아이를 치면, 맞은 아이는 화를 낸다. 그리고 내가 한 대 맞았으니, 너도 한 대 맞아야 한다며 친구를 때린다. 물론 의도적으로 때린 것은 아니지만 자신이 한 대 맞아서 억울하고, 그러니 내가 얼마나 아프고 억울한지 알려면 너도 한 대 맞아야 한다는 심정인 것이다.

그렇다면 왜 사람들은 자신이 당한 만큼 꼭 갚아주려고 할까? 여기에 대해서 여러 대답을 할 수 있겠지만, 심리학에서 보면 이해받고 싶은 욕구가 있기 때문이라 할 수 있다. 다시 말해, 자신이 당한 아픔과 처지를 상대방도 느끼게 함으로써 자신이 얼마나 고통스러웠는지 이해받으려는 욕구가 있기 때문이다. 이런 면에서 본다면 복수란 자신을 이해해달라는 몸부림이라고 할 수 있다. 실제로 복수를 잘 살펴보면, 언제나 자신이 당했던 것과 똑같은 것을 상대방에게 하는 방식으로 이루어진다. 마치 자신이 느꼈던 것을 상대방도 똑같이 느끼기를 원하는 것처럼 말이다.

많은 심리학자들은 사람에게는 존중받고 싶은 욕구가 있다고 보았다. 대표적인 사람이 바로 인간주의 심리학자인 로저스(Carl

Rogers)[3]이다. 그는 인간에게는 긍정적 존중을 받고 싶어하는 욕구가 있다고 보았다. 긍정적 존중이란 다른 사람으로부터 가치 있는 사람으로 대접받고 인정받는 것을 의미한다. 실제로 사람은 누구나 인정받기를 원한다. 특히 아이들은 부모와 선생님과 친구들에게 인정받기를 바란다. 인정받고 칭찬받기 위해서 아이들은 자신이 싫어하는 일도 하는 경우가 많다. 먹기 싫은 음식도 엄마의 칭찬을 듣기 위해서 먹고, 하기 싫은 공부도 선생님에게 인정받기 위해서 한다.

어른들도 마찬가지이다. 주변 사람들에게서 '예쁘다'는 소리를 듣기 위해서 '목숨을 걸고' 다이어트를 하거나 외모에 돈을 아낌없이 투자한다. '성공했다'는 소리를 듣기 위해서 좋은 직업을 가지려고 미친 듯이 노력한다. '목숨을 걸고'라는 말은 과장된 표현이 아니다. 실제로 많은 사람들이 목숨을 걸고 자신이 세운 목표, 아니 정확하게 말하면 다른 사람들에게서 인정받고 칭찬받고 존중받을 만한 목표에 매진한다. 그러다가 그 목표에 도달하지 못하면 스스로 목숨을 버리기도 한다.

로저스는 심리학자로서 여러 환자들을 만나면서, 있는 모습 그대로 존중해주고, 그들의 처지를 충분히 이해하면 마음의 상처를 치료할 수 있다고 주장했다. 환자의 부모와 그가 속한 사회와 환경이 그동안 많은 조건을

3) 미국의 심리학자이자 인간 중심 치료의 창시자. 기존의 치료 이론들이 인간의 병적인 부분에 초점을 맞추고 있다면, 인간 중심 치료는 인간의 가능성에 초점을 두고 있다.

로저스는 전문가만의 영역이었던 상담을 대중화, 보편화시켰다.

내세우면서, 그 조건에 합당할 때만 그들을 존중해주었기 때문에 그들은 상처를 받았다는 것이다. 그렇기 때문에 치료자는 아무런 조건 없이 그들을 존중해주어야 한다고 주장했다.

어떻게 하면 아무런 조건 없이 그들을 존중할 수 있을까? 로저스는 그 사람의 처지에서 그 사람을 이해하면 가능하다고 했다. 이것이 바로 공감적 이해(empathic understanding)[4]이다. 이런 면에서 존중의 욕구는 다른 말로 이해받고자 하는 욕구라고도 할 수 있다.

보통 자신과 비슷한 처지에 있는 사람, 혹은 비슷한 경험을 한 사람을 이해하기는 쉽다. 또 비슷한 처지에 있거나 비슷한 경험을 했을 때 정확하게 상대방을 이해할 수 있다. 그렇기 때문에 상대방에게서 이해받으려는 욕구가 상대방으로 하여금 나와 비슷하거나 동일한 경험을 하도록 만드는 것이다. 이것이 복수이다. 물론 복수가 언제나 뚜렷한 목적과 의도를 가지고 일어나는 것은 아니다. 대부분 이런 목적과 의도를 모른 채 자신의 감정에 따라 행동하게 된다. 하지만 마음속을 들여다보면, 자신도 모르게 이해받고자 하는 욕구가 내 처지를 상대방에게 전하도록 만드는 것이다. 이런 면에서 복수란 이해받고자 하는 욕구에서 나온 것이라고 할 수 있다.

다시 오삼계의 이야기로 돌아가보자. 오삼계에게 진원원은 자신의 생명과도 같은 존재였다. 목숨을 걸고 싸우는 어두컴컴한 전장에서 진원원은 한줄기 빛과 같았다. 용사에게 여인은 삶의 이유였다. 온갖 부조리와 불합리가 판을 치는 명나라 말기, 이자성과 만주족의 끊임없는 공격 속에서 오삼계는 삶의 목적을 발견하지 못하고 있었다. 이런 상황에서 진원원이 나타난 것이다.

북경을 떠나 다시 임지로 돌아가야 했을 때, 오삼계는 진원원과 떨어지는 것이 너무 고통스러웠다. 하지만 그는 아버지를 믿고 그녀를 맡겼다. 아무래도 그 방법이 최선이라고 판단했기 때문이었다. 임지로 돌아간 오삼계는 만주족의 침략을 막고, 아버지가 이자성을 물리치면 다시 평화로운 나라에서 진원원과 함께 행복하게 살 수 있을 것이라고 믿었다. 그러나 결과는 그렇지 않았다. 이자성은 북경을 점령했다. 오삼계의 아버지는 북경과 황제를 지키지 못했을 뿐만 아니라, 무엇보다 진원원을 지키지 못했다.

처음에 오삼계는 이자성의 편에 서려고 했다. 하지만 같은 편이라 생각했던 이자성과 그의 부하들은 진원원을 빼앗아갔다. 여기서 오삼계는 중요한 결정을 내린다. 한족을 배반하기로 한 것이다. 오삼계의 배반은 중국 역사를 크게 바꾸어놓았다. 만약 오삼계가 이자성과 손을 잡았다면, 만주족은 쳐들어오지 못했을 것이다. 오삼계가 지키고 있던 산해관은 몇 차례 공격을 받고도 무너지지 않을 만큼 전략적 요충지였기 때문이다. 오삼계는 발길을 돌려 만주족을 찾아간다. 그리고 그들과 손을 잡고, 산해관으로 돌아가서 부하들에게 산해관의 문을 열도록 지시한다. 산해관을 통과한 만주족은 한걸음에 북경으로 내달렸고, 결국 중국의 새로운 왕조가 들어서게 된 것이다.

오삼계는 진원원을 자신의 목숨처럼 사랑했다. 하지만 명나라는 진원원을 지키지 못했다. 아버지도 진원원을 끝까지 보호하지 못했고, 이자성도 부하 유종민이 진원원을 빼앗아가는 것을 막지 못했다. 오삼계는 빼앗긴 진원원 때문에 죽음과도 같은 고통을 맛보았다. 그동안 목숨을 걸고 지켰던 모든 것이 허사로 돌아가는 순간이었다. 여기서 오삼계는 복수를 결심한다. 사랑하는 진원원을 지키지 못한 명나라, 아버지, 이자성에게 자신의 고통과 괴로움을 똑같이 겪게 해주기로 결심한 것이다. 그 방법은 바로 만주족과 손을 잡는 것이었다. 오삼계에게 배반은 복수로써의 배반이었다. 복수란 진원원을 잃은 고통을 그대로 전달해주는 것이다. 왜냐하면 그도 이해받고 싶어하는 한 사람이었기 때문이다.

목표 하나를 두고 두 사람 이상이 경쟁을 하면 갈등이 일어난다. 갈등이 화해와 타협으로 발전되기도 하지만, 싸움과 전쟁으로 발전하기도 하고, 때때로 배반이라는 결과를 만들어내기도 한다. 배반이란 원래는 친밀하고 절친한 사람들 사이에서 일어나는 것으로, 배반은 이 관계를 순식간에 적대 관계로 만들어버린다. 아니 어쩌면 겉으로만 절친하고 마음속을 들여다보면 적대 관계였을 수도 있다. 그렇기에 배반은 언제나 많은 사람들에게 충격을 준다. 특히 배반을 당하는 사람에게는 더더욱 그렇다.

사랑은 용맹한 용사를 완전히 다른 사람으로 바꾸어놓는다. 어쩌면 용사는 겉으로만 용감할 뿐, 아주 연약한 어린아이 같은 모습일 수도 있다. 사랑을 잃어버리면 용사는 복수에 나선다. 특히 사랑을 빼앗아간 적들이 복수의 대상이 되지만, 자신의 사랑을 지켜내지 못한 자기 편들도 그 대상이 되곤 한다. 이것이 배반이다.

역사는 많은 왕조들의 몰락과 탄생의 반복이라고 할 수 있다. 몰락과 탄생의 결정적인 사건을 들여다보면 항상 배반이라는 중요한 사건이 있다. 그리고 그 배반의 원인은 어린 시절의 경쟁과 갈등을 되풀이하는 것이거나 타인으로부터 이해받고자 하는 여린 마음이다.

이렇게 역사의 변천은 배반의 드라마가 중심에 자리 잡고 있고, 배반의 드라마 안에는 어리고 여린 마음이 들어 있다.

지금 우리 주변에도 어리고 여린 마음 때문에 상처받고 아파하는 누군가가 있을지 모를 일이다. 이들의 마음을 누군가는 어루만져주어야 한다. 그렇지 않다면 이들 역시 지금까지 살펴보았던 사람들처럼 아무도 원치 않는 복수와 배반의 드라마를 연기하게 될지도 모르겠다.

프로이트에 대한 오해

프로이트에 대한 평가는 극과 극으로 나뉜다. 프로이트를 싫어하는 사람들은 대부분 그가 너무 성(sex)과 과거, 그리고 무의식에 치우쳤으며, 인간을 '성장 가능성 있는 존재'보다는 '뭔가 문제가 있는 존재'로 보기 때문이라는 것이다. 하지만 이런 오해의 대부분은 프로이트의 이론과 그가 말하고자 했던 것이 제대로 전달되지 못했기 때문에 생긴 오해들이다. 프로이트와 같은 시대를 살았던 베틀하임(Bruno Bettelheim)[1]은 오해가 생긴 이유가 일차적으로 프로이트의 저서가 잘못 번역되었기 때문이라고 주장한다.

프로이트는 일상용어로 사람의 마음에 관한 중요한 통찰을 제공했다.

베틀하임은 프로이트처럼 빈 의과대학을 다녔다. 물론 프로이트에 비하면 한참 후배였다. 그는 프로이트가 왕성하게 활동하면서 수많은 글을 쓰고 있을 때, 빈에서 의학을 공부하면서 프로이트의 저서들을 독일어 원문 그대로 읽었다. 그는 프로이트의 글 솜씨와 인간의 마음에 대한 통찰력에 놀라면서 정신분석의 매력에 빠져들었고, 결국 그 역시 정신분석가의 길을 걸었다. 그런데 미국으로 건너와서 사람들에게 정신분석을 가르치면서 한 가지 이상한 점을 발견했다.

미국 사람들은 프로이트의 정신분석을 어렵고 난해하며, 별로 마음에 와닿지 않는 딱딱한 정신의학의 일부라고 알고 있는 것이다. 그가 젊은 시절 프로이트의 글을 직접 읽으면서 받았던 느낌과는 전혀 다른 느낌을 미국 사람들은 가지고 있었다. 그가 읽었던 프로이트의 글은 수많은 비유들로 가득 찬 문학이며, 사람의 마음에 대해 아주 많은 통찰을 주는 흥미진진한 글이었다.

실제로 프로이트는 글을 아주 쉽게 썼다. 그 당시 독일어를 아는 사람이라면 누구나 쉽게 읽고 이해할 수 있을 정도로 일상용어를 많이 사용했다. 하지만 영어로 번역된 프로이트의 글에는 너무나 많은 라틴어가 씌어 있다. 예를 들자면, 우리는 프로이트가 말한 성격의 삼원구조를 슈퍼에고(superego), 에고(ego), 이드(id)로 알고 있다. 한글로는 초자아, 자아, 원초아라고 번역하는 단어들이다. 재미있는 사실은 프로이트가 라틴어에 아주 능통했지만, 단 한 번도 이런 딱딱한 용어를 직접 사용한 적이 없었다는 것이다.

그가 사용했던 원래의 표현은 위버-이히(Über-Ich), 이히(Ich), 에스(Es)였다. 위버(über)는 영어의 over(above)에 해당하고, 이히(Ich)는 I이며, 에스(Es)는 it에 해당한다. 우리나라 말로 번역하자면 윗-나, 나, 거시기 정도일 것이다.(실제로 우리나라의 라캉정신분석학회는 에스를 '거시기'로 번역하고 있다. 비인칭대명사로 구체적인 것을 가리키고 있지 않기 때문이다.) 사람의 마음이 어떻게 구성되어 있는지에 대해 어려운 라틴어를 사용할 때와 익숙한 일상용어를 사용할 때의 느낌은 아주 다르다. 프로이트는 사람의 마음이 자아와 초자아, 그리고 원초아로 구성되었다고 하지 않았고, 나와 윗-나, 그리고 명확하지는 않지만 분명 존재하는 거시기 같은 것으로 구성되어 있다고 말했다.

이처럼 프로이트는 자신의 이론에서 중요한 개념들을 일상생활의 언어에서 선택했고, 무의식과 관계된 몇몇 핵심적 개념들은 신화에서 가져와서 은유화했기 때문에, 프로이트의 글을 번역하는 것은 상당히 어려운 작업이다. 결국 프로이트의 글은 영어로 번역하는 과정에서 익숙한 일상어와 풍부한 뜻을 포함하는 은유들이 추상어로 바뀌었으며, 더 나아가 현학적이고 기계적인 라틴어로 변했다. 이것은 번역가들이 프로이트의 문장력을 이해하기 어려웠다는 것을 보여준다. 또 여기에 정신분석을 정신병리학의 한 분야, 의학의 한 분야로 고집하고 싶어하는 의사들의 권위의식도 한몫했을 것이다.

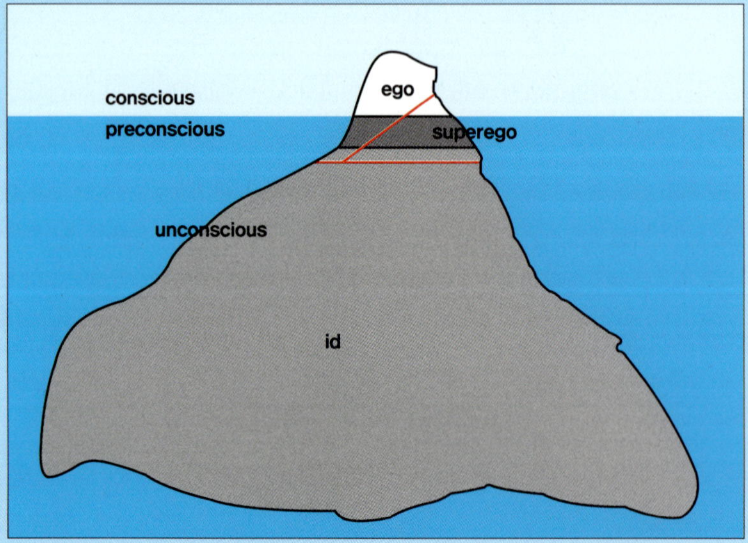

　프로이트의 이론을 제대로 이해하려면 프로이트가 어떤 상황에서, 누구를 염두에 두고 글을 썼는지를 알아야 한다. 글을 쓰는 사람들의 대부분이 그렇듯이 프로이트 역시 자신과 같은 시대를 살고 있으며, 같은 문화권에 있는 사람들을 대상으로 글을 썼다. 프로이트에 대해 욕이나 칭찬을 하기 전에 그가 정말 무엇을 말하려고 했는지를 더욱 정확히 알아야 할 것이다.

1) 오스트리아의 아동심리학자. 나치를 피해서 미국으로 건너왔으며 자폐아동 연구로 유명하다.

03

자살의 심리학

사무라이의 죽음, 명예롭거나 혹은 두렵거나

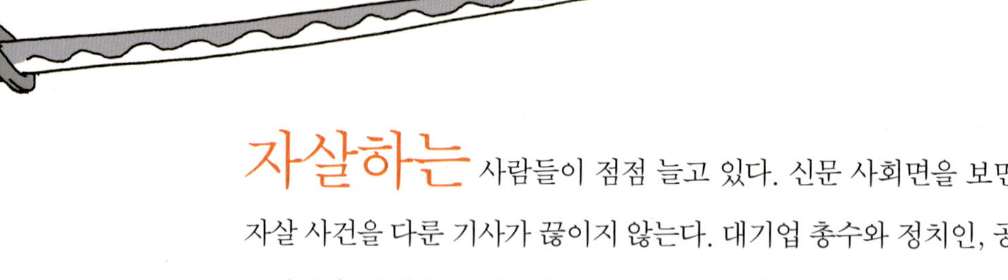

자살하는 사람들이 점점 늘고 있다. 신문 사회면을 보면 자살 사건을 다룬 기사가 끊이지 않는다. 대기업 총수와 정치인, 공무원뿐만 아니라 연예인과 운동선수, 평범한 회사원과 가정주부, 노인과 청소년에 이르기까지 정말 많은 사람들이 스스로 목숨을 끊는다.

자살하는 사람들의 이유도 다양하다. 과거에는 질병과 생계 때문에 목숨을 끊는 사람들이 많았고, IMF가 터진 1997년 전후로는 경제적 이유로 자살하는 사람들이 많았다. 최근에는 비관주의, 가정불화, 애정 문제 따위로 자살하는 사람이 많다고 한다. 2005년 한해 자살한 사람들은 1만 4천 명이며, 하루 평균 38명이 목숨을 끊고 있다. 그리고 자살률은 10만명 당 24.2명으로, OECD 국가

중 1위다.

　그렇다면 우리는 자살을 어떻게 이해해야 할까? 자살을 그저 죽음의 한 형태라고 인정할 수 있을까? 인간을 포함한 모든 생명체에게 삶과 죽음은 피할 수 없는 통과의례다. 더 나아가 모든 생명체에게는 생명을 유지하고자 하는 기본적인 욕구가 있다. 이것은 죽음을 피하려는 욕구가 있다는 것과 같은 말이다. 그런데 자살은 이러한 욕구에 반대되는 것이다. 사람들이 자살을 하는 이유가 무엇인지에 대해 명확하게 답을 하는 것은 쉽지 않다. 그렇기에 카뮈(Albert Camus)[1]도 자살의 원인을 밝히는 것이 "인류 최후의 과제"라고 말하지 않았겠는가!

　우리나라를 포함해 자살을 꺼려하는 문화권의 사람들에게 자살이라는 주제는 판도라의 상자[2]와 같다. 모두가 궁금해하지만, 모두가 그 실체를 들여다보기를 두려워한다. 아니 자살이라는 주제조차 다루는 것을 꺼려한다. 그런데도 지금 자살이라는 판도라의 상자를 열고자 하는 이유는 카뮈가 말한 것처럼 아주 거창한 이유 때문은 아니다. 단지 자살이라는 실체를 알게 된다면 스스로 목숨을 끊는 사람들의 마음속에 숨어 있는 진심을 이해할 수 있고, 더 나아가 그들에게 손을 내밀어줄 수 있을 것이다. 뿐만 아니라 자살에 대한 많은 오해와 오명을 벗겨낼 수도 있을 것이다. 더 나아가 누구나 한 번쯤은 경험하는 자살 충동을 벗어날 수 있다면 더할 나위 없이 좋겠다.

　그렇다면 자살은 현대에 와서 나타난 것일까? 물론 아니다. 자살

1) 1957년 노벨문학상을 수상한 알제리 출신의 프랑스 작가.

2) 인간의 모든 죄악이 담긴 상자. 제우스가 판도라에게 절대로 열어보지 말라고 했지만 호기심 때문에 상자를 열자, 안에 있는 모든 재앙이 쏟아져 나왔으나 희망은 그 속에 남아 있었다고 한다.

의 역사는 꽤 오래 되었다. 역사가 오래된 만큼 자살에 대한 기록이 많이 있을 것 같지만, 많은 문화권에서 자살을 꺼려했기 때문에 남아 있는 기록이 비교적 적은 편이다. 하지만 일본에서는 명예를 위해 칼로 자신의 배를 가르는 사무라이들을 영웅으로 대접했고, 그 결과 비교적 자살을 살펴볼 수 있는 좋은 자료들이 남아 있다. 이 장에서는 사무라이를 통해 자살이라는 판도라의 상자를 열어보도록 하자.

무사의 자살은 무죄? 혹은 유죄?

모든 사람이 보는 가운데, 다다미에 무릎을 꿇고 앉은 그는 와키자시[脇差]를 건네받아 조심스럽게 무릎 앞에 내려놓는다. 그리고는 자신의 명예로운 죽음에 앞서 잠시 눈을 감는다. 잠시 후 상의를

와키자시_ 길이는 9인치 반 정도이며 예리한 날이 선 일본식 단도를 말한다. 에도시대 일본 무사의 정식 차림은 큰 칼과 작은 칼을 한 자루씩 차는 것이었는데, 여기서 큰 칼은 보통 카타나를 찬 반면 작은 칼로 와카자시를 찼다.

허리띠 부근까지 벗어서 상반신을 드러냈고, 그리고는 뒤로 쓰러지지 않도록 양쪽 소매를 무릎 밑에 깔았다. 천천히 단도를 들어 올려서 그것을 잠시 동안 바라보면서 정신을 집중한다. 잠시 후 힘껏 왼쪽 하복부를 찌르더니 천천히 오른쪽으로 잡아당겼다가, 다시 비스듬히 왼쪽 위로 그어 올렸다. 피가 솟구친다. 갈라진 배에서는 시뻘건 내장이 보인다. 하지만 그는 눈 하나 깜짝하지 않고 있으며, 표정도 일그러지지 않았다. 이때 뒤에서 지켜보고 있던 가이샤쿠닌[介錯人][3]은 곧바로 칼을 휘두른다. 조금이라도 빨리 움직여야 그 고통을 덜어줄 수 있기 때문이다. 쿵 하는 소리와 함께 몸은 앞으로 쓰러져버렸고, 머리는 더 앞쪽에 떨어졌다.

— 니토베 이나조, 『사무라이』 중에서

공개된 장소에서 많은 사람들이 지켜보는 가운데, 마치 어떤 의식을 치르듯이 목숨을 끊는 사무라이들의 할복은 충격적이다. 특히 자살을 죄악으로 여기는 문화권의 사람들에게는 더욱 그럴 것이다. 그들의 문화에서 자살은 죄이기 때문에 언제나 은밀한 곳에서 남몰래 이루어지는 것이 보통이다. 그러니 이렇게 모두가 지켜보는 가운데 자신의 배를 갈라 자살을 하는 모습이 어떻게 보였겠는가?

사무라이들이 배를 갈라서 자살하는 것을 할복(割腹)[4]이라고 한다. 한자로 할복은 배를 가른다는 뜻이다. 그런데 이것이 외국인들에게는 하라키리[腹切, 복절]라고 많이 알려졌고, 일본인들은 셋푸

3) 할복할 때 친한 친구나 가장 믿는 부하를 입회시키는 것을 말한다. 이 사람은 할복할 사람 뒤에 서 있다가 칼로 배를 긋는 순간, 목을 베어서 고통을 덜어준다.

4) 사무라이들이 할복을 했던 이유는 영혼이 배에 존재한다고 믿는 일본의 문화 때문이다. 사무라이들은 자신의 배를 가름으로 자신의 옳음을 보여주려고 했다.

쿠[切腹, 절복]라는 말을 더 많이 쓴다. 그것을 어떻게 부르든지, 자신의 배를 가르는 방식의 죽음을 이해하기 위해서는 사무라이의 정신인 무사도에 대해서 살펴볼 필요가 있다. 이를 위해서 무사도와 중세 유럽의 기사도와 비교해보자. 일본의 사무라이와 유럽의 기사(Kinght)는 비슷한 시기와 배경에서 생겼지만, 문화의 차이로 전혀 다른 정신(무사도와 기사도)을 가지게 되었기 때문에, 이 둘을 비교해보면 일본의 무사도를 더욱 정확하게 이해할 수 있을 것이다.

11세기부터 유럽에서는 국왕이 모든 지역을 직접 다스리는 중앙집권 체제에서 지방 귀족들이 각 지역을 다스리는 봉건제도, 즉 지방분권 체제로 바뀌었다. 그러자 당연히 국왕과 지방 귀족의 권력 구도에도 변화가 생겼다. 국왕의 권력이 약해지고 지방 귀족의 권력이 강해진 것이다. 지방 귀족들은 넓은 땅을 기반으로 자신들의 영역을 넓혀 갔는데, 점차 넓어지는 영토를 지키고 그 안에 살고 있는 백성들을 다스리기 위해서 군사력이 필요했다. 그래서 영주들은 유사시에는 전쟁에 나갈 수 있고, 평상시에는 자신을 도와 영토를 다스릴 수 있는 사람들이 필요했다. 그래서 기사계급이 등장하기 시작한 것이다.

이와 비슷한 시기에 일본에서도 중앙의 권력이 약해지고 지방에 힘 있는 자들의 권력이 강해지면서 무사계급이 나타났다. 물론 일본의 사무라이는 유럽의 기사와 달리 지방 귀족하고만 관계를 맺은 것이 아니라 중앙 귀족과 연합하면서 중앙 정치에도 등장했다.

그 결과 13세기 초에 서쪽에서는 귀족 정권이, 동쪽에서는 무사 정권이 들어섰다.

유럽의 기사와 일본의 사무라이가 등장한 배경이 비슷하기는 하지만, 그 이면을 들여다보면 몇 가지 차이점이 있다. 먼저 기사는 지방 귀족인 봉건영주와 계약을 맺는다. 계약은 언제나 계약을 맺는 당사자 사이에 권리와 의무가 존재한다. 일종의 조건부 약속인 것이다. 영주가 기사에게 약간의 땅과 음식을 제공하는 조건으로 기사는 영주가 원할 때 전쟁을 하거나 영주를 보호해주는 것이다. 이것은 절대적 충성이 아니라 조건적인 충성이다. 계약은 한쪽에서 조건을 지키지 않으면 당연히 깨지는 것이다. 그래서인지 기사는 언제든지 영주에게서 자유로울 수 있었으며, 이로 인해 기사의 삶에는 개인의 모험과 영광이 개입될 여지가 있었다. 수많은 기사들이 십자군 전쟁에 참여한 이유를 바로 이런 맥락에서 찾을 수 있

다. 그리고 허구의 인물이기는 하지만 '원탁의 기사'와 '돈키호테'의 모습에서 기사들의 모험과 영광에 대한 일면을 볼 수 있다.

이렇게 봉건영주와 계약을 맺었던 기사와 달리, 일본의 무사는 주군에게 무조건 복종하는 것을 원칙으로 삼았다. 사무라이는 주군에게 절대적인 충성을 바쳐야 했다. 사무라이의 지침서라고 할 수 있는 『하가쿠레[葉隱]』에서는 무사도를 "주군을 위해 죽는 것"이라고 가르치고 있다. 목숨을 바칠 정도로 주군에게 절대 충성을 하는 것이 사무라이 정신의 뿌리이다. 그렇기에 사무라이에게 가장 극악한 죄는 주군에게 반항하는 것이다.

이외에도 유럽의 기사와 일본 사무라이는 자살에 대한 태도에서 극명한 차이를 보였다. 기사와 사무라이는 영주나 주군을 위해 수많은 전쟁을 치러야 했기 때문에 죽음은 언제나 가까이 있었고, 전쟁 중에 죽는 것은 당연한 것으로 여겼다. 하지만 기사에게는 자살이 금기사항이었으나 사무라이에게는 명예로운 것이었다. 물론 모든 자살이 그런 것은 아니고, 다음의 경우에 해당되어야 한다. 먼저 전쟁에 졌을 때 적에게 잡히는 모욕을 당하지 않기 위해서 목숨을 끊는 경우, 자신보다 먼저 죽은 주군에게 충성을 보여주기 위해 목숨을 끊는 경우, 그리고 자신의 임무를 다하지 못했을 때 책임을 지기 위해 목숨을 끊는 경우이다. 다시 말해, 개인적인 목적을 위해서 죽는 것이 아니라, 대의(大義)와 명예를 위해서 죽는 경우에만 자살이 허용되었고, 더 나아가 장려되었다. 그러나 기사들에게 자살은 어떠한 경우에도 비겁하고 큰 죄를 짓는 것으로 인식되었다.

같은 죽음에 대해 왜 이렇게 다른 생각을 하게 된 것일까? 이것이 바로 기사도(騎士道)와 무사도(武士道)의 차이다. 기사와 무사에게는 명예와 특권을 주었기 때문에 책임감을 느끼고 자신들의 행동을 규제할 규칙과 기준이 필요했다. 이러한 필요에 따라 자연스럽게 기사도와 무사도가 생겼다고 볼 수 있다. 다시 말해, 기사와 무사가 지켜야 할 정신적인 덕목을 세우고 지키게 된 것이다.

기독교가 일찍부터 영향을 미쳤던 유럽에서는 기독교가 기사도의 정신적인 덕목이었다. 특히 언약과 약속을 중심으로 하는 기독교 신앙은 기사들이 영주와 계약(약속) 관계였음을 말해준다. 기독교는 자살에도 영향을 미쳤다. 기독교는 기원후 693년 톨레도 회의(Councils of Toledo)[5]에서 자살을 금지하는 교회법을 제정했고, 그 뒤로 자살을 '가장 질 나쁜 살인'으로 여겼다. 자살에 대한 이 같은 생각은 단테의 『신곡 The Divine Comedy』에서 잘 나타나는데, 「지옥편」에 나오는 제7지옥은 바로 자살한 사람을 벌주는 곳으로 묘사되어 있다.

이렇게 기독교가 기사도의 바탕이 되었다면, 무사도는 바로 불교와 신도(神道), 그리고 유교가 바탕이 되었다. 무사도에는 마음의 평정을 유지하고, 모든 것을 운명에 맡기는 불교의 평상심이 들어 있다. 또한 피할 수 없는 운명에는 냉정한 마음으로 복종하고, 위험과 재난과 마주할 때는 금욕적인 의연함과 삶에 집착하지 않는 마음을 갖게 했다. 그리고 선(禪)을 통해 세상의 원리를 확인하

5) 스페인 중남부에 있는 도시 톨레도에서 18회에 걸쳐 열린 로마 가톨릭 공의회로, 400~702년 사이에 열렸다. 이중에서 693년 열린 회의에서 자살을 금지하는 교회법을 만들었다.

고, 그것을 자신과 조화롭게 하도록 했다. 신도는 주군에 대한 충절과 조상 숭배, 그리고 부모를 섬기는 효행을 가르쳐주었다. 또한 신도의 자연 숭배 관념은 왕실이 온 국민의 공통 조상이라고 가르치면서 충군과 애국을 강조했다. 이것은 중국에서 온 공자와 맹자의 가르침과도 일치하는 것이어서, 유교는 자연스럽게 무사도의 가장 풍부한 바탕이 되어주었다. 이러한 사상이 바탕이 되었기 때문에 주군에 대한 도리를 다하기 위해 명예롭게 죽는 것은 죄악이 될 이유가 전혀 없었다. 오히려 피할 수 없는 운명을 받아들이고, 이에 복종하여 삶에 집착하지 않아야 한다는 가르침과 일맥상통하는 것이었다. 바로 이러한 이유 때문에 사무라이가 공개된 장소에서 여러 사람들이 보는 가운데, 의식을 거행하듯이 자살을 할 수 있었다.

자살은 개인의 선택인가, 사회의 문제인가?

사무라이들은 자신의 명예와 주군에게 충성을 다하기 위해 자살한다고 하는데, 여러 학자들은 자살을 어떻게 설명하고 있을까? 자살을 설명하는 여러 이론들을 간략하게 살펴보자.

자살을 체계적으로 연구한 최초의 사람은 19세기 말의 사회학자 뒤르켕(Émile Durkheim)[6]이었다. 사회학자였던 그의 연구 대상은 개인이 아니라 사회였기에 자살을 하나의 사회병리 현상으로 설명한다. 자살이 개인 행동처럼 보이지만 사실 사회의 상태를 반영한다는 것이다. 사회의 상태라는 것은 사회가 통합된 정도를 말

6) 프랑스의 사회학자로 사회학의 기초를 닦았으며, 경험적 조사와 사회학 이론을 결합한 새로운 방법론을 발전시켰다.

하는데, 사회가 잘 통합되어 있을수록 자살
은 줄고, 잘 통합되어 있지 않을수록 자살
은 늘어난다는 것이다. 예를 들자면, 전쟁
은 한 국가 사회로 하여금 단결할 것을 요
구한다. 전쟁에 대해 사회 구성원 전체가
합의하지 않고서는 전쟁에서 이기는 것이
힘들기 때문이다. 어떤 통치자들은 분열
된 국가나 국론을 통합하기 위한 방편으로
전쟁을 일으키기도 한다. 전쟁이 먼저이든 사회

통합이 먼저이든 간에 중요한 사실은 전쟁은 사회 통합과 밀접한
관련이 있고, 통합된 사회에서 자살은 줄어든다고 설명한다. 비단
전쟁뿐만 아니라 가족이나 종교 단체처럼 사회적 유대감이 강한
경우 자살할 확률은 떨어진다는 것이다. 그러나 아노미(anomie)[7]
현상이 심한 사회일수록 결속력이 약해져서 자살이 늘어난다고 주
장했다. 그렇기 때문에 뒤르켕은 자살을 막을 수 있는 대안으로 사
회적 결속력과 통합을 강조했다.

　뒤르켕이 자살에 대한 사회학적인 접근을 시도한 이후에 여러
학자들이 자살의 심리에 대해 연구했다. 프로이트는 사람에게는
두 가지 추동(drive)[8]이 있는데, 하나는 성과 생명의 추동(Eros)[9]이
고, 또 하나는 죽음과 공격의 추동(Thanatos)[10]이라고 했다. 성과
생명의 추동은 개인의 생명을 유지하게 하고, 이성과의 관계를 통
해 생명을 퍼뜨리고자 하는 것이다. 반면에 죽음과 공격의 추동은

7) 가치관이나 도덕
기준이 없는 혼돈 상
태. 대표적으로 무정
부 상태를 들 수 있다.

8) 때로는 '욕구' 나
'본능' 이라고 번역되
기도 한다. 하지만 프
로이트는 추동은 사람
에게 사용하고, 본능
은 동물에게 사용해야
한다고 주장했다.

9) 에로스(Eros)는 그
리스 신화에 나오는
사랑의 신이다.

10) 타나토스(Thana-
tos)는 그리스 신화
에서 죽음의 신이며, 잠
의 신인 힙노스(Hyp-
nos)의 형제이다.

93

태어나기 이전의 상태, 즉 이 땅에 존재하지 않았던 무(無)의 상태
로 되돌아가고자 하는 것이다. 바로 자살은 죽음과 공격의 추동이
자신을 대상으로 하여 현실에서 표현된 것이라고 한다.

후기 정신분석 이론 중에 하나인 대상관계이론(object relation
theory)[11]에서는 자살을 계획하거나 시도하는 사람들, 그리고 자살
미수에 그친 사람들은 '자기(self)를 괴롭히는 대상(object)'이라는
대상관계를 갖고 있다고 주장한다. '자기를 괴롭히는 대상'은 현실
의 대인관계에서도 그대로 나타날 수 있다. 다시 말해, 자신을 괴롭
히는 사람이 주변에 실제로 존재할 수 있다는 것이다. 하지만 현실
에 존재하지 않더라도 심리적으로 나타날 수 있는데, 피해의식이
바로 그것이다. 자기를 괴롭히는 대상이라는 심리적인 틀을 가지고
있기 때문에 이 사람은 언제나 피해자의 마음을 가지고 있다. 세상
이 혹은 세상 사람들이 자신을 괴롭힐 것이라는 불안감을 갖고 산
다면 얼마나 힘들까? 결국 이런 사람들은 힘든 상황에서 벗어날 수
있는 유일한 방법이 자살뿐이라고 생각한다는 것이다.

또 플로리다 주립대학의 심리학과 교수인 바우마이스터(Roy-
Baumeister)는 자살을 '자기에게서 도피(escape from self)'라는
개념으로 이해했다. 자신이 이루고자 하는 이상과 기대는 높지만
현실적으로 그 상태에 이르지 못할 때 이상과 현실 사이에 괴리가
생긴다. 사람들은 왜 괴리가 생겼는지 그 이유를 찾게 되고, 괴리가
생긴 이유를 외부의 탓으로 돌리기도 하고, 자신의 탓으로 돌리기
도 한다. 만약 외부의 탓으로 돌리면 비난과 부정적인 평가가 외부

를 향하겠지만, 자신의 탓으로 돌리면 자신을 비난하고 부정적인 평가를 한다. 이렇게 되면 고통스러운 감정과 생각에 사로잡힌 자기(self)로부터 탈출(escape)하고자 하는 소망을 갖게 되고, 그 방법으로 자살을 선택한다는 것이다.

가끔 우리 주변에서 갑자기 자살을 하는 사람을 본다. 이 사람들이 자살한 배경을 보면, 지나치게 높은 이상과 그렇지 않은 현실 사이에서 괴리감을 느꼈을 만한 많은 증거들이 있다. 대표적인 예가 유명인들의 죽음이라고 할 수 있는데, 우리가 보기에 유명인들은 자신들의 기대와 이상에 부응하는 멋진 삶을 살고 있어서 이상과 현실 사이에 괴리감이 없을 것 같지만, 실제로 이들의 삶(현실)은 전혀 행복하지 못한 경우가 많다. 오히려 주변의 시선 때문에 자유롭게 활동하지 못하는 경우가 많아 제한된 공간 속에서 몇몇 사람들과 소극적인 관계만을 갖는다. 하지만 이들의 이상은 높다. 왜냐하면 주변에서 기대를 많이 하고, 또한 본인들도 사람들의 기대를 그대로 받아들여서 자신이 아주 괜찮고 멋있는 사람이라고 생각하기 때문이다. 이렇게 되면 이상과 현실 사이에 괴리가 생겨 우울증에 빠지게 되고, 결국엔 자살이라는 극단적인 방법으로 도망치는 것이다.

이외에도 여러 심리학자들은 자살에 대해 나름대로 설명을 내놓고 있지만, 이 모든 설명과 이론들이 사무라이의 할복 자살을 잘 설명해주지는 못하는 것 같다. 프로이트의 설명처럼 죽고 싶은 충동과 소망 때문에 자신의 배를 긋는 것도 아니고, 대상관계이론의 설명처

았다면 이들은 단 몇 초라도 더 살 수 있었을 것이다. 몇 초가 몇 분이 되었을 수도 있고, 몇 분이 몇 시간이 되었을 수도 있다. 그래서 운이 좋다면 다른 누군가의 도움으로 도망칠 수도 있었을 것이다. 하지만 형제들은 최후의 순간, 무기력감에 압도되어 자신에게 칼을 들이댐으로써 자신의 생명만은 통제했던 것이다.

형제가 처한 상황을 보면 타살처럼 보이지만 실제로는 자살을 한 것이기 때문에 이들의 죽음이 자살인지 타살이었는지에 대한 논쟁은 충분히 가능하다. 하지만 자살인지 타살인지를 따지기 전에 이들의 죽음을 이해할 때 더 중요하게 고려해야 할 것이 바로 통제감(sense of control)[12]이다.

홈그라운드에서 승률이 높은 이유는?

심리학에서 중요하게 다루는 개념 가운데 하나가 바로 통제감이다. 사람에게 통제감은 아주 중요하다. 어쩔 수 없는 상황에서조차 통제할 수 있다고 착각하기도 한다. 통제할 수 없다는 것을 인정하고 받아들이는 행위 자체를 인정할 수 없기 때문인지도 모른다. 예를 들어, 버스나 지하철을 바로 코앞에서 놓쳤을 경우, 대부분의 사람들은 자신의 느린 걸음을 탓하면서 비난의 화살을 자신에게로 돌린다. 조금 더 서두르지 못하고 조금 더 빨리 걷지 못한 자신을 책망한다. 하지만 버스나 지하철이 그 시간에 올 줄 알고서도 게으름을 피우거나 느리게 걸은 것은 아니다. 이렇게 사람들은 자신이 통제할 수 없는 상황에서도 통제할 수 있는 것처럼 생각한다. 이러한 현상은 특히 도박사들이나 운동선수에게 많이 나타나는데, 자신의 노력과 상관없이 일어나는 사건에 대해서도 자신이 통제할 수 있다고 생각하는 경향이 있다. 그래서 성공을 거두게 되면, 마치 모든 것을 알고 있었던 것처럼 의기양양한 태도를 보인다. 반면에 실패하면, 자신을 비난하거나 책망한다.

이런 상황에서 자신을 비난하거나 책망하지 않으려면 통제감을 포기해야 한다. 나는 최선을 다했지만 내 노력과 의지와는 상관없이 실패했다고 생각하면, 자기비난이나 책망은 안 해도 될 것이다. 하지만 사람들이 자기비난이나 자기책망을 하면서도 통제감을 포기하지 못하는 이유는 그만큼 통제감을 갖는 것이 더 좋기 때문일 것이다.

여러 심리학 연구들은 통제감이 사람에게 얼마나 중요한지를 보여주고 있다. 먼저 사람들은 자신의 영역에 있을 때 더 많은 통제감을 갖게 된다고 한다. 환자가 병원 진료실에서 의사를 대할 때와 집으로 왕진을 온 의사를 대할 때의 행동을 비교했더니, 후자의 경우일 때 훨씬 더 자유롭게 행동했다. 그리고 기숙사에서 토론할 때에도 자기 방에서 하는 경우와 친구의 방에서 하는 경우가 달랐다. 또한 야구나 농구, 축구 같은 운동 역시 홈경기에서 이길 확률이 더 높다. 흥미로운 사실은 운동선수들의 남성호르몬을 조사했더니, 원정 경기와 비교했을 때 홈경기에서 더 많이 분비되었다. 통제감은 인간이 자각하지 못하는 호르몬 분비나 행동의 변화에까지 영향을 미칠 만큼 중요한 요인이다.

통제감이 왜 그렇게 중요한지를 알기 위해서는 귀인과 연결해서 생각해볼 필요가 있다. 「1장 음모의 심리학」에서 살펴보았던 귀인과 통제감은 아주 밀접한 관련이 있다. 우리가 귀인을 통해 얻게 되는 것이 바로 통제감이기 때문이다. 세상이 어떻게 돌아가는지, 다른 사람들은 왜 그런 행동과 말을 하는지 이유와 원인을 아는 것만으로도 우리는 상당한 통제감을 갖게 된다. 원인과 이유를 알면 상황을 예측할 수 있기 때문이다. 상대방이 왜 화를 내는지, 왜 기분이 좋은지, 왜 폭력을 쓰는지, 왜 잘해주는지를 알게 되면, 그 사람을 대할 때 어느 정도 예측할 수 있다.

이렇게 귀인은 불확실한 미래를 어느 정도 예측할 수 있도록 도와주고, 예기치 못한 상황에서도 어떻게 처신해야 하는지를 미리 생각해볼 수 있기 때문에 귀인을 통해 통제감을 갖는 것이다. 이러한 통제감은, 다시 말해 귀인을 통해 원인을 파악하고 미래를 예측하는 것은 인간의 생존에 유익할 뿐만 아니라 꼭 필요하다. 결국 통제감은 자신감을 갖게 하며, 삶의 활력과 밑바탕이 된다. 그렇기 때문에 실제로 통제할 수 없는 수많은 상황에서도 우리는 마치 통제할 수 있는 것처럼 착각을 하는 것이다.

반면에 통제감을 잃었을 경우에는 어떤 일이 일어날까? 통제감을 잃었을 경우 나타나는 심리 상태는 바로 무기력(helplessness)[13]이다. 아무런 힘도 없고, 기대도 없으며, 희망도 없는 상태를 말한다. 심리학의 한 분파였던 행동주의(behaviorism)에서는 동물을 대

13) 한자로 무기력(無氣力)은 기력이 없는 상태를 의미하고, 영어로 무기력(helplessness)은 어찌할 수 없는 상태를 의미한다.

상으로 많은 실험을 했는데, 그중에서 펜실베니
아 주립대학의 심리학과 교수인 셀리그만
(Martin Seligman)은 무기력이라는 주제로 개
를 대상으로 동물실험을 했다. 자신에게
주어진 고통을 통제할 수 없었던 개들
은 나중에 통제할 수 있는 상황에서
도 통제할 수 없는 것처럼 행
동했다. 자신에게 주
어진 상황에 대해 전
혀 통제할 수 없을 때 무
기력을 학습하게 되며, 이렇게
학습된 무기력(learned helplessness)

은 통제할 수 있는 상황에도 영향을 미친다는 것
이다.

셀리그만은 학습된 무기력이라는 개념을 가지고 우울증을 설명
했다. 우울증에 걸린 사람들은 자신이 감당할 수 없거나 통제할 수
없는 상황을 자주 겪게 되고, 그 상황에서 무기력감을 학습하게 되
어 결국 우울증에 걸린다는 것이다. 예를 들자면, 사랑하는 사람의
죽음이나 이별, 그리고 크게 실패한 경험이나 심각한 질병은 인간
에게 우울증을 가져다주는데, 이런 상황에서 통제감을 잃어 무기
력해진다. 그래서 인간은 자신이 아무것도 할 수 없음을 뼈저리게
느끼게 되고, 무기력을 학습한다는 것이다.

잠깐! 나, 사무라이는 죽음도 내가 결정한다!

이제 통제감이라는 카드를 들고 사무라이의 마음속으로 들어가 보자. 사무라이들은 명예를 위해서 할복을 한다. 하지만 마음속을 깊숙이 들여다보면 통제감을 잃지 않기 위해서이다. 다시 말해, 주변 상황이나 다른 사람을 통제할 수는 없어도, 자신의 목숨(신체)만큼은 아직 자신에게 통제권이 있음을 확인하고 싶기 때문이다.

적에게 잡혔을 때, 사무라이들은 적의 손에 죽기보다는 할복자살로 죽기를 원한다. 적군에게 잡혔다는 것은 자신이 통제할 수 있는 것이 아무것도 없는 무기력한 상태가 된 것을 뜻한다. 심지어 자신의 목숨도 적의 손에 달려 있는 것이다. 통제감을 완전히 잃었다는 것, 완전히 무기력한 상태에 빠졌다는 것은 생각만 해도 끔찍한 일이다. 만약 당신이 지금 하고 있는 일을 열심히 해도, 아무런 대가나 보상이 없다면 어떻겠는가? 만약 당신이 최선을 다했는데도 실패가 확실하다면 어떻겠는가? 무기력에 빠져 아무것도 하기 싫고, 우울하고 죽고 싶을 것이다. 그 어떤 것도 이처럼 끔찍한 일은 없다. 무기력한 상황에서 벗어날 수 있는 길은 통제감을 얻는 것이다. 하지만 자신이 통제할 수 있는 것은 목숨밖에 없기 때문에 바로 이 목숨에 대해 통제감을 행사하는 것이 자살이다.

사무라이들은 무식한 칼잡이들이 아니었다. 이들에게는 정의와 용기, 측은지심, 예의, 명예, 충의라는 무사도가 있다. 그렇기 때문에 이들은 서로를 배려해서 명예롭게 죽을 수 있도록 해준다. 상대방이 최소한의 통제감을 갖도록 도와주는 것이다. 아무리 적이라

고 해도 그가 마지막으로 행사할 수 있는 목숨에 대한 통제감만큼
은 빼앗지 않았다.

사무라이들이 할복을 하는 이유는 바로 통제감 때문이다. 적에
게 잡혔을 때 적의 손이 아니라 자신의 손으로 목숨을 끊는 것은 자
신의 목숨에 대한 통제감 때문이다. 자신이 섬기던 주군이 죽으면
따라 죽는 것도 의리와 충절을 지키고 싶은 통제감 때문이다. 억울
한 누명을 썼을 때 자신을 비난하는 사람들에게서 명예를 지키고
싶은 통제감 때문이다.

이렇게 무기력감에서 벗어나서 통제감을 추구하기 위해 목숨을
끊는 것은 비단 사무라이들뿐만 아니다. 많은 현대인들도 마찬가
지다. 애인에게서 버림을 받아 자살이라는 극단적인 방법을 선택
하는 사람들도 있는데, 이 경우도 버림받은 무기력감을 벗어나서
통제감을 행사하는 것이다. IMF 때 갑작스럽게 밀어닥친 경제 위
기로 도산한 많은 사람들 중 자살을 선택한 사람들도 그렇다. 도박
으로 감당할 수 없는 빚을 진 사람들이 자살하는 것도 그렇고, 딸이
대학 입시에 실패하자 엄마가 자살한 경우도 그렇다.

그러나 사무라이들의 할복자살을 명예로운 죽음이나 명예를 위
한 죽음로만 인식하는 것은 옳지 않다. 물론 겉으로는 명예를 위한
죽음일지 몰라도 심리로 보자면 통제감을 확인하기 위한 마지막 몸
부림이기 때문이다. 뿐만 아니라 자살을 명예를 위한 죽음으로만 인
식할 때, 자살은 미화될 수 있다. 실제로 일본에서는 할복자살을 명
예로운 것으로 인식하고 있으며, 많은 사람들이 이를 남용하기도 한

다. 전혀 죽을 까닭이 없는데도 불 같은 성격의 젊은이들은 '명예'라는 이름 아래 성급하게 목숨을 버린다. 그러면서 자신은 무사도에 따라 죽는 것이라고 한다. 하지만 사무라이는 성급하게 목숨을 버리는 것을 비겁한 짓으로 여겼다. 목숨을 버려야 할 이유가 있을 때에만 목숨을 버리는 것이 사무라이들의 죽음이었다. 단지 자신의 명예를 지키기 위해서만 죽은 것은 아니었다.

사무라이의 자살은 선택이 아니라 포기다

사무라이들은 용감했다. 그들은 세상과 자신을 완전하게 지배(통제)하려고 했다. 그래서 죽음과 무기력 앞에서 할복이라는 방법으로 자신의 목숨에 대한 통제감을 확인했던 것이다. 하지만 과연 할복자살이 진정으로 무기력을 극복한 것이라고 할 수 있을까?

할복자살은 무기력을 극복하기 위해 통제감을 행사한 것일지 모르나, 다른 한편으로 이들은 무기력 앞에 힘없이 무릎을 꿇은 것이다. 적에게 잡힌 사무라이들은 어차피 죽을 수밖에 없다는 자포자기한 심정이었기 때문에 죽음을 받아들였던 것이다. 앞에서 언급한 것처럼 이들의 죽음은 겉으로 보기에는 자신의 목숨을 스스로 통제한 자살이었을지 모르나, 실제로는 죽을 수밖에 없는 상황이었기 때문에 타살이라고 할 수 있다.

그렇다면 자신의 목숨을 끊음으로써 얻은 통제감은 무엇인가? 자신의 목숨을 통제할 수 없는 상황에서의 자살은 자신의 목숨을 통제하고 있다고 착각하게 만들기 때문에 바로 '거짓 통제감'인 것이다. 진정한 통제감이란 죽음과 자살하고 싶은 충동을 이겨내는 것이다. 자신의 목숨을 통제하는 것이 아니라 죽음의 위기를 극복하는 것이 진정한 통제감이다.

진짜 사무라이들은 적에게 잡혀서 적진에 가서 처형이 확실해지기 전까지는 쉽게 목숨을 끊지 않았다고 한다. 싸움에 패해서 여기저기로 도망을 다녀 자신의 처지가 비참하더라도 섣불리 목숨을 끊는 것은 비겁한 행위로 여겼다. 적군에게 패해서 도망 다닐 때 목숨을 끊는다면, 수치와 모욕에서 도망치는 것밖에 안 된다. 다시 용기와 힘을 내어 일어나 전쟁과 싸움을 포기하지 않는 것이 진짜 사무라이의 정신인 것이다.

자살이 큰 문제가 되는 것은 죽은 사람뿐만 아니라 주변 사람들도 많은 고통을 받기 때문이다. 사랑하는 사람이 자살하려고 했다는 사실을 미리 알지 못했다는 것과 아무런 도움을 주지 못했다는 것 때문에 심한 죄책감과 함께 무기력감을 느낀다. 자살하는 사람들 중 일부는 주변 사람들에게 자신의 죽음을 미리 알리기도 한다. 예를 들면, 직접 "나 죽고 싶어!"라고 얘기하기도 하며, "만약에 내가 죽는다면"이라고 하면서 자신의 죽음에 대한 이야기를 한다. 또한 여행을 떠날 것처럼 준비를 하는데, 개인 비품이나 서랍을 정리하거나 속옷을 갈아입고 머리를 다듬기도 한다. 자살 사건이 일어나면, 주변 사람들은 이러한 것들이 죽음을 알리는 신호였는데도 알아차리지 못했다는 사실에 더욱 괴로워한다. 가까운 사람이 자살하는 것을 막지 못했다는 사실에 무기력해지기도 한다.

이렇게 자살은 자신의 목숨을 통제하는 것처럼 보이지만 실제로는 상황에 대한 무기력을 표현한 것일 뿐만 아니라, 더 나아가 주변 사람들을 무기력하게 만든다. 자신의 무기력을 극복하기 위해 자신을 사랑하는 주변의 많은 사람들에게 무기력을 느끼게 하는 것이 바로 자살이다.

자신의 목숨을 담보로 행사하는 통제감은 결국 다른 사람을 무기력하게 만들 수 있다는 점에서 진정한 통제감이라 할 수 없다. 진정한 통제감은 힘들고 무기력한 상황에 도전해서 그것을 딛고 일어날 때에 느끼는 것이다. 고난과 역경을 딛고 일어난 사람이 느끼는 것이 진정한 통제감이다.

자살은 결코 혼자만의 일이 아니다. 적어도 자살하는 당사자는 죽으면 끝이라고 생각할지 몰라도 남은 사람들에게는 평생 잊을 수 없는 고통과 상처가 된다.

사무라이의 할복은 명예를 상징한다. 하지만 그 이면에 있는 진실은 무력감을 극복하기 위해 통제감을 얻으려는 시도였음을 알 수 있다. 그러나 자신의 목숨을 버려서 얻는 통제감은 거짓 통제감이라는 것을 확인했다.

사무라이들이 살았던 시대는 할복자살을 해도 사람들이 모두 명예를 위해 죽었다고 생각하기 때문에 그 주변 사람들이 크게 고통받는 시대가 아니었다. 오히려 용기 있는 사람을 가족(친구)으로 둔 사람이라고 인정받는 시대였다. 하지만 우리가 사는 이 시대는 오히려 '가족(친구)이 자살하도록 내버려둔 사람'이라는 오명을 쓰고 평생을 고통 속에서 살아야 한다.

다시 한번 강조하자면, 진정한 통제감은 자신의 신체를 대상으로 하는 것이 아니라 어려운 상황과 위기를 대상으로 해야 한다.

무기력을 학습한 개

셀리그만은 개를 대상으로 무기력에 대한 실험을 했다. 개 여러 마리를 두 그룹으로 나누어 각각 다른 처치를 하는 방식으로 실험을 진행했다.

첫 번째 그룹의 개들은 칸막이를 이용해 두 칸으로 나눈 상자에 넣었다. 칸막이는 개가 뛰어넘을 수 있는 높이였다. 두 칸 중에서 개가 있는 칸 바닥에 전기쇼크를 주기 위해 철판을 깔아 놓았고, 다른 칸에는 아무런 설치를 하지 않았다. 철판을 깔아 놓은 칸에는 개가 볼 수 있도록 경고 불빛도 설치했다. 연구자는 먼저 10초 동안 경고 불빛을 비추고, 그 다음에 50초 동안 전기쇼크를 주었다. 전기쇼크를 받은 개는 괴로워하면서 이리 뛰고 저리 뛰다가, 가운데 칸막이를 넘어 다른 칸으로 도망가서 전기쇼크를 받지 않았다. 처음 몇 번은 시행착오를 겪었지만, 실험을 되풀이하자 개들은 경고 불빛이 켜지면 전기쇼크를 받지 않으려고 재빨리 다른 칸으로 넘어갔다.

두 번째 그룹의 개들은 칸을 나누지 않은 상자에 넣었다. 그리고 바닥에는 전기쇼크를 줄 수 있도록 철판을 깔았다. 개들에게 전기쇼크를 주기 시작하자 개들은 이리 뛰고 저리 뛰어 보았지만 상자 밖으로 나갈 수 없었다. 그리고 첫 번째 그룹과 달리 도망갈 수 있는 다른 칸도 없었기 때문에 전기쇼크를 계속 받을 수밖에 없었다. 일정 시간 동안 계속 전기쇼크를 주다가 중단했다. 그리고 조금 뒤에 다시 전기쇼크를 주었다.

이렇게 서로 다른 조건을 경험 한 개들을 대상으로 이번에는 같은 조건에서 실험해보았다. 같은 조건이란 바로 위에서 말한 첫 번째 칸막이 상자에 두 그룹의 개들을 모두 넣었다. 연구자는 먼저 10초 동안 경고 불빛을 비추고, 그 다음에 50초 동안 전기쇼크를 주는 등 장치와 절차는 모두 첫 번째 그룹에서 했던 것과 똑같이 했다.

이러한 조건에서 첫 번째 그룹의 개들과 두 번째 그룹의 개들은 어떻게 반응했을까? 쉽게 예상할 수 있듯이, 첫 번째 그룹에서 전기쇼크를 피하는 훈련을 받은 개들은 전기쇼크를 받자마자 이번에도 역시 다른 쪽 칸으로 넘어가서 전기쇼크를 피했다. 하지만 두 번째 그룹의 개들은 칸막이를 넘어 다른 칸으로 가면 전기쇼크를 피할 수 있지만, 아예 전기쇼크를 피하려고 하지도 않았다. 바닥에 누워서 전기쇼크를 온몸으로 받고 있었다. 개들은 정말 포기한 것처럼 보였고, 무기력을 학습한 것처럼 보였다. 바로 이것이 셀리그만의 유명한 학습된 무기력(learned helplessness) 실험이다.

04 핍박과 반발의 심리학

밟을수록 거세게 일어서는 들풀에는 이유가 있다

역사와 종교는 떼어놓고 생각할 수 없을 만큼 긴밀한 관계를 맺으면서 발전해왔다. 어느 역사책을 보더라도 그 시대와 문화에 영향을 끼쳤던 종교에 대한 내용은 반드시 들어가 있다. 그도 그럴 것이 역사란 사람들의 이야기이고, 아주 오랜 시절부터 사람들은 종교와 함께 했기 때문이다.

사람들은 때로 종교적 신념 때문에 전쟁을 일으키기도 했다. 역사를 공부한 사람이라면 누구나 알고 있듯이, 서유럽의 대표적 종교였던 가톨릭의 수장인 교황의 권력은 막강했다. 교황이 십자군 원정의 필요성을 역설한 다음부터 무려 2백 년 동안이나 전쟁이 끊이지 않았다. 종교개혁 이후 신교와 구교의 갈등이 번져서 종교전쟁이 일어나기도 했다. 종교적 명목 아래 벌어진 전쟁들에서도 수많은 사람들이 목숨을 잃었다. 죄 없는 사람들의 생명을 앗아가는 것은 전쟁만이 아니었다. 다른 이유로도 사람의 생명을 무참히 짓밟았다. 바로 중세 시대의 마녀사냥이 대표적인 예라고 할 수 있다. 악마가 씌었다는 이유로 많은 여성들이 폭행당하고 무참히 살해되었다.

종교적 차이는 새로운 갈등을 만든다. 왜냐하면 종교의 차이가 생각의 차이를 만들고, 생각의 차이는 결국 행동의 차이로 나타나기 때문이다. 그래서 통일과 융합을 원하는 사람들, 주로 정치를 하는 사람들은 하나의 종교를 원했다. 하나의 종교는 사람들에게 같은 생각과 행동을 하도록 만들기 때문이다. 그렇기 때문에 통일과 융합을 원하는 사람들은 새롭게 등장하는 종교를 좋아하지 않았다. 그래서 신흥종교나 외부에서 들어온 종교를 억압했다. 하지만 아이러니하게도 억압과 핍박을 할수록 종교는 더욱 번성하는 현상을 보였다. 그렇다면 왜 이런 아이러니한 일이 일어나는 것일까?

이러한 현상을 심리학으로 다시 이해하기 위해 세계사에 영향을 미친 여러 종교 가운데 그리스도교를 중심으로 살펴보자.

로마제국의 변방에서 중심으로

1세기 초, 로마가 지중해 일대를 지배하는 대제국으로 성장했을 때, 유일신을 섬기던 유대인 중에서 한 남자가 나타났다. 바로 예수라는 이름을 가진 사람이었다. 유대인들은 조상 대대로부터 구원자, 즉 그리스도[1]라고 하는 구원자를 기다렸다. 제자들은 예수를 그리스도라고 고백했을 뿐만 아니라 예수 스스로도 하나님을 서슴없이 '아버지' 라고 불렀다. 유일신을 섬기던 유대인들에게 예수의 이러한 언행과 행동은 하나님을 모독하는 것이기 때문에 죽어 마땅한 죄였다.

또한 로마의 지배를 받고 있었던 유대인들은 당연히 자신들을 로마에서 해방해줄 정치적인 구세주를 기다리고 있었다. 예수는 구원자라고 하면서도 로마와 싸울 생각은 전혀 없어 보였다. 그런데도 많은 사람들이 예수를 따라다니면서 예수가 바로 그리스도임을 믿기 시작했고, 예수는 그들에게 하나님 나라에 대한 많은 이야

기를 해주었다.

유대인 지도자들이 보기에 예수는 아주 위험한 인물이었다. 당시 예수는 유대인 지도자들인 제사장이나 바리새인들을 강하게 비판했다. 그들이 그동안 유대교에서 소외되어 온 사람들에게 큰 영향을 미치고 있었기 때문이었다. 결국 그들은 로마 당국에 예수를 죽여야 한다고 주장했다. 당시 팔레스타인 지방을 다스리던 총독 본디오 빌라도(Pontius Pilatus)는 예수를 죽일 만한 이유를 찾지 못했지만, 예수를 죽이지 않으면 폭동이 일어날지 모르고, 결국 자신이 다스리던 곳에서 폭동이 일어나면 그 책임을 자신이 져야 한다는 생각에 유대인들이 원하는 대로 예수를 십자가에 못 박아 죽였다.

유대인 지도자들은 예수를 죽이면 모든 것이 해결될 것이라고 생각했다. 하지만 그것은 큰 오산이었다. 죽었던 예수가 다시 살아났다는 소문이 돌기 시작했고, 오히려 생전에 그를 따르던 사람들은 예수가 정말 하나님의 아들이며, 그토록 기다리던 그리스도라고 말하고 다녔다. 또한 부활한 예수를 실제로 보았다는 사람들도 나타났다. 예수가 살아 있을 때와는 비교할 수 없을 정도로 온통 예수에 대한 이야기뿐이었다. 예수가 살아 있을 때에는 예수 한 사람만 감시하면 되었다. 하지만 예수가 죽은 뒤에는 수천 명이 예수에 대한 이야기를 하고 다녔기 때문에 이제는 걷잡을 수 없는 상태가 되었다.

로마제국의 변방에서 시작된 예수 그리스도에 대한 이야기는 얼마 지나지 않아서 결국 로마제국의 심장인 로마까지 전해졌다. "모든 길은 로마로 통한다."는 말처럼 당시 로마제국은 자신들이 지배하는 모든 곳에 도로를 만들었다. 무엇보다 군대가 이동하기 편하게 할 목적이었지만, 이 길을 통해 문화와 교역이 활발하게 이루어졌다. 로마제국이 만들어놓은 길을 통해 변방에서 시작된 예수 그리스도에 대한 이야기는 로마제국 전체로 퍼져 나갔고, 결국 로마에까지 이르게 된 것이다.

예수가 죽은 지 30년밖에 되지 않았는데 많은 사람들이 그리스도 신앙을 믿었다. 그러자 네로 황제[2]는 64년 로마를 덮친 큰 화재의 책임을 그리스도인들에게 돌렸고, 결국 많은 그리스도인들을 죽였다. 누군가 실수로 낸 불이 때마침 불어온 강풍을 타고 순식간에 로마의 절반을 삼켜버렸다. 화재로 집을 잃은 시민들의 분노는 황제에게 쏠렸고, 결국 네로는 이재민들의 분노를 떠넘길 대상으로 그리스도인들을 선택한 것이다. 결국 이 사건은 당시 로마에 예수 그리스도를 믿는 사람들이 아주 많았음을 말해주고 있다.

네로의 박해 이후 한동안 박해는 없었다. 그러다가 30년 뒤인 95년 도미티아누스(Domitianus) 황제[3]가 자신에 대한 시민들의 적개심을 다른 데로 돌리기 위해 네로가 했던 것처럼 그리스도인들을 희생양으로 삼았다. 또한 오현제(五賢帝, Five Good Emperors)[4] 역시 그리스도인들을 박해했다. 트라야누스 황제 시대에는 예루살렘과 안티오키아에서 주교 두 사람이 순교했다. 마르쿠스 아우렐리우스 황제도 리옹의 그리스도인들을 탄압했다. 하지만 이 시대의 박해는 일정한 지역에 한정되어 있었고, 제국 전역에서 박해를 한 것은 아니었다. 왜냐하면 박해하는 이유가 종교적인 것이 아니라 사회질서를 유지하기 위해서였다. 로마제국은 넓은 땅을 지배하고 다양한 문화와 민족을 다스리면서 질서를 유지하는 것이 아주 중요했다. 이런 이유 때문에 그리스도인들이 자주 희생되었다.

박해가 로마제국 전체로 번지기 시작한 때는 202년 셉티미우스 세베루스(Septimius Severus) 황제 때였다. 그래도 250년까지는 여전히 일시적인 현상이었지만, 250년을 경계로 해서 상황이 완전히 달라져 그리스도인들에 대한 박해가 로마제국 전역으로 퍼져 나갔다. 253년부터 258년까지 그리스도인들에게 고통의 해가 이어졌다.

하지만 260년부터 303년까지 그리스도교에 대한 박해는 거짓말처럼 모습을 감추었다. 그러다가 303년부터 다시 수난기를 맞았다. 로마제국의 재건을 결심한 디오클레티아누스(Diocletianus) 황제가 "로마인이 창설한 인류 공생체의 규칙을 어지럽히려 드는 그리스도인"을 제국에서 소탕하기로 결정했기 때문이다. 그리스도인들에게는 최대의 수난기였다. 하지만 313년 콘스탄티누스(Constantinus I) 대제는 밀라노 칙령[5]을 통해 그리스도교를 공인하기에 이르렀고, 392년에 테오도시우스(Theodosius I) 황제가 국교로 지정했다.

5) 실제로 밀라노 칙령은 서로마제국의 황제 콘스탄티누스와 동로마제국의 황제 리키니우스가 밀라노에서 만나서 함께 발표한 것이다.

로마의 규칙을 거스르는 종교 죽이기

로마제국은 다신교 국가였다. 사람들은 다양한 신을 섬겼고, 어느 신을 믿든지 개인의 자유였다. 다만 로마제국은 로마라는 '공동체'에 속하는 주민들에게는 각자가 믿는 신이 무엇이든지 공동체 전체의 수호신으로 여겨지는 전통 신[16]에 대해서는 그에 알맞는 경의를 보이라고 요구했다.

로마제국을 비롯해 역사상 넓은 땅을 지배했던 여러 제국들의 최고 목표는 제국이 '하나됨'이었다. 문화와 민족이 다른 다양한 사람들을 하나의 제국으로 통합하는 것은 아주 어려운 일이었다. 뿐만 아니라 통신이나 이동 수단이 발달하지 않아서 중앙의 권력이 지방과 변방까지 미치지 못했다. 이렇게 중앙의 권력이 미치지 못하는 곳에서는 언제나 반란과 폭동이 일어날 수 있었다.

로마제국은 하나의 로마를 만들기 위해 우선 지금의 고속도로와 같은 로마가도를 만드는데 힘썼다. 그래서 어느 곳이든 군대가 쉽게 접근할 수 있도록 했다. 또한 사람들이 서로 왕래하면서 문화가 서로 섞이고 교역이 이루어져서, 각 민족과 지역의 이질성을 해소하고자 했다. 하지만 이것으로는 부족했다. 왜냐하면 서로 왕래를 해도 각 지역과 민족의 신앙은 쉽게 합쳐지지 않기 때문이다. 그래서 로마제국은 모든 종교를 인정하되, 단지 로마의 전통 신들에게는 제물을 바치고 절을 하고, 황제에게 충성을 맹세해야 한다는 규칙을 굳게 지켰다. 그러나 그리스도인들은 이 규칙을 따르지 않았기 때문에 핍박을 받았다. 그리스도인들은 자신들이 섬기는

6) 그리스 로마 신화에 등장하는 신.

그리스도와 여호와 하나님 말고는 그 누구도 섬길 수 없으며, 절대 절하지 않는다는 교리를 가지고 있었기 때문이다.

단지 그리스도인들만 규칙을 따르지 않았던 것은 아니다. 유대인들 역시 이 규칙을 따르지 않았다. 왜냐하면 유대인들 역시 유일신을 믿고 있었기 때문이다. 그래서 초기에는 유대인들도 많은 고통을 당했지만, 이들은 자신들의 신앙을 선전하지 않는다는 점에서 크게 문제될 것이 없었다. 유대인들도 신앙을 제외한 부분에서는 로마와 타협을 원했고, 또 실제로 그렇게 되었다.

하지만 그리스도인들은 유대인들과 달랐다. 이들은 끊임없이 예수가 그리스도라는 사실을 전파했다. 아주 놀랍게도 로마인 중에서도 이 사실을 믿는 사람들이 하나 둘씩 생겨나기 시작했다. 그리스도인들의 수가 늘어나면 로마 공동체를 유지하기가 점점 어려워지기 때문에 로마의 황제들은 로마제국의 암과 같은 존재인 그리스도인들이 없어지기를 바랐다.

로마 시대의 가장 끔찍한 사형 방법은 십자가에 매달아 죽이는 것이었다. 바로 예수가 이 사형 방법으로 죽임을 당했고, 많은 그리스도인들 역시 십자가에 못 박혀 처형됐다. 어떤 그리스도인들은 야수의 모피를 뒤집어 쓴 채 들개 떼에 물려 죽기도 했다. 또는 말뚝에 묶여 산 채로 불에 타서 죽었다. 실제로 이런 박해를 받자 그리스도인들은 믿음을 버리는 경우가 많았다. 하지만 믿음을 배반하는 사람들보다도 자신들의 믿음을 더욱 강하게 지키는 사람들이 더 많았다.

그런데 억압과 핍박을 받을수록 왜 믿음은 강해지는 것일까? 아이러니한 이 현상을 설명하기 위해 심리적 반발(psychological reactance)[7]에 대해 알아보자.

로미오와 줄리엣을 떼어놓는 방법은?

동물행동학자인 칼훈(John B. Calhoun)은 실험실에서 보통 볼 수 있는 흰쥐 대신에 야생 쥐를 대상으로 행동을 어떻게 통제하는지를 관찰했다. 그는 야생 쥐 우리에 밝은 빛과 흐린 빛, 그리고 어둠을 선택할 수 있는 전기 스위치를 설치했다. 쥐들이 전기 스위치를 누를 수 있도록 학습시킨 다음, 쥐들이 원할 때 스위치로 빛을 조절할 수 있도록 훈련했다. 쥐들이 스위치로 빛을 선택하게 했을 때, 쥐들은 하나같이 흐릿한 빛이 되게 스위치를 조작했다. 아주 밝은 빛과 완전한 어둠은 피했다. 이 실험을 통해 쥐들이 흐릿한 빛을 좋아한다고 유추해볼 수 있다.

그런데 실험을 시작할 때는 쥐가 빛을 조절하는 훈련을 하지 않고, 실험자가 쥐들이 좋아하는 흐릿한 빛으로 설정해 놓았다. 이때 쥐가 어떻게 반응하는지를 보는 실험이다. 쥐들이 흐릿한 불빛을 좋아하기 때문에 쥐들은 더 이상 불빛을 조절할 이유가 없을 것이라고 생각할 수 있다. 그런데 놀랍게도 쥐들은 자신들이 좋아하는 흐릿한 불빛인데도, 실험자가 조절했을 경우에는 어김없이 스위치로 달려가서 밝은 빛이나 어둠으로 바꾸어놓았다.

또 다른 실험에서 칼훈은 쥐들이 바퀴 안에서 회전하거나 멈출 수 있는 스위치를 설치했다. 이 바퀴 안에서 달리는 것은 우리에 갇힌 쥐들에게는 유일한 운동이었다. 건강을 유지하려면 대략 8시간은 달려야 했고, 쥐들은 가끔 스스로 스위치를 눌러서 바퀴를 돌아가게 해놓고는 그 안에서 달리기를 했다. 이번에도 실험자가 쥐들이 달릴 필요가 있거나 달리기를 할 시간이 되었을 때, 바퀴를 돌렸다. 그런데 이때에도 역시 쥐들은 달리지 않은 것은 물론, 스위치를 눌러서 바퀴를 세워버렸다. 마치 필요하고 꼭 해야 하는 일이더라도 자신이 하고 싶을 때 하고 다른 누군가가 시켜서 하는 것을 원하지 않는 것처럼 보였다.

이것은 쥐에게만 해당하는 이야기는 아니다. 사람들도 자신이 좋아서 하는 것은 얼마든지 잘하다가도, 남이 시키는 것은 안 하려는 속성이 있다. 학생 때 공부를 하려고 책상에 앉아서 책을 폈는데, 부모님이 "공부 좀 해라!"는 말을 듣는 순간 책을 덮어버렸던 경험은 누구나 한번쯤 해보았을 것이다. 심리학에서는 이러한 현상을 '심리적 반발'이라고 한다. 심리적 반발의 대표적인 예는 바로 '로미오와 줄리엣'의 이야기이다. 로미오와 줄리엣은 서로를 원수처럼 대하는 가문의 자녀들이었지만, 사랑에 빠진다. 당연히 이들의 사랑은 큰 반대에 부딪혔다. 하지만 반대가 심해질수록 이들의 사랑은 점점 커져만 갔다. 목숨을 걸고 반대하는 두 집안 사이에서 이들은 목숨을 걸고 사랑을 나누었다. 바로 이 과정에서 작용하는 것이 심리적 반발이다. 로미오와 줄리엣의 부모는 이들을 갈라

놓으려 애를 썼지만 로미오와 줄리엣은 오히려 사랑에 목숨을 바치고 만다.

수많은 로마의 황제들은 통일된 제국을 유지하기 위해 그리스도인들을 핍박했다. 정말 끔찍할 정도로 참혹하고 혹독한 온갖 방법으로 그들을 죽였다. 물론 이 전략이 때로는 통하기도 했지만 결국 실패로 끝나고 말았다. 억압할수록 이들은 더욱 자신들의 신앙을 굳게 지켰던 것이다.

그렇다면 심리적 반발심은 왜 생기는 것일까? 이는 크게 두 가지로 설명할 수가 있다. 하나는 통제감(sense of control)[18]때문이고, 또 다른 하나는 태도와 행동의 관계 때문이다.

먼저 사람에게는 자신과 주변 세계를 통제하려는 욕구가 있다. 이러한 측면에서 심리적 반발도 누군가에게 통제당하는 대신 스스로 통제하고 결정하며 행동하려는 현상이라고 설명할 수 있다. 통제감이 얼마나 중요한 의미를 가지고 있는지, 다시 말해 다른 사람에게 종속되지 않고 독립성을 추구하는 것이 얼마나 중요한 것인지는 이미 「자살의 심리학」에서 설명했다. 통제감을 얻기 위해서 심지어 자신의 목숨까지 버리는 경우도 있다. 그런데 다른 사람의 의견을 따른다는 것은 자신의 통제감을 잃게 만들고, 무기력감을 느끼게 한다. 그래서 목숨을 버리면서도 자신의 선택과 결정을 따르고자 하는 것이다. 이러한 맥락에서 많은 그리스도인들의 순교는 오히려 그리스도교 공동체의 결속력과 신앙심을 더욱 강하게 만든 것이다.

사람들은 보통 태도에서 행동이 나온다고 알고 있다. 일단 사건과 환경에 대한 입장이나 태도가 확실해진 다음에, 이에 걸맞은 행동을 한다는 것이다. 하지만 심리학의 여러 연구들은 태도가 언제나 행동을 예언해주는 것은 아니라고 한다. 태도가 아직 명확하지 않은 상태에서 어떤 행동을 하게 되면, 이 행동은 태도를 결정짓는 데 영향을 미치기도 한다. 뿐만 아니라 자신의 태도와 행동이 다르면, 자신의 행동에 맞게 태도를 바꾸기도 한다는 것이다. 이렇게 우리의 태도와 입장을 결정하는 데에는 행동의 영향을 많이 받는다.

대표적인 예가 '문간에 발 들여놓기(foot-in-the-door)' 이다. 이것은 처음에 '작은 부탁'을 들어주면 나중에 더 '큰 부탁'까지 들어주는 현상을 말한다. 이때 작은 부탁과 큰 부탁은 서로 연관성이 있어야 한다. 이러한 일이 일어나는 이유는 처음에 부탁을 들어주었던 자신의 행동에 대해 합리화가 일어나기 때문이다. 미국의 심리학자인 프리드만(J. L. Freedman)과 프레이저(S. C. Fraser)는 다음과 같은 실험을 했다. 큰 도로변에 있는 가정집들을 방문해서 자신들을 안전운전 캠페인을 벌이는 사람들로 소개했다. 그리고는 "안전운전"이라고 써 있는 커다란 광고판을 마당에 설치하게 해달라고 부탁했다. 이것은 공익적인 메시지를 담은 아주 큰 광고판이다. 사실 이 광고판을 가정집 마당에 설치한다는 것은 주인으로서는 아주 꺼려지는 일이었고, 역시 부탁받은 사람의 25퍼센트만이 허락했다.

실험자들은 큰 도로변에 있는 다른 집들을 찾아갔다. 이번에도 역시 자신들을 안전운전 캠페인을 벌이는 사람들로 소개하면서, 현관문에 "안전운전하세요."라고 씌어 있는 스티커를 붙일 수 있도록 허락해달라고 부탁했다. 이것은 아주 간단하고 쉬운 부탁이었기에 대부분의 사람들이 흔쾌히 허락했다. 그리고 나서 2주 뒤에 다시 그 집들을 방문했다. 이번에는 위에서처럼 "안전운전"이라고 써 있는 커다란 광고판을 마당에 설치하게 해달라고 부탁했다. 바로 앞에서 했던 그 부탁을 똑같이 이 사람들에게도 한 것이다. 단지 다른 점이 있다면, 이번에는 스티커를 현관문에 먼저 붙이게 했다는 것이다. 그런데 놀랍게도 무려 55퍼센트의 사람들이 이 부탁을 들어주었다고 한다.

그렇다면 왜 이런 차이가 생긴 것일까? 그 이유는 바로 합리화에서 찾을 수 있다. 첫 번째 조건과 달리 두 번째 조건의 사람들은 커다란 광고판을 마당에 설치하게 해달라는 부탁을 받기 전에, 작은 스티커를 현관문에 붙이도록 해달라는 부탁을 들어주었다. 결국 이 작은 행동은 사람들에게 안전운전 캠페인에 동참하는 것은 좋은 일이라고 생각하게 한 것이다. 바로 행동이 태도를 변하게 했다고 할 수 있다. 물론 이 과정은 의식적이라기보다 대부분 무의식 수준에서 자동으로 일어나는 경우가 많다. 그래서 사람들은 이것을 잘 알아차리지 못하는 것이다.

다시 300년 무렵의 로마제국으로 돌아가보자. 로마제국은 아주 끔찍한 방법으로 그리스도인들을 죽였지만 그럴수록 그리스도를 믿는 사람들이 더 늘어났다. 핍박할수록 그들의 신앙은 더욱 견고해졌고, 죽음도 두려워하지 않는 신앙으로 발전했다. 로마의 여러 황제들은 그리스도인들을 통제하고 싶어했다. 그래서 모든 사람들을 같은 의식에 참가시켜서 로마제국의 평화를 유지하고 싶어했다. 하지만 통제하려고 하면 할수록 그리스도인들 역시 통제되지 않으려고 반항했다. 이들은 순교를 두려워하지 않음으로써 자신들의 상황에 도전했다. 또한 끝까지 권위에 복종하지 않음으로써 통제감을 얻은 것이다. 죽임을 당하는 순간까지도 그들은 자신들의

카타콤_ 무덤으로 사용하기 위한 지하 묘지로, 아주 복잡한 미로 형태를 하고 있다.

통제감을 잃지 않았다.

이렇게 죽어가는 동료들을 보면서, 그리스도교 신앙을 가졌다는 것 때문에 주변 사람들에게 핍박과 박해를 당하면서, 사람들은 자신들의 행동으로 인한 태도의 변화를 경험했을 것이다. 그리스도인들은 박해를 피해 카타콤(catacomb)에서 공동체 생활을 했는데, 햇빛도 제대로 볼 수 없는 곳이었다. 이런 상황이 신앙에 대한 그들의 태도를 더욱 강화하게 해주는 계기가 되었을 것이다. 핍박을 받고 어려움을 당할수록 '내가 왜 이렇게 많은 핍박을 당하는가?'에 대해 끊임없이 질문했을 것이다. 그리고 '이 모든 것을 감수할 정도로 그리스도를 따르는 것이 좋기 때문'이라는 답을 얻었을 것이다.

물론 박해를 받는 것이 힘들어 신앙을 버린 사람들도 있고, 부모가 심하게 반대해서 헤어지는 연인들도 있다. 아무리 스티커를 먼저 갖다 붙여도 큰 광고판을 마당에 설치하는데 반대한 사람들도 45퍼센트나 된다. 이러한 경우에는 쉽게 이해된다. 하지만 일반 상식과 맞지 않는 경우가 있다는 것에 주목해야 한다.

만약 로미오와 줄리엣의 사랑을 부모들이 반대하지 않았다면 어떻게 되었을까? 대부분의 연인들이 그렇듯이 이들도 시간이 지남에 따라 서로에 대한 애틋한 마음이 식거나 혹은 다른 멋진 연인이 마음에 들어와 사랑이 식었을지도 모른다. 마찬가지로 그리스도인들을 핍박하지 않았다면 어떻게 되었을까? 그리스도인들을 핍박하지 않았다면, 이들의 신앙은 자연스럽게 약해졌을지 모른다. 실제로 많은 그리스도교 역사가들은 그리스도교는 핍박과 박해를 받아야 성장한다고 주장하기도 했다. 그리스도교의 위기는 핍박과 박해가 아니라, 지금처럼 평온하고 평화로울 때라고 주장하기도 했다. 심리적 반발이라는 현상을 놓고 생각해볼 때 일리가 있는 말이다.

이렇게 핍박과 박해가 심해질수록 그리스도교는 더욱 성장하게 되어, 마침내 서유럽 전체를 장악했다. 그러나 시간이 지나면서 그리스도교는 더는 핍박을 받지 않았다. 오히려 핍박과 박해를 하는 입장이 되었고, 이를 위해 전쟁을 일으키는 당사자가 되었다.

종교를 무기로 영토와 재물, 자유를 좇다

1095년 프랑스의 작은 마을인 클레르몽에서 종교 회의가 열렸다. 이 자리에서 교황 우르바누스 2세(Urbanus II)[9]는 성지 예루살렘을 방문하는 순례자들이 이교도들에게 습격을 받는 등 고난을 받고 있다면서, 십자군을 보내어 예루살렘을 되찾아야 한다고 주장했다. 교황의 이러한 요청에 대해 청중들은 "하나님께서 그것을 원하신다! 하나님께서 그것을 원하신다!"고 외치면서, 교황의 주장에 완전히 동의했다. 그 뒤 교황은 서유럽 곳곳을 돌면서 십자군 전쟁의 당위성을 설파했고, 많은 열성 설교자들도 곳곳을 누비면

9) 십자군 운동을 일으킨 교황으로 유명하다. 교황청을 정치적인 실세로 강화하기도 했다.

서 십자군으로 출전할 것을 부추겼다. 이 호소를 듣고 서유럽 각지에서 사람들이 모여들어서 십자군을 이루었다. 십자군은 군주와 영주를 포함해 아래로는 농민과 부랑자 등 다양한 계층으로 구성되었다. 남자는 물론 여자, 심지어 어린이들까지도 십자군에 참여했다.

십자군 전쟁은 명목상 셀주크투르크족(Seljuk Turks)[10]을 예루살렘에서 몰아내고, 예루살렘을 되찾기 위한 것이었다. 실제로 이 전쟁에 참가한 사람들 중에는 순수하게 예루살렘을 되찾으려는 목적을 가진 사람들도 있었지만, 대부분의 사람들은 나름대로 속셈이 있었다. 교황은 이 전쟁을 통해 동방 정교회까지 자신의 힘을 떨치기를 원했고, 장원의 농노들은 전쟁을 통해 자유를 얻으려고 했다. 땅이 없는 기사들은 땅을 얻기를 원했으며, 자신의 죄를 용서 받기 원하는 사람들도 있었다. 무역을 하는 사람들은 이슬람이 없어진다면 인도와 중국이 모두 자신들의 상권이 된다고 생각했다. 이렇게 십자군 전쟁에 참여한 사람들은 그 나름대로 이유와 목적이 있었다.

그렇다면 어린이들은 왜 전쟁에 참가했을까? 어린이들이 주축을 이룬 소년소녀 십자군은 제4회 십자군이 장엄한 깃발을 올린 10년 뒤인 1212년 여름에 구성되었다. 신의 계시를 받았다고 주장한 프랑스의 12세 양치기 소년을 따라 수많은 어린이들이 십자군으로 나선 것인데, 원정에 나선 아이들은 유대인이 모세를 따라 이집트를 탈출할 때 그가 홍해를 열어 가나안으로 인도했듯이, 하나님이 그들에게 지중해를 열어줄 것이며 그 길을 따라가면 예루살렘에

도착할 것이고, 신의 가호로 사탄을 무찌를 수 있다고 믿었다. 하지만 어렵게 남부 프랑스의 마르세유에 도착한 3만여 명의 아이들은 배 일곱 척에 나누어 탔지만, 두 척은 가던 도중 침몰해서 배에 타고 있던 아이들은 대부분 익사했다. 그리고 마르세유의 사악한 선주들은 나머지 다섯 척에 탄 어린이들을 알렉산드리아로 싣고 가서 아랍인들에게 노예로 팔아버렸다.

소년소녀 십자군에서 알 수 있듯이 십자군들은 적을 사탄이라고 생각했다. 십자군은 예루살렘으로 진격해 셀주크투르크족을 무찌르기 시작했다. 피가 강이 되어 흐를 때까지 살육은 그치지 않았다. 이뿐만 아니라 예루살렘으로 가는 도중에도 살육과 약탈을 했다.

십자군_ 기독교와 이슬람 사이에 벌어진 전쟁으로 종교적 색채가 강했다. 실제로는 새로운 영토에 대한 야망, 경제적 욕망, 그리고 개인적인 죄를 용서받기 위해 모여든 십자군이었기에 애초의 목적은 점차 퇴색하였다.

셀주크투르크족이 아닌 사람들도 때로는 공격 대상이 되곤 했다. 그들은 사탄을 무찌른다고 하면서 수많은 생명을 무참히 죽였다.

1233년 교황 그레고리우스 9세(Gregorius IX)[11]는 이단을 전멸하기 위해 온전히 이단 사냥에 종사할 수 있는 조직을 만들기로 하고, 도미니크 수도회[12]의 수도사를 '이단 심문관'에 선임했다. 이를 계기로 종교재판은 본격으로 시작되었다. 종교재판 방법은 피고에게 유리한 변호는 전혀 허용하지 않고 불리한 증언만 허용했으며, 비록 친자식이나 형제 사이에서 밀고를 해도 정의라는 이름으로 칭송을 받았다. 또한 고문을 해서 거짓 자백을 강요하거나 날조해서, 용의자가 반드시 유죄판결을 받을 수밖에 없는 재판이었다.

이 종교재판은 원래 교회의 이단자들만을 처형하기 위해 시작되었으나, 15세기에 들어오면서 마녀사냥으로 변질되었다. 마녀사냥은 15세기부터 드문드문 시작되어 16세와 17세기에 전성기를 맞았다. 악마에 씌어 사회를 파괴하는 마법사와 마녀를 처단하기 위해 사람들은 종교재판을 이용했다.

15세기 이후 유럽은 이교도의 침입과 종교개혁으로 말미암아 혼란스러웠다. 여기에 더하여 종교전쟁, 악화되는 경제 상황과 기근, 페스트와 같은 가축의 전염병으로 끊임없는 불행이 이어졌다. 사람들은 이러한 불행을 설명해줄 수 있는 납득할 만한 원인을 찾았고, 마침내 그 원인으로 불순한 사람들을 지목했다. 사탄의 심부름을 하는 마법사와 마녀들 때문에 이 모든 일들이 일어난다는 것이다.

　이들을 처형하기 위해서는 자백이나 증거가 필요했고, 마땅한 증거가 없거나 자백하지 않는 사람들에게는 다양한 방법으로 증거를 찾아냈다. 그중 한 가지 방법은 마녀로 지목한 여자를 강이나 늪, 운하에 던져서 여자가 물 위로 떠오르면 "역시 마녀야. 악마는 자기를 경배하는 사람을 죽게 내버려두지 않아."라고 하면서 즉시 처형했다. 물론 빠져 죽은 자는 결백한 자로 간주되었다. 이외에도 고문과 처형을 하는 방법에는 여러 가지가 있었다. 말 네 마리를 팔과 다리에 묶어 찢어 죽이거나, 머리를 베거나, 산 채로 화형을 시키거나, 혀의 전부 또는 일부를 잘라내고 그 위에 빨갛게 달군 인두로 구강을 태우는 것 따위가 있었다.

　당시 교회법에 따르면, 유죄가 되기 위해서는 마녀의 자백이 필요했기 때문에 아무 제한 없이 고문을 했다. 고문은 언제나 자백을

이단과 마녀를 발본색원한다는 명목으로 종교재판소에서는 고문이 흔히 사용되었다. 고문으로 인한 허위자백이 늘어나자 마녀사냥은 걷잡을 수 없이 번져가기 시작했다. 고문이 없었다면 마녀사냥도 불가능했을 것이다.

131

이끌어냈다. 또한 고문은 고발이라는 연쇄반응을 일으켰다. 왜냐하면 자백할 때 반드시 공모한 동료의 이름을 말해야 했기 때문이다. 각 마녀마다 두세 명의 다른 마녀의 죄를 실토함으로써, 화형장으로 끌려가는 마녀의 수는 눈덩이처럼 불어났다. 마녀사냥으로 희생당한 여성의 수는 수십만 명이 훨씬 넘었다.

정의의 이름으로 사탄을 용서치 않겠다

십자군에 참여했던 어른들과 달리 소년소녀 십자군은 순수한 신앙의 목적을 갖고 예루살렘을 향해 떠났다. 다른 십자군들은 전쟁을 통해 이득을 얻으려는 속셈이 있었지만, 소년소녀 십자군처럼 신앙적인 목적도 조금은 있었을 것이다. 신앙적 목적이란 바로 하나님의 인도하심을 받아 예루살렘에 가서 사탄을 무찌르고 하나님의 땅을 하나님에게 돌려드린다는 것이다.

그러나 이 신앙적인 목적은 종교재판과 마녀사냥에서 더 적나라하게 나타난다. 사탄이 씌운 사람들, 주로 여성들이었던 그들을 죽이면서 사람들은 사탄을 무찌르고 있다고 생각했고, 그래서 자신들은 하나님의 나라를 튼튼하게 세우고 있다고 생각했다.

십자군은 사탄을 무찌른다는 구실을 내세워 셀 수 없을 정도로 많은 이슬람 사람들을 무참히 죽였고, 교회는 사탄을 처단하기 위해 수많은 여성들을 끔찍하게 죽였다. 전쟁터에서 사람을 죽이는 방법은 아주 잔혹하고 끔찍하다. 그 당시에는 총이 없었기 때문에 사람을 죽이는 일은 잔혹하고 끔찍할 수밖에 없었다.

도저히 인간으로는 할 수 없는 끔찍한 일들이 종교적 이유와 목적으로 저질러진 것이다. 이렇듯 끔찍한 일을 저지를 수 있는 마음에는 어떤 어떤 심리적 기제가 작동하는 것일까?

최초의 심리치료 이론이라 할 수 있는 정신분석학에서는 사람이 불안을 느낄 때, 그 불안을 없애기 위해 여러 가지 방법을 사용한다고 하는데, 그 방법을 방어기제(Defense Mechanism)[13]라고 한다. 방어기제에는 여러 가지가 있는데, 그중 하나가 바로 투사(投射, Projection)다. 투사는 불안이나 불편감을 일으키는 감정이나 생각을 다른 대상이 갖고 있다고 생각하는 것이다. 예를 들면, 누군가를 좋아하는 자신의 모습을 받아들일 수 없는 사람은 때때

13) 방어기제란 불안하거나 욕구 불만일 때 스스로를 방어하기 위해 자동으로 갖는 적응 행위.

로 상대방의 말과 행동을 보고 자신을 좋아하고 있는 것이라고 생각한다. 이와 반대로 상대방을 미워하는 감정이 있지만 이것을 인정하는 것이 심리적으로 불편하기 때문에 자신의 감정을 상대방에게 투사해서 상대방이 자신을 미워하는 것 같다고 생각하기도 한다. 이 투사가 바로 종교전쟁과 종교재판에서 끔찍한 일을 저지를 수 있었던 심리적 기제라고 할 수 있다.

사람들은 누구나 자신 안에 추악하고 더러운 모습을 가지고 있다. 다른 사람에게는 보여줄 수 없는 모습이 있다. 선하고 거룩하게 살려고 하는 사람은 자신을 선하지 않고 거룩하지 않다고 생각하는 사람이다. 자신의 기준에 못 미치기 때문에 그렇게 노력하는 것이다. 또한 실제로 겉으로 보기에는 선하고 거룩해보이는 사람일수록 속마음은 전혀 반대인 경우가 많다. 『지킬박사와 하이드』의 이야기가 소설 속의 이야기만이 아니라는 것은 많은 사건을 통해 우리는 알고 있다. 겉으로는 거룩하게 보이는 종교인들이 뒤에서는 음란한 생활을 즐기고 있다든지, 자선사업을 열심히 하는 사업가가 탈세를 했다는 기사를 신문에서 자주 볼 수 있다. 이런 사람뿐만 아니라, 사람이라면 누구든지 두 마음이 있다고 할 수 있다.

프로이트와 함께 인간의 마음에 대해 중요한 통찰을 한 융(Carl G. Jung)[14]은 우리의 마음에는 '그림자'가 있다고 한다. 그림자란 '나'의 어두운 면을 말한다. 다시 말해, 자신이 가장 싫어하는 열등한 성격을 말하는데, 이것은 무의식의 영역에 있기 때문에 사람들은 자신의 그림자가 무엇인지 잘 모를 수밖에 없다고 한다.

자신의 그림자가 무엇인지 알 수 있는 방법이 있다. 그것은 자신이 가장 싫어하는 동성(同性)의 사람을 보면 된다고 한다. 왜냐하면 그림자는 자주 동성의 다른 사람에게 투사되기도 하는데, 그림자가 투사되면 자기가 가장 싫어하는 사람이 된다고 한다. 왜냐하면 그림자란 내가 싫어하는 모습이기 때문에 다른 사람에게서 그것이 보이면 그 사람을 싫어하는 것이다. 예를 들어, 잘난 척하는 사람을 싫어하는 사람은 잘난 척하는 자신의 모습이 그림자다. 물론 본인은 잘난 척하지 않는다고 말할지 모르지만, 실제로 이 사람은 잘난 척하기를 좋아하는 사람이거나 겉으로 드러나지는 않지만 잘난 척하고 싶은 욕구가 강한 사람이다. 그림자가 무의식의 영역에 있기 때문에 자신에게 그런 모습이 있다는 것을 알지 못할 뿐이다.

융은 자신의 그림자가 무엇인지 알고, 그림자 역시 자신의 모습이라는 것을 인정해야 건강한 성격을 가질 수 있다고 한다. 자신의 그림자를 인정해야만 건강하게 자신의 모습으로 통합할 수 있기 때문이다. 만약 그림자를 통합하지 못한다면, 끊임없이 누군가에게 그림자를 투사할 것이고, 그 결과 인간관계의 갈등과 자신 속에서 갈등이 계속된다고 보았다.

자신이 가장 싫어하는 사람의 모습이

바로 자신의 모습이라는 사실은 자못 충격이다. 그런데 우리 주위의 사람들을 살펴보면 융의 이러한 주장이 사실임을 쉽게 확인할 수 있다. 잘난 척하는 사람들이 잘난 척하는 사람을 싫어하고, 자신감이 없는 사람이 자신감이 없는 사람을 싫어한다. 물론 겉으로는 잘난 척하지 않을 수 있고, 겉으로는 자신감이 있는 척할 수 있지만 실제로 그 내면을 보면 전혀 그렇지 않다는 것을 알 수 있다.

만약 과거 종교전쟁과 종교재판이 벌어지고 있는 현장으로 돌아가서, 누군가를 끔찍하게 죽이고 고문하는 사람들에게 왜 그렇게 하는지 이유를 물어보면 아마도 그들은 '더럽고 저주받은 인간들이고 사탄의 자식들이기 때문' 이라고 대답할 것이다. 죽어 마땅할 정도로 죄를 지었기 때문에 사탄이 씌운 사람들이라는 명목으로 그들을 고문하고 죽였다. 종교라는 이름으로 끔찍한 일을 저지르는 사람들의 눈에는 살기가 가득하다. 입가에는 몸서리쳐지도록 기분 나쁜 웃음을 띠고 있다. 마음은 미움으로 가득 차 있다. 사탄에게 지배당하는 사람들은 죽어 마땅하다고 주장하는 사람들이 오히려 사탄에게 지배당하는 것 같은 모습이다.

이렇게 끔찍한 행동을 할 수 있는 이유는 이들이 바로 자신 안에 있는 더럽고 추한 모습, 죄의 모습을 상대방에게 투사하고 있기 때문이다. 그렇기 때문에 끔찍하게 그들을 처단할 수 있는 것이다. 자신의 것을 투사해버리니, 스스로는 깨끗하고 의로운 재판관이라고 생각한다. 그래서 자신에게는 더럽고 추한 사탄의 자식들을 고문하고 죽일 권한이 있다고 생각하는 것이다. 이 얼마나 무서운 착각인가! 정작 죽어 마땅할 죄를 지은 사람들은 죽어가는 사람들이 아니라 죽이는 사람들이다. 사탄이 지배하는 사람들은 죽어가는 사람들이 아니라 죽이는 사람들이다.

2000년 3월 12일, 교황 요한 바오로 2세는 십자군 전쟁을 포함한 종교전쟁과 종교재판을 통한 마녀사냥 등 그동안 교회가 저질렀던 잘못을 인정했다. 늦은 감이 없지 않지만, 분명히 짚고 넘어가야 할 문제였다. 왜냐하면 종교전쟁과 종교재판은 모두 교회의 이름으로, 더 나아가 그리스도의 이름으로 자행되었다는 점에서 더 심각하기 때문이다. 그리스도의 이름으로 수많은 이슬람 사람들과 그리고 전쟁과는 전혀 상관도 없는 여성들과 아이들, 선량한 농부와 상인들을 죽였다. 또한 아무런 죄도 없는 여인들을 잡아서 사탄이 씌었다는 이유로 끔찍한 고문을 하고 화형을 시켰다.

인간 안에 있는 모순과 갈등을 죄 없는 사람들에게 투사하고, 그것이 그 사람들의 실체라고 착각해서 그들을 무참히 죽인 것이다.

그리스도는 한번도 누구를 죽이지 않았다. 오히려 죽은 사람도 살렸다고 한다. 그리스도는 한번도 누구를 아프게 한 적이 없다. 오히려 아픈 사람을 낫게 해주었다. 그렇다면 그리스도는 사탄을 이기지 못했을까? 성경에 따르면 그리스도는 사탄을 이겼다고 한다. 하지만 사탄을 고문하고, 칼이나 창으로 찔러서 죽이거나 화형을 시키는 방법으로 이긴 것이 아니었다. 그리스도가 사탄을 이긴 방법은 사탄이 원하던 대로 죽어주는 것이었다. 그리고 부활하는 것이었다. 이렇게 그리스도는 겉으로는 지는 것처럼 보였지만, 실제로는 이겼다.

십자군은 십자가의 깃발을 들었다. 그리고 십자군에 참여하는 기사들은 십자가 모양을 옷에 붙였다. 죽임 당함을 의미하는 십자가를 앞세우고, 십자군은 죽임을 당하기는커녕 무참하게 사람들을 죽였다. 수도 생활을 통해 그리스도의 삶을 따라 살기로 서원한 수도사들은 그러한 삶을 살기는커녕, 그리스도가 한번도 한 적이 없는 종교재판을 해서 마녀를 사냥했다.

종교전쟁과 종교재판의 목적은 사탄을 물리치고 하나님의 나라를 확장하는 것이었다고 주장할지 모른다. 하지만 종교전쟁과 종교재판은 인간 안에 있는 모순과 갈등을 죄 없는 사람들에게 투사하고, 그것이 그 사람들의 실체라고 착각해서 그들을 무참히 죽인 것이다. 단지 여기에 명목상 종교적인 이유가 붙은 것이다.

지금 우리 사회는 여전히 종교전쟁과 종교재판을 하고 있는 듯하다. 우리가 정확히 무엇과 싸우고 있는지 다시 한번 살펴보아야 한다. 지금 자신이 다른 누군가를 싫어하고 있다면 그 모습이 혹시 자신의 모습은 아닌지 잘 살펴야 한다. 마음속에서 받아들이기 힘들고, 인정하기 싫기 때문에 밖으로 던져버려서 철저하게 망가뜨리고 싶은 욕망이 있는지도 모르겠다. 하지만 밖으로 던져버린다고 결코 사라지지 않는다. 왜냐하면 여전히 자신 안에 있기 때문이다. 없애버리고 싶다면 우선 인정하고 받아들여야 한다. 그렇게 하면 결국 그것은 자연스럽게 사라진다. 우리에게는 그런 힘이 있기 때문이다.

방어기제

정신분석에서는 사람들이 불안을 이겨내고 불안에 휘둘리지 않도록 하기 위해 다음과 같은 방어기제를 사용한다고 한다. 먼저 우리의 마음에 있는 좋지 않은 방어기제를 살펴보자.

억압(repression)

프로이트가 가장 기본적이고 중요한 방어기제라고 생각한 것이다. 억압은 위협적이거나 고통스러운 생각이나 감정들을 의식하지 못하도록 하는 방어 수단으로, 무의식 수준에서 일어난다.

예를 들어, 사랑하는 사람의 죽음을 현장에서 보고 충격을 받아 그 사실을 아예 기억하지 못하는 경우를 말한다.

부인(denial)

부인은 억압과 비슷한 방어 역할을 하나 일반적으로 의식 수준에서 일어난다. 부인은 위협적인 현실에 대해 눈을 감고 인정하지 않는 것이다.

예를 들어, 자식의 장례식을 치르고서도 자식이 쓰던 방을 오래도록 정리하지 못하고, 마치 자식이 돌아올 것처럼 기다린다.

반동형성(reaction formation)

욕구나 감정과 반대되는 행동을 함으로써 자신의 동기를 숨기는 것이다. 예를 들어, 상대방을 좋아하면 좋아할수록 겉으로는 못되게 군다.

▪투사(projection)

자신이 인정할 수 없는 자신의 욕망이나 충동을 다른 사람에게 부여하는 것이다.

예를 들어, 상대방을 좋아하지만, 오히려 상대방이 자신을 좋아한다고 생각한다.

▪치환(substitution) 혹은 전치, 전이(displacement)

충동을 위협적인 대상에서 안정한 대상으로 옮겨서 발산하는 것이다.

예를 들어, 상사에게 꾸중을 들어 화가 났을 때, 집에 돌아와서 동생한테 화풀이를 하는 것이다.

▪합리화(rationalization)

타당한 이유를 만들어서 자신의 행동을 정당화해서 실망과 연관된 충격을 감소시킨다.

예를 들어, 대학에서 떨어진 학생이 실력 없음을 탓하기보다는 그 대학이 사람을 못 알아본다고 생각한다.

▪퇴행(regression)

비교적 단순한 초기의 발달 단계로 후퇴하는 행동이다.

예를 들어, 아이들이 동생이 태어났을 경우 나이에 어울리지 않게 응석을 부리는 것이다.

이상의 방어기제들과 달리 다음의 방어기제들은 마음을 건강하게 하는 방어기제들이다.

■억제(suppression)

의식에서 받아들일 수 없는 생각이나 감정을 마음 밖으로 몰아내는 것으로, 억압이 무의식적으로 이루어진다면 억제는 의식적으로 이루어진다. 다시 말해, 끊임없이 자신의 무의식적인 충동을 의식적으로 통제하려고 노력한다. 예를 들어, 이유 없이 보기 싫은 사람에게도 친절을 베풀면서 좋은 관계를 가지려고 노력하는 것이다.

■승화(sublimation)

의식적으로 받아들일 수 없는 욕구나 소망을 사회에서 인정하는 다른 것으로 바꾸는 것이다.

예를 들어, 사람을 칼로 찌르고 싶은 충동을 가진 사람이 외과의사가 되어서 수술실에서 합법적으로 사람을 칼로 찌르고 베는 것이다.

■이타주의(altruism)

자신의 욕구를 자제하고 타인의 욕구에 관심을 갖는 것이다.

예를 들어, 다른 사람에 대한 불만이 생길 때마다 자원봉사를 하는 것이다.

유머(humor)

자신이나 자신이 처한 상황을 즐겁게 웃어넘길 수 있는 능력으로, 2차 세계 대전 때 유대인들은 수용소에서 죽음을 기다리면서도 유머를 즐겼다고 한다.

방어기제란 술과 같다. 몇 잔의 술은 기분을 좋게 하고 분위기를 부드럽게 하며 삶을 매끄럽게 한다. 하지만 술이 지나치면 기분을 상하게 하고 분위기를 망치며 삶을 시끄럽게 한다. 더 심해지면 알코올 중독이 되어 현실에 적응하지 못할뿐더러 심각한 정신장애를 일으키기도 한다. 방어기제도 마찬가지이다. 적절한 방어기제는 불안감을 일시적으로 잠재워 현실의 적응을 돕는다. 하지만 지나치면 오히려 현실감을 떨어뜨려 현실에 적응하기 어렵고 심하면 정신장애를 일으킬 수도 있다.

술을 '잘' 먹으려면 자신의 주량과 마시려는 술에 대해서 알아야 하듯이, 방어기제도 '잘' 조절하려면 불안해하는 대상과 자신이 주로 어떤 방어기제를 사용하는지에 대해 알아두어야 한다.

05 절대권력의 심리학

왕의 자리를 허락하는 것은 하늘이 아니라 군중이다

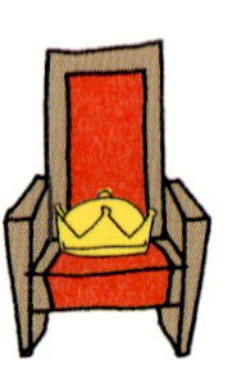

1990년대 초반까지만 하더라도 통일은 우리 사회에서 중요한 화두였다. 언제가 될지는 모르지만, 통일을 꼭 해야 한다고 생각했다. 그런데 요즘에는 통일의 필요성 자체에 대해서 의문을 가지고 있는 사람들이 많다고 한다. 가장 중요한 이유는 통일을 하면 얻는 것보다 잃는 것이 훨씬 많을 것이라고 보기 때문이다. 특히 경제면에서 보았을 때, 통일을 하기 위해 필요한 돈은 우리의 상상을 초월한다고 한다. 이 비용은 당연히 세금으로 쓸 수밖에 없다. 상황이 이렇다 보니 점점 통일을 기대하는 마음이 흔들리는 것이다. 더군다나 시간이 지나면서 북한에 가족을 두고 온 사람들이 갈수록 줄어들고 있어서, 반드시 통일을 해야 한다는 목소리는 점점 작아지고 있다.

사람들이 통일에 대해 회의를 하는 또 다른 중요한 이유는 바로 이질성 때문이다. 남과 북으로 갈라져서 반세기를 사는 동안 정치와 경제는 물론이고 언어와 종교, 예술 등 전반적인 삶의 문화가 너무 달라졌다. 이제 남과 북이 같은 민족이었다는 동질성만으로 서로 어깨동무를 하기에는 걸림돌이 너무도 많다. 이러한 이질성이 생긴 가장 큰 이유는 무엇보다도 북한이 김일성과 김정일을 신성화했기 때문이라고 해도 지나치지 않다.

1994년 김일성이 죽었다. 김일성도 사람이기에 언젠가는 죽을 것이라고 다들 알고 있었지만, 막상 김일성이 죽었다는 소식을 듣고 많은 사람들이 충격을 받았다. 하지만 김일성의 죽음보다 우리를 더 놀라게 한 것은 외신을 통해서 들어오는 북한 사람들의 반응이었다. 북한 사람들은 부모를 잃었어도 저렇게 슬퍼할 수 있을까 싶을 정도로 오열했다. 우리는 북한의 절대적 지도자가 죽었으니, 북한이 금방이라도 분열될 것이라고 생각했고, 앞으로 통일이 멀지 않을 것이라고 믿었다. 하지만 북한 사람들의 반응은 우리들의 기대를 단숨에 꺾어버렸다. 한 집안의 경조사는 가족을 하나로 뭉치게 하듯이, 북한은 오히려 더 하나가 되는 것처럼 보였다. 그리고 김일성의 자리에 김정일을 올려놓았다. 그야말로 현대판 절대왕정을 보는 듯했다.

어떻게 이런 일이 가능할 수 있을까? 왜 사람들은 이토록 쉽게 누군가를 절대자와 전능자로 이상화하는 것일까? 그 반대로 절대자와 전능자 역할을 하는 사람들은 왜 많은 사람들에게서 칭송받기를 좋아하는 것일까?

세계 역사를 살펴보면 이와 비슷한 일들이 자주 일어났다. 특히 유럽에서 봉건제도 다음에 일어난 절대왕정이 대표적이다. 태양왕(Le Roi Soleil)이라는 이름까지 얻은 루이 14세(Louis XIV)의 절대왕정을 통해 전능자를 필요로 하는 사람들의 심리와 전능자가 되려고 하는 사람들의 심리에 대해 탐색해보자.

절대왕정의 태양, 루이 14세

십자군 전쟁은 1095년 교황 우르바누스 2세의 호소로 시작되었다. 1096년부터 1270년까지 무려 일곱 차례나 큰 전쟁을 치렀다. 비록 예루살렘에서 이슬람 사람들을 몰아내지는 못했지만, 십자군 전쟁은 서유럽에 많은 변화를 가져다주었다. 우선 전쟁을 앞서서 주장한 교황과 전쟁에 참여한 기사들의 힘은 크게 약해졌다. 로마의 교황과 각 지방의 세력가들인 기사의 힘이 약해지면서, 서유럽 각국은 국왕을 중심으로 국가를 통합했다. 또한 비잔티움 제국과 이슬람 세계가 만나자 자연스럽게 상업과 무역 그리고 수공업이 발달했다.[1]

상업과 수공업의 발전은 농업을 기반으로 한 기존의 봉건제도와는 어울리지 않았고, 물건을 만들고 내다팔 수 있는 새로운 도시[2]가 만들어졌다. 봉건제에서 사람들은 자신들이 직접 먹을 것을 심고 거두고, 살 집을 만들고, 옷을 손수 지어 입었다. 그러나 도시에 살면서 상업과 수공업에 종사하는 사람들은 이것이 불가능했기 때문에 돈으로 모든 것을 해결해야 했다. 다시 말해, 상업과 수공업의 발전은 도시의 발전을, 도시의 발전은 화폐 경제의 발전을 가져왔다. 이러한 화폐 경제는 돈 많은 부자들을 만들어냈고, 이들은 점차 '시민'이라는 새로운 계급으로 발전해 봉건제도의 영주와 함께 유럽 사회의 주요한 구성원이 되었다.

상업과 도시가 발달하고, 시민계급이 나타나자 국왕은 세금을 걸을 수 있었고, 그 세금으로 용병을 고용하고 상비군을 조직함으로써 지방의 영주들을 제압하고 상인들을 보호할 수 있었다. 상인들은 지방 영주대신 국왕에게만 세금을 바치고서도 안전과 독점적인 상업 활동을 보장받을 수 있었고, 나아가 정부의 관리가 될 수도 있었다. 그리하여 새로운 시민계급이 국가 정치에 참여하는 의회 제도가 생겨나 이들의 지위는 더욱 높아졌다. 이에 더하여 르네상스와 종교개혁, 신대륙의 발견과 자연과학의 발전은 기존의 봉건 영주들을 중심으로 한 세계에서 시민계급이 중심이 된 세계로 서서히 변화하는 원동력이 되었다.

프랑스의 루이 14세는 왕권을 강화하고 국력을 키우는 데 온 힘을 기울였다. 귀족과 성직자 세력을 억누르면서, 자신이 임명한 관리를 각 지방으로 보내 그곳을 다스리게 하고 세금을 걸었다. 그리면서 성장하는 시민계급인 부르주아를 적극 지원하고 그들에게 높은 관직을 주기도 했다. 또한 국가가 나서서 수공업 공장과 무역 회사를 만들어 나라 밖으로 진출하는 것을 도왔다. 늘어난 세금과 나라 밖에서 얻은 이익으로 군대를 강하게 키웠다. 하지만 국왕 중심의 강력한 중앙집권화와 상공업을 보호하고 군대를 키우는 것만으로는 왕이 절대권력을 가질 수 없었다. 진정한 절대왕정으로 발전하기 위해서는 정치적, 경제적 조건과 더불어 사상적 조건이 필요했다. 사상적 조건이란 이른바 왕권신수설이라고 하는 것으로, 왕의 권력은 신으로부터 왔다는 뜻이다.

"짐은 곧 국가다."[13] 절대왕정이 가능하기 위해서는 왕이 '절대권력'을 가지고 있어야만 했다. 절대권력이란 인간이 내세우는 어떤 조건도 그 권력을 제한하지 않는 것이다. 다만 신 앞에서만 책임을 지면 된다.

이러한 왕의 절대권력 사상은 예전부터 존재하고 있었다. 대표적인 경우가 바로 고대 로마제국의 황제들이다. 로마제국의 황제들은 최고 명령권인 통수권을 가지고 있었으며, 그들의 권력은 어떤 권력과도 비교할 수 없는 가장 뛰어난 존엄함을 가지고 있었다. 뿐만 아니라 단순한 행정 권력과 구분되는 최고 정치 권력인 입법권이 있었다. 이러한 논리에 따라서 로마제국의 황제는 "그 마음에 흡족한 것"은 무엇이든 법이 될 수 있었다.

로마제국의 황제들이 가지고 있었던 절대권력은 로마제국이 무너진 후에 가톨릭 교회의 교황이 갖게 되었다. 로마 가톨릭의 교황은 예수의 수제자인 베드로의 뒤를 잇는 계승자라는 논리를 펴면서, 교황은 가톨릭 교회의 대표자인 동시에 가톨릭 교회 그 자체라고 주장했다. 결국 교황은 교회의 모든 관행과 규칙도 넘어설 수 있

3) 루이 14세는 임종 직전에 "과인은 이제 가노라. 하지만 국가는 그 이후에도 존속할 것이다."라는 말을 했다고 한다. 비록 루이 14세가 한 말은 아니지만 "짐은 곧 국가"라는 표현은 절대왕정을 단적으로 보여준다.

는 전권(全權)을 가진다는 것이다.

절대왕정의 프랑스 역시 국왕에게 옛날 로마제국의 황제와 가톨릭의 교황이 가지고 있는 절대권력을 주고자 했다. 이를 위해서는 모든 사람이 인정하고 납득할 수 있는 논리가 필요했고, 결국 그리스도교에서 이 논리를 가져왔다. 그리스도교에서는 신자들의 모임인 교회를 '그리스도의 신비한 몸'으로 정의하고 있으며, 그리스도가 이 세상을 다스릴 수 있는 통치권을 하나님에게서 받았다고 한다. 이 논리를 정치적으로 이용해 절대왕정에서 국가는 '국왕의 신비한 몸'이 될 수 있었고, 그 통치권은 하늘에서 받았다고 주장할 수 있었다.

프랑스 왕정의 첫째 특징은 통치권을 오직 신에게서 부여받았다는 점이다. 이제 국왕은 지상의 그리스도가 되어버렸다. 국왕은 그리스도가 그러했듯이 살아 있는 신의 형상이었다. 그리고 정치는 종교 모델에 따라서 예식으로 발전했으며, 국왕을 위해 목숨을 바치는 일은 종교의 순교와 같은 것이었다. 이렇게 절대왕정은 하나의 종교가 되었다.

프랑스 절대왕정의 절정을 이루었던 루이 14세는 아침에 잠자

루이 14세_ 재위 기간은 1643~1715년. 별칭은 루이 대왕(Louis le Grand Monarque), 또는 태양왕(Le Roi Soleil). 주로 베르사유 궁전에서 나라를 다스렸으며 고전시대의 절대왕정을 상징하는 존재다.

리에서 일어나면서부터 잠들기 전까지 자신의 모든 행동에 의미를 부여했다. 또한 왕궁 안의 모든 사람들에게는 시간에 따른 행동과 위치를 지정해주었다. 그는 말 한 마디와 몸짓 하나로 상대방을 기쁘게도 또 당황하게도 만들 수 있는 전능한 신이었다.

어떻게 살아 있는 왕을 신과 같은 존재로 생각할 수 있었는지 놀라울 뿐이다. 누군가가 주장한 것처럼 중세 시대 1천 년 동안은 이성적 판단이 차단된 암흑기였기 때문에 이 영향을 받아서 이성적인 판단을 못했던 것일까? 그래서 '루이 14세=국가=지상의 그리스도' 라는 엉터리 같은 주장을 받아들인 것은 아닐까?

사람들이 이성적 판단을 못하거나 또는 과학이 발달하지 않아서 이런 일이 가능했던 것은 아니다. 왜냐하면 앞에서 말한 북한의 사정도 크게 다르지 않기 때문이다. 북한 사람들에게 김일성은 이미 전지전능한 신이 되어버린 지 오래고, 김정일도 살아 있는 신이 되고 있다. 또한 스스로를 하나님이라고 주장하는 사이비 종교의 교주를 정말 하나님이라고 믿고 따르는 신도들도 있다.

그렇다면 절대왕정을 간절히 원하는 심리와 개인을 신으로 숭배하는 심리는 왜 생기는 것일까?

태양을 따르는 사람의 심리

좋아하는 운동선수를 향해 소리를 지르고, 좋아하는 영화배우의 사인을 받기 위해서 밤새도록 기다리고, 좋아하는 가수의 손을 잡아보려고 군중 속으로 뛰어드는 사람들이 있다. 이는 혈기왕성한 10대 청소년들의 이야기만은 아니다. 사람이라면 누구나 존경하고 좋아하는 사람이 있으며, 그것이 조금 지나치면 상대방을 신성화하기도 한다.

자기심리학의 창시자인 코헛(Heinz Kohu)[4]은 이것을 이상화(idealization)라고 표현했다. 다시 말해, 있는 모습을 그대로 보지 않으며, 자신과 똑같은 수준이 아닌 더 훌륭하고 고상하고 위대한 존재로 인식한다는 것이다. 이슬만 먹고 살며, 화장실도 안 가고, 또 모든 것을 할 수 있고, 모든 것을 알고 있는 사람으로 보기도 한다. 한마디로 상대방을 전능자로 인식한다.

흥미로운 사실은 우리는 끊임없이 누군가를 이상화하고 있다는 것이다. 어린 시절에는 부모였고, 학교에 다니면서 선생님이 이상화의 대상이었다. 학교에 싫증이 나면서 친구가 이상화의 대상이었고, 학교를 졸업한 뒤에는 이성이었다. 사랑하는 이성과 결혼한 다음에는 또 다른 이상화의 대상을 찾는다. 이렇게 우리는 태어나면서부터 죽는 순간까지 누군가를 바라보면서 친해지고 싶어한다. 마치 우리에게는 누군가를 이상화하고자 하는 욕구가 있는 것 같다. 그래서 이상화할 대상을 만나면 바로 이상화를 시켜버린다. 이것은 우리

마음속에는 이상화의 자리가 있고, 그 자리를 채우고 싶어하는 욕구가 있다고도 볼 수 있다.

그렇다면 사람들은 왜 이상화를 원할까? 왜 사람의 마음에는 이상화의 자리가 있는 것일까?

사람들은 좋았던 것은 추구하고, 싫었던 것은 피하는 경향이 있다. 다시 말해, 과거 경험 중에서 좋았고 행복했던 것은 다시 경험하고 싶어하고, 힘들고 괴로웠던 것은 다시 경험하고 싶어하지 않는 경향이 있다. 예를 들어, 어린아이가 사탕을 먹었을 때, 달고 맛이 있었다고 느꼈으면 나중에 다시 사탕을 먹고 싶어하지만, 반대로 사탕을 먹었을 때 단맛이 너무 강해서 질릴 정도였다면 다시는 사탕을 먹고 싶어하지 않을 것이다. 이런 맥락에서 생각해보면, 사람들이 이상화를 추구하는 것도 과거 경험 중에서 이상화를 했던 경험이 좋은 기억으로 남았기 때문이라고 볼 수 있다.

'언제 이상화를 경험했다는 것이지?'라고 생각하는 사람도 있을 것이다. 사실 우리는 뚜렷하게 기억하지는 못하더라도, 대부분 이상화를 경험했다. 첫 번째 이상화의 대상은 부모다. 세상에 태어난 아기는 몸을 자신의 뜻대로 움직일 수 있는 나이가 되면, 세상을 탐색하기 시작한다. 물론 처음에는 그 기간이 길지 않지만, 점차 시간이 갈수록 엄마를 떠나서 주변 환경을 살피는 시간이 길어지고, 활동도 다양해진다. 이때 아이는 아직 세상이 어떤 곳인지 파악하지 못한 상태이기 때문에 주변에 있는 모든 것이 궁금하다. 그리고 아직 자유롭게 몸을 움직일 수 없기 때문에 물체를 마음대로 할 수 없을 때가 많다. 시간이 지나서 아이가 조금 더 자라도, 아이들은 여전히 세상을 탐색하고 있는 중이다. 모르는 것도 많고, 못하는 것도 많다.

부모는 아이가 못하는 것을 대신 해주고, 아이가 물어보는 것에 대해 모두 대답해준다. 물론 항상 정답을 말해주고, 모든 질문에 대답을 해주지 못해도 아이가 보기에 엄마는 마치 모든 것을 다 아는 것 같다. 아이가 실수로 컵을 깼다고 하자. 아이는 깨진 컵에 손을 다쳐서 피가 난다. 이때 아빠는 아이의 손에서 피가 나지 않도록 응급조치를 한 다음에 조심스럽게 깨진 컵을 치운다. 깨진 컵을 손으로 집어서 치우지만, 아빠는 손을 다치지 않는다. 이 모습을 본 아이는 아빠는 못하는 것이 없는 사람이라고 생각한다.

아이는 자신이 모르는 것이 많고 못하는 것이 많다고 느낄수록 부모를 이상화한다. 엄마와 아빠는 대단한 사람이라고 생각하는 것이다. 그리고 여기서 그치는 것이 아니라, 한 걸음 더 나아가 이상화를 한 대상과 가깝게 지내려고 하고, 소유하려고도 한다. 왜냐하면 바로 이상화를 한 대상과 가깝고 친밀한 관계를 맺어 자신의 자존감을 높일 수 있기 때문이다.

아이들에게 부모는 이상적이고 전능한 존재이다. 따라서 형제들 간에 부모의 사랑을 더 받으려고 경쟁하는 것은 당연하다. 하지만 부모에 대한 이상화는 시간이 가면 깨진다. 특히 아이들이 학교에 가게 되면, 엄마 아빠보다 더 대단한 사람을 만나는데, 바로 선생님이다. 선생님이 엄마 아빠보다 아는 것도 더 많고, 할 줄 아는 것도

더 많다는 것을 알면서 아이의 이상화의 대상은 바뀐다. 시간이 더 흐르게 되면 선생도 모르는 것이 많고, 못하는 것도 많다는 것을 알게 된다. 그러면서 또 다른 이상화 대상을 찾는다. 그 대상이 바로 친구다. 이때가 친구의 영향을 가장 강하게 받는 시기이기도 하다. 공부에 전혀 관심이 없던 아이가 공부 잘하는 친구를 이상화하면, 그 친구를 따라서 공부를 하기도 한다. 반면에 착하고 순진한 아이가 못된 습관이 있는 친구를 이상화하면, 그 친구를 따라서 못된 짓을 하기도 한다. 학교를 졸업하면, 이성이 이상화의 대상이 된다. 그래서 여자친구나 남자친구와 아주 친밀한 관계를 유지하면서, 버림받지 않으려는 소망이 강렬해지고 결국 결혼까지 이어진다.

이렇게 사람들은 마음에 남아 있는 이상화의 자리를 채우기를 원한다. 누군가를 이상화하기 원한다는 것이다. 그렇다면 누구에게 이상화가 일어나는 것일까? 그리고 우리 마음에 있는 이상화의 자리를 채울 수 있는 사람은 누구일까?

왕이 되고 싶으냐, 베일을 가려라

물론 누구나 가장 쉽게 이상화하는 대상은 가까이 있는 사람이다. 여기에서 가까이 있다는 것은 물리적인 거리만을 이야기하는 것이 아니라 실제로는 멀리 있더라도 그 사람의 소식을 자주 들을 수 있거나, 그 사람의 영향력을 자주 받을 수 있는 것을 의미한다. 우리 주변에는 가까이 있는 사람이 많다. 그런데 그런 사람들이 모두 이상화의 대상이 되는 것은 아니다. 바로 그 대상에 대해 아는 것보다 모르는 것이 더 많아야 한다는 것, 다시 말해 베일에 가려 있어야 한다.

아이들은 아직 지각 능력과 사고 능력이 충분히 발달하지 않았기 때문에, 있는 그대로를 보기보다는 보고 싶은 것만을 보는 경향이 강하다. 기억을 할 때에도 자신이 기억하고 싶은 것만을 기억한다. 아이들은 자신이 못하는 것을 부모가 할 수 있고, 자신이 모르는 것을 부모가 알고 있으며, 자신은 실수투성이지만 부모는 멋지게 잘 해낸다는 것을 알기 시작한다.

부모는 전능자가 아니기 때문에 모든 것을 다 할 수 있거나 다 알지는 못한다. 그런데 아이들은 엄마 아빠가 모르는 것이나 못하는 것은 잘 기억하지 못하고, 아는 것과 할 수 있는 것만을 기억하는 경향이 강하다. 그렇기 때문에 부모를 이상화하는 것이다.

아이들은 자주 엉뚱한 질문을 하는데, 예를 들어 "엄마, 저 별은 어디서 왔어?"라는 질문이다. 만약 이때 엄마가 멋있게 "사람이 죽으면 별이 된대."라거나, "별은 하나님께서 만들어주신 거야."라거나, "사람이 태어날 때마다 별로 태어난대."라고 대답을 한다면 아이는 그 사실 여부를 떠나 엄마가 알고 있다는 자체만으로도 놀라워한다. 그리고 선명하게 기억한다. 엄마의 대답을 기억하는 것이 아니라, '엄마는 알고 있다.'라는 사실을 기억한다. 바로 이런 과정을 통해서 이상화가 일어나는 것이다. 이렇게 이상화가 일어나거나 지속되기 위한 조건은 바로 그 대상이 베일에 가려져 있어야 한다. 그래야만 베일에 가려진 모습들이 상상(허구)으로 채워지게 되고, 상대방은 자신과 다른, 특별한 사람이라는 이상화가 일어난다.

물론 사람들은 이상화의 대상이 무엇을 먹는지, 언제 자고 언제 일어나는지, 어떻게 말하며 행동하는지 따위를 모르고 있기 때문에 자세히 알고 싶어한다. 하지만 너무 많이 알게 되면, 기대와 설렘은 실망과 배신감으로 다가오고 이상화를 거두어들인다. 이상화를 유지하고 싶다면, 일정한 거리를 유지하는 것이 좋다. 비록 사람들은 이상화의 대상과 친밀해지고 싶은 소망이 있기 때문에 가까워지면 마냥 행복할 것 같지만, 그렇지 않다. 역설적이지만 이상화에 대한 소망을 이루는 순간, 이상화는 유지되지 못한다. 이상화를 유지하는 가장 좋은 방법은 대상과 적절한 거리를 유지하는 것이다.

　　루이 14세는 이상화를 너무도 잘 활용했다. 아니 더 정확히 말하면 아버지 루이 13세[5]를 보필했던 리슐리외 추기경(Cardinal de Richelieu)은 이것을 잘 알았다. 그는 가능한 국왕이 전선에 직접 나타나지 않아야 한다고 권유했다. 왜냐하면 전쟁터는 국왕의 인간적 조건과 허약함을 적나라하게 보여줄 수 있기 때문이었다. 그리고 모든 사람들과 일정한 거리를 두라고 조언했다. 결국 루이 14세는 리슐리외 추기경의 충고를 받아들여서 왕권을 과시하는 화려한 베르사유 궁전을 지어놓고, 베르사유 감옥에 스스로를 가두었다. 과거 왕들은 왕권을 확인하기 위해서 철마다 전국을 다녔지만, 루이 14세는 그와 반대로 절대권력을 지키기 위해서 백성들 앞에 나타나지 않았다. 그래야만 사람들이 자신을 마음껏 이상화할 수 있기 때문이다.

5) 재위 기간은 1610~1643년. 총리 리슐리외 추기경과 긴밀하게 협력하면서 프랑스를 유럽의 강대국으로 키워 나갔으며, 절대왕정의 기틀을 마련했다.

그 안에서 모든 것이 가능할 것처럼 보이는 베르사유 궁전은 출입의 자유도 보장되지 않는 감옥이었다.

1682년 완성된 베르사유 궁전에는 귀족들이 머무를 수 있는 아파트가 있었다. 귀족들은 멋진 성을 버려두고 베르사유에 있는 좁은 아파트에 머물기를 바랐다. 국왕 주위에서 맴돌기 위해서다.

또한 루이 14세는 지방 총독들이 3년 단위로 궁정에 체류하는 것을 의무화해 그들이 왕권에서 벗어나지 못하도록 했다. 귀족들과 총독들은 베르사유 왕궁에서 루이 14세와 함께 머물렀지만 루이 14세를 볼 수도 함께 어울릴 수도 없었다. 이들은 언제나 정해진 규칙에 따라 루이 14세를 만날 수 있었다. 그들은 루이 14세가 허락하는 정도까지만 다가갈 수 있었다.

이들은 베르사유 궁전에 사는 것을 영광으로 생각하고 자랑스럽게 여겼다. 그래서 고향으로 돌아가 가족들과 친지들을 만날 때마다 베르사유 궁전에서 경험을 자랑스럽게 이야기했다. 그러면 이 이야기를 들은 사람들은 잘 기억해두었다가 다른 사람들에게 전했다. 이런 식으로 루이 14세와 베르사유의 화려한 궁정 생활에 대한 이야기는 전국으로 퍼져갔다.

루이 14세는 이상화를 유지하기 좋을 만큼만 사람들과 가까이 지냈고, 언제나 베일에 가려 있었다. 따라서 사람들은 변함없이 루이 14세를 경외하고 흠모하여 그를 위해서라면 무엇이든지 할 수 있을 정도가 되었다. 루이 14세에 대한 이야기는 대중의 호기심을 자극했고, 사람들은 그가 얼마나 위대하고 대단한 왕인지 상상하면서 그를 마음껏 이상화할 수 있었다.

절대권력자가 되기 원하는 심리

우리는 지금까지 전능자와 절대권력자를 원하는 사람들의 심리를 살펴보았다. 누군가를 이상화하고, 그 대상과 하나가 됨으로써 자신의 가치를 확인하려는 마음이 사람들한테 있음을 알아보았다. 그렇다면 이번에는 반대로 스스로 전능자가 되기를 원하는 사람들의 심리에 대해 알아보자.

전능감을 얻고자 하는 사람들의 심리 역시, 이상화를 원하는 사람들의 심리와 같다. 마음속에 전능감의 자리가 남아 있다. 그래서 이 자리를 채우기 위해 과거에 전능감이라는 짜릿한 경험을 했기 때문에 끊임없이 전능감을 추구하는 마음이 있는 것이다.

만약 당신이 이러한 논리를 인정한다면, 당신은 이런 생각을 할 것이다. '내가 과거에 전능감을 경험했나?' 물론이다. 사람은 과거에 누구나 전능감을 경험했다. 하지만 전능감을 경험한 때는 아이러니하게도 가장 나약했던 시절이었다.

사람은 그 어떤 동물보다 약하게 태어난다. 그렇기 때문에 동물 중에서도 어미가 돌봐야 하는 기간이 가장 길다. 갓난아이는 혼자 움직일 수도, 먹을 수도 없다. 모든 것을 엄마가 해주어야 한다. 아기는 그저 울기만 하면 된다. 울음이라는 신호를 보내면, 엄마는 아기가 배가 고픈지 졸린지 아니면 똥을 누었는지 정확하게 알아차린다. 엄마가 알아차렸다면 아기에게는 전자동 시스템이 작동하는 것과 마찬가지이다. 배가 고파 울었다면 어김없이 입 속으로는 따뜻하고 맛있는 엄마의 젖이 들어온다. 졸려서 울었다면 가슴에 안고 이리저리 흔들어준다. 마치 하늘을 나는 느낌 같고, 편안한 구름 위에 떠 있는 기분이다. 똥을 누어서 울었다면 부드러운 손길로 깔끔하게 치워준다.

시간이 흘러 아기가 조금 커서 기어 다니거나 걸어 다니면 엄마는 더욱 바빠진다. 아기가 어려서 움직이지 못할 때에는 아기가 울 때 와서 돌봐주면 되었지만, 아기가 조금씩 움직이면서부터 언제 어디서 사고를 칠지 몰라 엄마는 아기에게 더 많은 신경을 써야 한다. 아기들은 아무거나 눈에 보이는 대로 입에 넣고 무엇이든지 만지려고 한다. 따라서 엄마는 아기를 더욱 적극적으로 보살핀다.

아기의 처지에서 본다면 아기에게 해로운 것은 저절로 멀어지고, 이로운 것은 가까워진다. 혹시나 컵을 깨뜨려도 걱정할 필요가 없다. 컵이 있던 자리에 다시 새 컵이 놓여 있기 때문이다. 물론 엄마가 깨진 컵을 치우고 새 컵을 꺼냈지만 아기는 아직 엄마와 자신을 분리해서 생각하지 못한다. 엄마가 하는 모든 일은 자신이 하는 일이라고 생각한다. 정신과 의사인 말러(Margaret Mahler)[6]는 이를 가리켜 공생기(symbiosis)라고 표현했다. 아직 아이의 사고체계가 발달하지 않아서, 엄마와 자신을 분리해서 생각하지 못하는 시기라는 것이다.

만약 아기가 공생기를 지나서 엄마와 자신을 분리해서 생각할 수 있는 분리-개별화(separation-individuation)의 시기가 온다면 아기는 전능감을 잃어버리게 될까? 물론 점차 자신의 한계를 느끼면서 지금까지 자신이 했다고 생각한 대부분을 엄마가 자신을 위해서 한 일이고, 자신은 나약한 존재임을 느낀다. 그러나 당장 전능감을 잃지는 않는다. 귀여운 아기 앞에 무릎을 꿇는 수많은 사람들이 있기 때문이다.

아기들은 어디를 가나 환영받는다. 지나가는 사람마다 바라보고 웃는다. 그리고 혹시 아기가 웃으면, 사람들은 자지러질듯이 좋아한다. 친척들이 모일 때면 아기는 더욱 환영받는다. 아기가 까르르 웃으면, 모든 가족과 친척들도 웃는다. 아기가 아파서 울면, 모두 걱정한다. 사촌 형이 아기에게 다가가는데, 아기가 울면 사촌 형은 아기에게 가까이 갈 수 없다. 사촌 누나가 다가갔을 때, 아기가 좋아하면 사촌 누나는 아기에게 가까이 갈 수 있는 특권을 누린다. 특히 아기를 예뻐하는 할아버지와 할머니가 있다면 아기의 위상은 한층 더 높아진다. 이때에는 정말로 아기가 왕이다. 못하는 것이 없는 그야말로 절대권력을 가진 셈이다.

6) 헝가리의 정신분석가. 아동의 초기 발달에 많은 관심을 가졌으며 발달심리학 이론을 정립하는 데 공헌했다.

루이 14세의 아침 풍경을 살펴보자. 시종들이 왕을 깨우고, 아침 식사를 준비하는 사이 대략 여섯 부류의 집단이 왕을 알현하기 위해 침실에 들어온다. 이 여섯 집단은 왕의 사랑과 믿음을 얼마나 받고 있는지에 따라 나눈 등급 같은 것인데, 앞선 순위의 입장객들은 다음 순위의 입장객들을 멸시했다. 이렇게 정확하게 짜여진 궁정의 질서를 통해 왕은 서열을 만들었고, 사람들에게 관심과 총애, 신임이나 불신임을 표현할 수 있었다. 이러한 궁정 의식을 통해 왕은 주변 사람들을 조종했다. 사람들의 질투와 자존심, 그리고 경쟁심을 이용했고, 총애를 나누어줄 수 있는 유일한 인물이 되었다.

이제는 아기의 아침을 살펴보자. 아기가 일어나면 엄마는 아기가 밤새 잘 잤는지 꼼꼼하게 살펴본다. 그리고 혹시 똥을 싸지는 않았는지 살피고, 똥을 쌌으면 깨끗이 치워준다. 이렇게 아기가 가장 좋은 기분으로 하루를 맞이할 수 있도록 한 다음, 아기의 아침밥을 준비하러 간다. 이때 가족들이나 친척들이 아기를 보러 방으로 들어온다. 하지만 모든 사람들이 가까이 다가올 수 있는 것은 아니다. 아기의 표정을 살피면서 아기가 환한 얼굴로 맞아주는 사람은 가까이 다가와서 손을 잡거나 안을 수 있다. 하지만 아기가 찡그리거나 울상을 짓는 사람은 멀찍이 떨어져야 한다. 가족과 친척들이 둥그렇게 둘러 앉아 오라고 손짓을 하면, 아기는 좋아하는 사람에게 기어간다. 이때 선택받은 사람은 너무도 기뻐한다. 이렇게 아기는 몸짓 하나로 상대방을 기쁘게도 하고 당황하게도 만들 수 있는 전능한 신이다.

전능감은 아기의 착각일 뿐

아기는 너무 약한 존재이기 때문에, 엄마를 비롯한 주변 사람들은 아기를 완벽하게 보살펴준다. 모든 것이 아기 중심이고, 아기를 바라보면서 손짓 발짓 하나에 웃고 운다. 이렇게 주변 사람들은 아기에게 전능감을 느끼도록 만든다.

하지만 전능감은 어디까지나 아기의 착각이다. 아기는 자신이 전능하지 못하다는 것을 빨리 깨달아야 정서가 건강한 아이로 자랄 수 있다. 예를 들어, 동생이 태어나서 모든 가족들의 관심이 동생에게 쏠려서 좌절감을 겪든지, 아니면 유아원이나 유치원에 가서 사귄 친구들이 자신보다 더 뛰어난 능력이 있음을 알게 되어 좌절감을 겪든지 해야 한다. 그래야 전능감이 꺾인다. 물론 이때 적절한 좌절(optimal frustration)이어야 한다. 왜냐하면 전능감은 건전한 자존감의 기초가 되기 때문에, 심하게 좌절해서 전능감이 하나도 남아 있지 않으면 그 사람은 결국 자존감이 없는 사람으로 성장하게 될 것이다. 적절한 좌절을 통해 전능감이 꺾여야 겸손을 배울 수 있다. 좌절을 모르고 큰 아이는 굉장히 자기중심적이고 버릇 없는 사람이 될 수 있다.

전능감을 포기해야 하는 이유는 우리가 '인간'이기 때문이다. 인간은 전능하지 못하다. 그런데 전능하다고 착각하는 것은 모순과 갈등을 만들 수밖에 없다. 연예인들이나 유명인사들은 주변 사람들의 시선을 부담스러워한다. 자신의 일거수일투족을 미화하고, 의미를 두는 팬들이 그저 좋지만은 않다. 자신도 부족하고 연약한 사람인데, 대단한 사람이라고 보는 시선은 부담스러울 수밖에 없다. 여기서 바로 심리적 갈등이 일어나는 것이다. 아기가 정서적으로 건강한 아이로 자라기 위해서는 자신의 모습을 올바로 볼 수 있어야 한다. 그래야 잘 적응해서 살아갈 수 있다.

전능하지 못한 사람이 전능한 척하게 되면, 주변 사람들은 전능자를 가까이에서 본다는 행복감에 좋을지 모르지만, 정작 전능한 척하는 사람은 그렇지 않다. 왜냐하면 자신은 실제로 전능한 존재가 아니라는 것을 알기 때문이다.

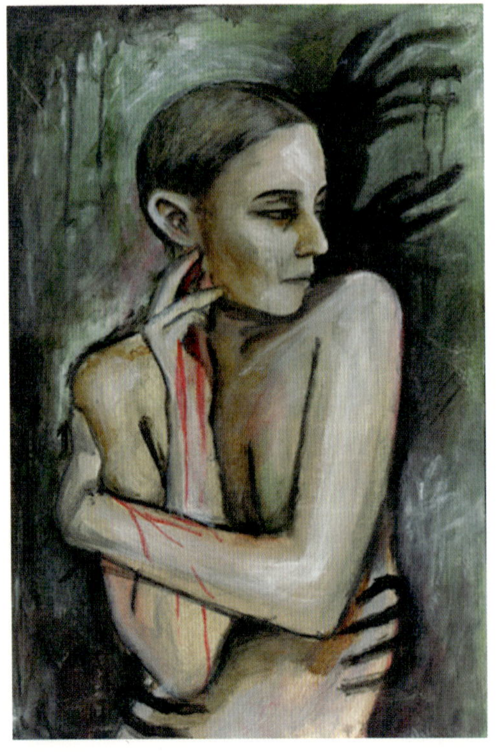

「delusion」. www. nadja-art.com. 인간은 결코 전능하지도, 전능할 수도 없는 연약한 존재이다.

물론 자신이 정말 전능한 신이라는 과대망상을 가지고 있는 사람이라면 모든 것에 의미를 두면서 자신이 신이라는 망상 속에서 살 수 있겠지만, 올바른 사고를 하는 사람이라면 마음의 갈등과 고통을 겪을 것이다.

아기는 연약하기 때문에 잘 보호해주는 것이다. 하지만 아기가 조금씩 성장해 몸과 마음에 힘이 생기면, 자신의 한계를 인정하고 전능감을 어느 정도 포기해야 한다. 그래야 다른 사람들에게 인정받을 수 있고, 함께 어울려서 살 수 있다. 만약 아이가 스스로 전능감을 포기하지 못하고 계속 버릇없게 군다면, 주변 어른들은 못된 버릇을 고쳐주기 위해 아이를 호되게 질책하거나 체벌할 것이다.

1715년 루이 14세는 죽음을 맞이했다. 하지만 그의 '신 놀음'은 프랑스의 재정에 엄청난 부담을 안겨주었다. 버릇없는 아이가 주변 어른들을 화나게 하듯이, 버릇없는 왕은 모든 백성들을 화나게 만들었다. 하지만 백성들은 참았다. 루이 14세가 죽고 난 뒤에는 달라지기를 기대했지만 아무것도 달라지지 않았다. 이렇게 참고 참던 백성들이 들고 일어나서 버릇없는 아이를 혼낸 사건이 바로 프랑스 대혁명이다. 왕을 신성하게 여겼던 프랑스인들이 루이 14세가 죽은 지 백 년도 되지 않아서 혁명을 일으켜 절대왕정을 뒤엎었다. 그리고 1793년 루이 16세의 목을 단두대에서 잘랐다. 전능감을 포기하지 못한 대가를 치른 것이다.

세상에서 가장 큰 권력을 가진 왕과 세상에서 가장 약한 존재인 아기의 겉모습은 아주 다르지만, 같은 심리를 갖고 있다. 무엇이든지 잘하는 완벽한 사람이 되고 싶어 애쓰면 애쓸수록 당신은 스스로가 연약한 사람이라는 것을 증명하고 있는 것이다. 반대로 정말 강한 사람은 스스로 약한 모습을 받아들일 수 있는 사람이다. 정말 위대한 힘을 가진 사람은 평범한 모습을 인정하는 사람이다. 쉽게 자신을 드러내지 않기 때문에, 아니 그럴 필요가 없기 때문에 약해 보이고 평범해 보인다. 진정 강한 사람은 그 강함을 드러내지 않는다. 왜냐하면 드러내지 않아도 드러나기 때문이다.

에임즈 방의 착각

"과연 우리의 지식은 정확할까? 내가 알고 있는 것은 과연 정확한 진리일까?" 사실 이 질문은 위대한 철학자 데카르트가 던진 질문이기도 하다. 이 질문에 대해 데카르트는 자신의 감각이 자신을 속일 수 있음을 알고서는, 오감(五感)을 통해 얻은 모든 진리와 지식은 영원한 사실이 아니라고 결론을 내렸다. 결국 그가 참된 사실이라고 받아들인 한 가지는 자신이 생각하고 있다는 것이었고, 그것을 진리 탐구의 출발점으로 삼았다. 그 유명한 말이 바로 "나는 생각한다. 고로 존재한다."이다.

그렇다면 데카르트는 왜 자신의 감각을 믿지 않았을까? 심리학에서 실시한 여러 실험 결과에서도 인간의 감각이 상당히 부정확하며, 때로는 믿을 만하지 않다는 것이 밝혀졌다. 우리의 감각기관이 부정확하다는 것을 보여주는 대표적인 예가 바로 착시(illusion)현상이다. 미국의 과학자 앨버트 에임즈(Albert Ames)는 착시를 일으키는 에임즈 방(Ames room)을 고안했다. 왼쪽 사진에서 볼 수 있듯이, 우리가 보기에 이 두 사람의 키는 아주 큰 차이가 난다. 하지만 사실 두 사람의 키는 똑같다. 우리 눈이 우리를 속이는 것이다. 그렇다면 어떻게 이런 일이 일어나는 것일까?

바로 이 방의 구조에 비밀이 있다. 오른쪽 그림에서 볼 수 있듯이, 실제로 이 방의 왼쪽은 오른쪽보다 두 배나 더 멀리 떨어져 있다. 다만 뒤쪽 벽에 있는 창문과 바닥에 있는 타일 모양 때문에,

당신의 눈이 당신을 속이고 있는지도 모른다.

이 방은 특수한 관찰점에서 보면 직사각형 방으로 보인다. 직사각형 방을 마음속으로 가정한 후에, 우리 눈에 들어온 정보를 해석하기 때문에 이러한 착시가 일어나는 것이다. 하지만 왼쪽 사진을 잘 보면 분명히 정사각형 모양의 방이 아니라 왼쪽이 더 멀리 있는 것을 볼 수 있다.

이처럼 우리의 감각은 상당히 정확하지 못하다. 이 말은 감각을 통해 얻은 우리의 지식도 상당 부분 정확하지 않을 수 있음을 뜻하는 것이며, 더 나아가 우리가 사실로 알고 있는 것은 언제든지 틀릴 수 있다는 것을 말해주고 있다.

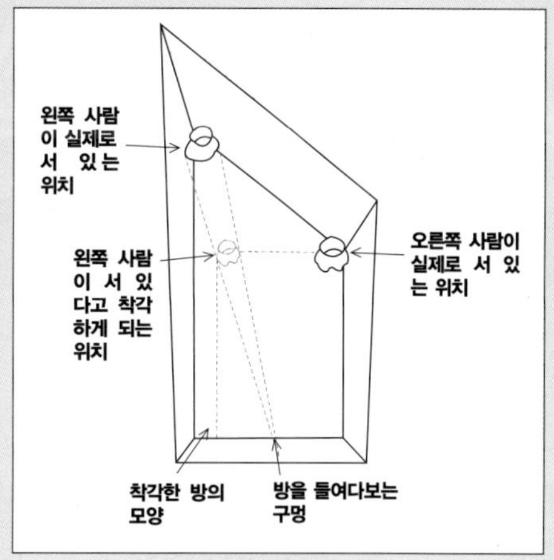

집단의 심리학

백 투 더 1789! 프랑스 시민 혁명? 혹은 폭동?

가자, 조국의 아들들아
영광의 날이 왔다!
압제에 맞서
피 묻은 깃발을 들었다
피 묻은 깃발을 들었다
들판에서도 들리는가
저 포악한 병사들의 외침이
그들이 여기까지 닥쳐와
당신의 자식과 아내를 죽이려 한다

(후렴)

이 노래는 유명한 프랑스 국가 '라 마르세즈'의 1절로, 프랑스 대혁명 때 혁명군이 불렀던 군가다. 프랑스의 국기는 파란색과 하얀색 그리고 빨간색이 왼쪽부터 차례로 배열되어 있는 삼색기인데, 이 역시 프랑스 대혁명 중에 쓰기 시작했다. 한 나라의 국가와 국기는 그 나라의 정신을 나타내주는 것임을 생각할 때, 프랑스 대혁명이 얼마나 중요한 사건이었는지 알 수 있다. 프랑스인들은 국가를 부를 때마다, 곳곳에 걸린 삼색기를 볼 때마다 프랑스 대혁명을 기억할 것이다. 이제부터 프랑스 대혁명의 진실은 무엇인지 살펴보기로 하자.

프랑스 대혁명은 위대한 이념적 배경에서 일어난 혁명으로, 혁명에 참여했던 사람들은 자유, 평등, 박애를 주장했다. 프랑스 대혁명은 부르주아와 농민들이 군주와 지주 귀족들에 대항해 일으켰으며, 계급 간의 관계와 국가 구조를 근본부터 변화시켰다. 프랑스 대혁명은 민중 문화를 기반으로 했는데, 이는 대중 언론 및 인쇄 매체와 깊은 관련이 있었다. 다시 말해, 프랑스 대혁명은 프랑스 사회에 '근대성'을 부여한 혁명이고, 대표적인 시민혁명으로서 인류 역사에서 손꼽을 수 있는 사건이다.

프랑스 대혁명은 세계 역사에서 근대적 혁명으로 알려져 있다. 많은 세계사 교과서나 근대 유럽사 책에서도 이렇게 소개되었기 때문이다. 그러나 진실은 왜곡되었다. 프랑스 대혁명의 불씨가 된 바스티유 감옥 습격 사건을 비롯하여, 프랑스 대혁명 전체가 미화되었다.

1789년 프랑스 파리에서는 무슨 일이 일어났던 것일까? 베일에 가려진 프랑스 대혁명의 진실을 밝혀보자.

절대왕정의 후유증, 시민 혁명을 부르다

프랑스 절대왕정의 전성기였던 루이 14세 이후 프랑스는 심각한 재정난을 겪었다. 절대왕정을 유지하기 위해 너무나 많은 재정을 사용했기 때문이다. 루이 14세부터 시작된 재정난은 루이 15세[1] 때에 더욱 심각해졌다. 1786년 영국과 맺은 자유통상조약으로 영국의 값싼 상품이 들어오면서 프랑스의 산업은 위기를 맞았다. 게다가 미국의 독립전쟁을 원조한 덕분에 엄청난 빚을 지게 되었다. 결국 파리의 실업자는 50퍼센트나 되었다.

심각한 재정난을 해소하기 위해 루이 16세는 1789년 5월 5일 베르사유 궁전에서 삼부회(Etats-Genevaux)[2]를 소집했다. 악화된 재정을 해결하기 위한 방법으로 세금 인상안을 처리하기 위해서였다. 삼부회가 소집되자 시민들은 베르사유 궁전에 모여 삼부회의

결정에 촉각을 곤두세우고 있었다.

하지만 삼부회는 소집된 지 한 달이 지나도록 뚜렷한 결론을 내리지 못했다. 그 이유는 그동안 성직자와 귀족들은 면세 특권을 누렸던 반면, 시민계급은 등골이 휘도록 세금을 내고 있었기 때문이었다. 시민계급은 이번 기회에 불합리한 처사를 바꾸려고 했다. 반면 성직자와 귀족들은 자신들의 특권을 포기하지 않았기 때문에 어떠한 결론도 내릴 수 없었다.

결국 6월 초 시민계급은 더는 회의를 지지부진하게 끌 수 없어서 성직자와 귀족들에게 자신들에게 합류하라고 통보했다. 그리고 이들의 합류 여부와 상관없이, 신분 차별이 없는 국민의 대표 기관을 세우겠다고 잘라 말했다. 시민계급은 왕과 상관없는 새로운 국민의 대표 기관이 되려고 한 것이다. 성직자 12명이 합류했지만, 귀족들은 단 한 사람도 응하지 않았다. 이들은 6월 17일에 모임을 갖고 자신들을 '국민의회'라 부르기로 결정했다. 그리고 의회의 의사가 존중되지 않는다면 세금을 내지 않기로 결의했다. 이러한 시민계급의 독자적 행동에 대해 성직자들의 과반수가 동의했으며, 6월 19일 국민의회에 합류하기로 결의했다. 하지만 성직자 계급의 의장은 결의안이 무효라고 선언하고 왕에게 달려가서 사태 수습을 요청했다. 이미 6월 15일 귀족 대표들도 왕을 찾아가서 시민계급이 본래 직분으로 돌아가도록 압력을 넣어줄 것을 요청했다.

6월 19일, 왕은 시민계급이 모이는 회의실을 폐쇄하도록 지시하고, 국무회의를 소집해 앞으로 국정 운영을 논의했다. 하지만 뚜렷하게 결론을 내지 못했다. 그러는 사이 시민계급은 회의실이 폐쇄된 것을 알고, 근처에 있는 실내 테니스 코트로 모여들었다. 테니스 코트에는 많은 사람들이 모였으며, 그들은 아주 흥분해 있었다. 이들은 이곳에서 프랑스에 새로운 헌법이 제정될 때까지 흩어지지 않고 함께 하기로 서약했다. 이것을 '테니스 코트의 서약'이라고 한다.

6월 23일, 성직자, 귀족, 시민 대표와 왕이 함께 모여서 회의를 했다. 여기서 왕은 재정과 관련된 여러 문제에 대한 개혁안을 제출하면서, 강압적으로 이 개혁안에 동의할 것을 주문했다. 동의하지 않을 경우 삼부회를 해산하겠다는 엄포를 놓고 회의장을 떠났다. 시민계급 대표는 왕의 태도와 발언에 분노했다. 왕은 귀족 계급이

국민의회에 참가하도록 설득했고, 6월 27일에 귀족들이 국민의회
에 합류함으로써 시민계급은 일단 승리한 셈이 되었다.

　7월 7일, 국민의회는 헌법을 제정하기 위한 위원회를 구성했다.
이때까지 시민계급은 자신들이 이루어낸 승리를 극단적으로 밀고
나갈 생각은 없었던 것 같다. 이들은 세습 군주제를 문제 삼지도 않
았고, 왕이 헌법을 재가해야 한다는 점에 의문을 품지도 않았기 때
문이다. 단지 이들은 국민의 대표로서 왕과 동등한 자격으로 협정
을 맺어야 한다고 생각했다. 뿐만 아니라 특권 계급인 귀족이나 성
직자 대표에 대해서도 그들의 의석을 그대로 인정해주었기 때문이
다. 7월 11일에는 라파예트가 국민의회에 '인간과 시민의 권리에
관한 선언문'을 제출했다.[3]

　반면 루이 16세는 파리와 베르사유 주변에 군대를 집결해놓고
있었다. 군대를 집결시킬 구실은 얼마든지 있었다. 점차 늘어나는
민중의 소요, 식량 부족 때문에 생기는 소동 등 구실을 찾는 것은
힘들지 않았다. 그러나 군대의 집결에 불안을 느낀 국민의회는 왕
에게 군대 집결에 대한 해명을 요구했다. 이에 대해 루이 16세는 치
안을 유지하기 위해서라고 대답했다. 실제로 왕이 국민의회를 해산
할 계획을 가지고 있었다고 볼 수는 없다. 그러나 국민의회는 자신
들을 제압하기 위해 군대가 집결한 것이라고 믿고 있었다. 시민들
은 집으로 돌아가지 않고 회의실에서 밤을 지새우기도 했다. 이들
은 적어도 몇몇 사람들이 체포될 것이라고 예상하고 있었다.

　7월 12일 일요일 오후, 파리 시민들은 광장에 모여들었다. 베르

3) 이 선언문은 많은 토
론을 거쳐서 8월 26일
국민의회가 채택했으
며, 인간의 자유를 천
명하고 있다.

사유에서 벌어지고 있는 일을 서로 이야기하면서 사람들은 점차 흥분하기 시작했다. 즉흥으로 연설을 하는 웅변가 주변으로 사람들이 모여들었다. 그때 누군가 왕이 무력으로 국민의회를 진압하려고 하니, 국민의회를 보호하러 가야 한다고 소리쳤다. 군중들은 더욱 흥분하기 시작했다. 파리 전체가 불안에 휩싸였다.

하지만 정작 파리 시민들은 국민의회를 구하러 갈 생각을 하지 못했다. 왜냐하면 그들은 왕의 군대가 파리를 포위했다고 생각했기 때문에 자신들의 운명을 더 걱정했다. 결국 이들은 자신들을 이끌어줄 새로운 대표를 선출하기 전에 상임위원회를 구성했다. 상임위원회는 원래 민병대를 조직할 계획이었지만, 시민들은 스스로 방어하기를 원했기 때문에 무기를 요구했고, 결국 시민들의 요구대로 되었다. 시민들은 스스로 무장하기 시작했다. 무기를 파는 가게는 텅 비었고, 무기가 있는 곳을 습격하기도 했다. 많은 시민들은 소총을 들고 다녔다. 소총을 구하지 못한 시민들은 무기를 찾아다니다가 바스티유 감옥에 많은 무기와 탄약이 있다는 소문을 들었다. 7월 14일 아침, 시민들은 무기와 탄약을 구하기 위해 바스티유 감옥으로 몰려갔다.

바스티유 감옥에 대한 오해와 진실

파리 시민들이 바스티유 감옥으로 간 이유는 무기와 탄약을 구하기 위해서라고 알고 있다. 그러나 바스티유 감옥은 전제정치를

반대하거나 무너뜨리려고 했던 1만 명의 정치범들을 수용하고 있
던 감옥으로, 앙시앵 레짐(Ancien regime)[4]의 상징이다. 그래서 시
민들이 바스티유 감옥으로 간 이유가 이곳에 갇혀 있던 정치범들
을 해방하기 위해서였다는 추측도 있다. 그러나 이것은 그저 추측
일 뿐이다. 시민들이 바스티유 감옥으로 몰려갔을 때 감옥에는 단
지 죄수 7명만 있었다. 7명 중 4명은 사기꾼이었고, 2명은 정신질
환을 앓고 있는 사람이었다.

그렇다면 도대체 어떻게 된 것일까? 왜 우리는 바스티유 사건을
이렇게 잘못 알고 있었을까? 새롭게 정권을 잡은 사람들은 항상 자
신들의 업적을 미화하고, 이전 시대를 평가절하하는 법이다. 바로
이런 논리로 바스티유 감옥의 진실도 왜곡되었던 것이다.

바스티유 감옥은 파리 동쪽에 있으며, 해자(垓字)[5]의 폭이 25미
터, 성벽의 높이가 30미터인 큰 성으로, 14세기에 파리를 지키기
위해 쌓은 성이다. 17세기까지 성으로 쓰다가 국가 사이의 전쟁이
뜸해지면서 필요없어지자 결국 감옥으로 개조해 사용했다. 감옥
중에서도 고급 감옥으로 저명인사나 귀족들이 수감되었다. 그래서
감옥 안의 시설과 죄수들의 복지도 훌륭한 편이었다고 한다. 하지
만 일반 대중들이 이곳의 사정을 제대로 알 수가 없었고, 그저 높은
사람들이 들어가는 감옥이라고 하니, 왕에 반대하는 정치범들이
있을 것이라고 생각한 것이다.

앞에서 말했듯이, 이들은 단지 바스티유 감옥에 무기와 탄약이
있다는 이야기를 듣고 구하러 몰려간 것이다. 탄약을 얻기 위해 간

179

것이기 때문에, 굳이 바스티유를 점령할 계획은 없었다. 하지만 돌발 상황이 일어났다. 우선 파리의 상임위원회는 시민들이 바스티유에 모여 있다는 소식을 듣고, 10시경 대표 세 사람을 바스티유 안으로 들여보냈다. 사령관은 이들을 따뜻하게 맞이했고 함께 아침을 먹었다. 그런데 시간이 한참 지났는데도 대표들이 나오지 않자, 시민들은 이들이 포로가 되었다고 생각하고 흥분하기 시작했다. 흥분한 사람들은 바스티유의 항복을 요구하든지, 아니면 공격하자고 제안했다. 그러다가 결국 시민 몇 사람이 바스티유 안으로 숨어 들어가서 닫혀 있는 성문을 열자 시민들은 우왕좌왕하면서 안으로 몰려들어갔다. 수많은 사람들을 이끄는 지휘관이 없었기에 당연한 결과였다.

시민들이 감옥 안으로 몰려 들어오는 것을 보고 놀란 사령관은 부하들에게 총을 쏘라고 명령했고, 시민 몇 사람이 총에 맞아 쓰러졌다. 군중들은 정신없이 도망치면서 "속았다!"라고 고함쳤고, 이들은 사령관이 자신들을 사살하기 위해

서 문을 열어준 것이라고 믿었다. 군중들 중에서 무장한 일부 사람들이 수비병들에게 총을 쏘기 시작했고, 수비병들도 이에 질세라 무차별적으로 공격했다.

사태가 이쯤 되자 민병대가 시민들을 돕기 위해 도착했고, 바스티유를 향해 대포를 설치했다. 사령관은 항복을 제안했으나, 광분한 수많은 군중에게 제대로 전달되지 않았다. 어쨌든 사령관은 성문을 열고 항복했다. 군중들은 사령관을 끌고 파리시청 문 앞까지 갔다. 그런데 어이없게도 성난 군중은 사령관을 죽이고 말았다.

바스티유를 함락한 이튿날 프랑스 대혁명은 완성되었다. 7월 16일, 파리의 선거인단은 바이이(Jean-Sylvain Bailly)[6]를 시장으로, 라파예트[7]를 국민 방위군 사령관으로 임명했다. 바스티유 함락은 크게 중요한 사건이 아니었지만, 매우 중대한 결과를 가져왔다. 왕실은 이 사건에 매우 당황했고, 파리가 시민계급들의 손에 넘어갔다고 생각했다. 그렇다고 군대가 파리를 공격하거나 점거하기에는 역부족이었으며, 군대의 충성심도 믿을 수 없는 상황이었다. 결국 루이 16세는 7월 17일, 국민의회 대표 50명과 함께 파리에 나타났다. 바이이는 민중이 왕을 정복했다고 표명했으며, 삼색기를 왕에게 주었다. 왕은 그것을 자신의 모자에 달아서 시민들에게 항복을 표시했다.

시민들은 처음부터 바스티유를 점령할 계획을 세우지는 않았다. 또한 바스티유 안에 있는 정치범을 해방하려고 하지도 않았다. 어느 누구도 왕의 항복을 받아낼 목적으로 바스티유를 점령한 것이

6) 프랑스의 천문학자로 초대 파리시장이 되었다. 공포정치 중인 1793년 11월 10일 단두대에서 처형되었다.

7) 프랑스 귀족 출신의 군인으로 미국 독립전쟁 때 참전했다. 라파예트는 시민군에게 파리의 색깔인 붉은색과 파란색, 그리고 가운데 왕의 색깔인 흰색을 넣은 휘장을 주었는데, 이것이 혁명의 상징이 되었으며, 후에 프랑스 국기가 되었다.

아니었다. 하지만 이들은 바스티유를 점령했으며, 결국 왕의 항복
까지 받아냈다.

　이런 일이 일어날 수 있었던 이유는 바로 그들이 '집단'이었기
때문이다. 개개인으로서는 할 수 없는 일이었으나, 집단을 형성함
으로써 계획하지도 않은 일을 할 수 있었던 것이다.

'나'를 여럿 삼키면 거대한 공룡이 된다

　개인으로서는 할 수 없는 행동이지만 집단을 이루었을 때는 할
수 있는 것을 가리켜 군중심리(群衆心理)라고 하고, 심리학에서는
탈개인화(deindividuation)라고 한다. 개인을 벗어나서 집단이라는
새로운 유기체를 형성한다는 것이다.

　우리는 탈개인화의 예를 주변에서 어렵지 않게 찾아볼 수 있다.
대표적인 예가 바로 2002년 한일월드컵에서 보여주었던 거리 응원
이다. 2002년 6월 대한민국은 온통 붉은 물결이었다. 사람들이 모
일 수 있는 공간이면 어디든지 붉은 옷을 입은 사람들로 가득 찼다.
수천수만의 사람들이 모여 있었지만 이들은 개개인으로 행동하지
않았다. 아주 질서정연하게 북소리에 맞추어 박수를 치면서 하늘
을 향해 양손을 들고 "대한민국!"을 외쳤다. 그러다가 우리 팀이
골을 넣으면, 옆에 있는 사람을 얼싸안고 좋아서 펄쩍펄쩍 뛰었다.
옆에 있는 사람이 모르는 사람이건 아는 사람이건 중요하지 않았
다. 남자건 여자건 혹은 아이이건 노인이건 상관없었다. 16강에서

8강, 8강에서 4강으로 올라갈 때마다 사람들은 함께 울고, 함께 기뻐했다. 어깨동무를 하고, 손을 잡고 뛰었다. 평상시에 광화문과 신촌에서 모르는 사람을 끌어안으려고 한다면 정신이상자나 성추행범, 그리고 소매치기로 오해받을 수 있다. 하지만 2002년 6월에는 모든 것이 가능했다. 이것이 바로 집단의 힘이고 위력이었다.

이렇게 집단으로 행동하는 것을 살펴보면, 평소에 혼자서는 절대 할 수 없는 일도 서슴없이 하게 되는 경우를 볼 수 있다. 바스티유 감옥을 습격한 것도 마찬가지이다. 도대체 어느 누가 바스티유 감옥으로 가서 무기와 화약을 요구할 수 있겠는가? 어느 누가 바스티유 감옥을 공격할 수 있겠는가? 절대로 개인이 할 수 없고, 아무도 시도하지 않을 일이다. 하지만 집단을 이루었을 때 사람들은 나라는 '개인'을 던져버렸다. 나를 버리고 '집단'으로 움직이게 된 것이다. 이것이 탈개인화의 원리이다.

이렇게 탈개인화가 일어나는 이유는 집단 속에서 개인의 책임감이 느슨해지기 때문이다. 개인이 혼자 행동했을 때는 그 책임을 자신이 져야 하지만, 집단으로 행동했을 때에는 집단이 책임을 지게 되므로, 그야말로 무책임한 행동을 하게 되는 것이다. 아마 행동에 책임을 지지 않아도 되는 상황이라면, 사람들은 쉬지 않고 무책임한 행동을 할 것이고 아마 사회는 큰 혼란에 빠질 것이다.

탈개인화가 일어나는 또 다른 이유는 집단에 속해 있으면 개인으로서 정체성이 사라지기 때문이다. 혼자일 때는 할 수 없는 비이

성적이거나 반사회적 행동도 집단 속에서 쉽게 한다. 우리의 정체성은 우리가 있는 장소에 따라서 달라진다. 학교 선생은 학교라는 환경에서는 선생이라는 정체성을 가지고 있기 때문에 항상 모범적으로 행동한다. 규칙과 질서를 강조하고, 몸소 쓰레기를 줍는 모범도 보인다. 하지만 가정으로 돌아오면 선생이라는 정체성이 사라지기 때문에 학교에서와 달리 지저분하고 게으를 수도 있는 것이다. 이렇게 정체성은 그 사람의 행동과 태도를 결정한다. 마찬가지로 개인으로 있다가 집단을 형성하게 되면, 개개인의 정체성이 사라지기 때문에 평소에는 잘 드러나지 않는 마음과 태도가 자유롭게 드러난다. 그래서 평소 같으면 생각도 못하는 행동도 집단 속에서 할 수 있는 것이다.

그렇다면 탈개인화에 영향을 미치는 요인에는 구체적으로 어떤

것들이 있는지 살펴보자.

먼저 집단의 크기가 탈개인화에 영향을 미친다고 한다. 집단이 크면 클수록 더 확실하게 탈개인화가 일어난다는 것이다. 예를 들어 2명보다는 5명이, 5명보다는 20명이, 20명보다는 50명이 더욱 탈개인화를 강하게 한다. 점점 더 많은 사람들이 바스티유 감옥 앞에 모여들었다. 정확하게 프랑스 대혁명에 참가한 사람이 얼마인지는 모르지만, 그 당시 왕의 군대가 파리를 포위하고 있다는 소문이 돌았기 때문에 대부분의 시민들이 무장을 하고 혁명에 가담했다. 이렇게 어마어마한 숫자가 한 집단이 되었다면 탈개인화의 힘은 엄청나다. 이런 상황에서 사람들은 어떤 행동을 하더라도 한 개인으로서 자신이 평가된다는 생각을 잊게 되므로 어떤 행동이든지 할 수 있다.

개인을 집단으로 변화시키는 데 영향을 미치는 또 하나의 요인은 익명성이다. 개인이 아니라 집단으로 활동할 것을 요구하는 대표적인 곳이 바로 군대이다. 군대에서는 익명성을 높이기 위해서 모두 똑같은 옷을 입고 똑같은 말투를 사용하게 한다. 또한 머리 모양을 마음대로 못하게 한다. 전 세계 군인들의 머리가 짧은 것은 바로 이런 이유 때문이다. 머리 모양이 모두 다르면, 개개인이 드러나기 때문에 집단으로 활동하는 데 방해가 되기 때문이다.

익명성을 요구하는 곳이 또 있는데, 바로 감옥이다. 물론 감옥에서는 간수들이 죄수들을 간단하게 통제하기 위해서 수많은 개인을 하나의 집단으로 만들고자 한다. 그래서 죄수복을 입힌다. 하지만 감옥에서 일어나는 개인의 집단화 현상은 기대와는 전혀 반대 효과를 불러오기도 한다. 쉽게 통제하기 위해 한 조치가 거꾸로 탈개인화를 부추겨서 폭동을 일으키게도 한다. 우리는 감옥에서 폭동이 일어났다는 뉴스를 간혹 듣는다. 이러한 것이 바로 익명성의 효과이다. 2002년 월드컵에서 익명성의 역할을 한 것은 붉은 옷이었다. 이들은 붉은 옷을 입음으로서써 한 개인이 아닌 붉은 악마가 되었다.

바스티유 감옥 앞에 모인 사람들은 대부분 평범한 시민이었다. 그곳에 귀족들과 성직자들은 거의 없었다. 모두들 비슷한 옷감으로 만든 비슷한 옷을 입고 있었을 것이다. 그리고 머리 모양 역시 모두들 비슷했을 것이다. 이러한 이유로 개인이 집단으로 태어나게 되는 익명성이 작용하게 된 것이다.

또 다른 요인은 흥분시키는 행동이다. 2002년 월드컵에서는 둥둥둥 울려 퍼지는 북소리와 박수소리, 그리고 환호성과 응원소리가 있었다. 예로부터 여러 사람들이 모여서 한 집단으로 뭉쳐야 할 때에는 언제든지 하나의 소리가 필요했다. 이 소리는 크고 웅장해야 했다. 그래야 사람들의 감정을 움직일 수 있기 때문이다. 그래서 늘 군대에는 군가가 있으며, 전경과 의경들의 시위 진압 훈련에는 발구르기가 빠지지 않는다.

바스티유 감옥 앞에 모인 군중들 중에서 누군가 소리를 쳤다. "협상을 하러 들어간 위원회 대표가 감금되었음에 틀림없다. 우리가 쳐들어가야 한다!" 이 소리를 듣고 사람들은 소리를 지르기 시

바스티유 감옥.

작했다. 함께 모인 사람들의 수가 엄청났기 때문에 함성소리가 어마어마하게 컸다. 군중들의 성난 기세와 소리에 당황한 사령관은 얼떨결에 시민들을 향해 총을 쏘라고 명령을 내렸다. 사람들이 총에 맞고 쓰러지자 시민들도 총을 쏘기 시작했다. 총소리가 들리자 시민들은 더욱 흥분했다. 하지만 군대처럼 집단을 확실하게 통제할 수 있는 지도자도 없었다. 이성을 잃은 성난 거인이 바스티유를 향해 쳐들어갔고, 결국 어렵지 않게 바스티유는 집단이라는 거인 앞에 무릎을 꿇었다.

바스티유 습격 사건이 폭동이었다고?

바스티유 감옥을 점령한 파리 시민들을 보면, 마치 폭동을 일으키는 폭도들이 아닌가 하는 생각이 든다. 겉으로만 본다면 시민혁명은 폭동과 비슷해 보인다. 그렇다면 폭동과 시민혁명은 어떻게 다를까? 발생 과정과 목적, 그리고 결과를 놓고 살펴보면 차이점을 알 수 있다.

폭동의 경우에는 어떤 사건이 계기가 되어 그 뒤에 우발적으로 일어나는 경우가 대부분이고, 시민 전체가 참여하는 것이 아니라 일부 시민들만 참여한다. 또한 정부나 권력자를 대상으로 하는 것이 아니라 무고한 시민들을 대상으로 하며, 그 목적 또한 자신들의 물질적 이익과 정신적 즐거움에 국한된다. 그리고 폭동의 결과는 진압과 처벌, 무고한 시민들이 피해를 당하는 것이다. 1992년 4월

29일 미국 LA에서 폭동이 일어났다. 이날 흑인 청년 로드니 킹을 집단으로 구타한 백인 경찰관 4명이 무죄판결을 받았다. 그러자 이에 분노한 흑인들이 거리로 쏟아져 나와 폭력과 방화, 약탈과 살인을 저질렀다.[8]

이렇게 계획하지 않은 폭동과 달리 시민혁명은 미리 계획한 경우가 대부분이고, 보통 모든 시민이 참여한다. 그리고 시민혁명은 폭력을 사용하지 않는 것이 일반적이고, 사용하더라도 그 대상은 정부나 권력자들에 국한된다. 그 목적 역시 자신들만의 이익이 아니라 시민 전체, 더 나아가 국가 전체의 이익이며, 결과는 정권 교체나 시민들의 권리와 공공의 이익과 바로 연결되는 것이라고 할 수 있다.

그렇다면 바스티유 감옥 습격 사건은 폭동에 가까운가, 아니면 시민혁명에 가까운가? 바스티유 감옥 습격은 미리 계획한 것도 아니고, 일어난 과정 역시 흥분한 군중들이 잘못 판단하고 오해해서 일어났다. 그렇다면 이것은 폭동이라고 할 수 있지 않을까?

1970년대 이후 두드러지기 시작한 역사학에서 수정주의(修正主義, Revisionism)[9]의 관점은 기존의 정통주의 관점에 도전했다. 정통주의의 관점에서는 프랑스 대혁명이 위대한 이념, 주로 계몽사상에서 비롯된 위대한 혁명이며, 부르주아나 이념으로 무장한 엘리트가 주도한 혁명이었고, '구제도' 아래에서 필연적인 혁명이었다고 한다. 하지만 수정주의 관점을 가진 역사가들은 계몽사상이

8) 이 폭동으로 사망자 55명, 부상자 2,383명, 체포된 사람이 1만 3379명이었다. 피해 총액이 7억 1700만 달러에 이른다고 한다.

9) 마르크스주의를 비롯해 급진적 개혁의 타당성을 주장했던 기존의 역사 관점(정통주의)과 달리, 점진적이고 민주적인 개혁을 주장하는 새로운 사조로 1960년대부터 등장했다.

혁명적인 사상은 아니며 단지 개혁적인 사고일 뿐이라고 주장한다. 또한 계몽사상을 이끈 사람들은 왕이나 귀족들이 주는 연금으로 생활한 사람들로 '혁명을 지지했다기보다는 계몽 절대군주론을 옹호' 했다고 한다.

계몽사상에 바탕을 둔 것이 아니라면, 국민주의나 민족주의에 기반을 둔 애국적인 이념이 있지는 않았을까? 이에 대해서도 수정주의 역사가들은 국민주의가 프랑스 대혁명을 만든 것이 아니라, 프랑스 대혁명이 국민주의를 만든 것이라고 한다. 그리고 '구제도' 는 실제로 존재하지도 않았으며, 혁명을 정당화하기 위해 거짓으로 만든 개념이라고 한다. 또 혁명을 주도한 사람들은 폭도들이었다고 한다.

물론 지금 여기서 정통주의와 수정주의의 관점 중 어느 것이 옳은지를 따지는 것은 의미가 없다. 그것이 정통주의든지 수정주의든지 한 가지 확실한 것은 바스티유 감옥을 점령한 것은 계획한 것이 아니었지만 이로 인해 시민혁명이 큰 진척을 이루었다는 것이다.

결국 폭동이든 시민혁명이든 모두 탈개인화 과정을 통해 이루어진다. 그런데 어떤 요인들이 집단의 행동을 때로는 폭동으로, 때로는 시민혁명으로 결정짓게 하는 것일까? 또한 탈개인화 과정이 때로는 약탈과 파괴라는 혼란을 만들어내기도 하고, 때로는 독재 정권을 무너뜨리는 바람직한 교체라는 유익한 결과를 만들어내는 것일까?

여기에는 두 가지 요인이 있다. 바로 집단에게 방향과 지침을 제시하는 소수의 영향(minority influence)과 이것을 수용하고 따라가는 집단의 동조(conformity)[10] 때문이다. 개인이 모여서 집단을 이루면, 집단은 엄청난 힘을 갖게 된다. 하지만 이 힘을 어떤 방향으로 어떻게 사용할지는 결정하지 못한 상태이다. 이때 몇몇 사람들이 행동을 하면, 이 행동에 대해 다수의 사람들이 동의를 하면서 집단은 움직인다. 바로 두 요인이 함께 작용을 할 때, 집단은 한 방향으로 움직인다.

2002년 월드컵의 경우, 열띤 응원이 끝나고 몇 사람이 주변의 쓰레기를 줍기 시작했다. 그러자 주변 사람들이 하나 둘 쓰레기를 주웠고, 이윽고 그 자리에 모였던 대부분의 사람들이 쓰레기를 주웠다. 바스티유 감옥 앞에 모인 군중도 마찬가지였다. 성문이 열리자 몇 사람이 앞장서서 성 안으로 들어갔고, 이를 본 군중들이 이들을 따랐다. 그리고 점차 많은 사람들이 움직이자 처음에 별 마음이 없던 사람들도 집단에 동조하기 시작했다. 이때 총소리가 들렸고, 몇 사람이 쓰러졌다. 이를 본 다른 시민들은 바스티유의 수비대를 향해 총을 쏘기 시작했고, 이를 본 군중들은 다시 동조했다.

심리학에서 다루는 동조현상은 소수가 다수의 영향을 받아서 신념이나 행동이 변화하는 현상을 말한다. 그런데 어떻게 소수가 다수에게 영향을 줄 수 있을까? 심리학자들은 다수가 소수에게 영향을 미치는 이유는 단순한 응종(compliance)[11] 때문이지만, 소수가

10) 집단의 압력에 굴복해 스스로 신념이나 행동을 따라하게 되는 현상.

11) 혹은 순종. 단순히 사회적 압력 때문에 따라하는 것으로 신념에는 변화가 없을 수도 있다.

랑스 대혁명의 기폭제이자 정점이 되었던 바스티유 감옥 습격과 점령을 비롯해, 프랑스 대혁명 전체가 왜 미화되었을까? 이 질문은 비단 프랑스 대혁명에만 국한되는 것은 아니다. 역사를 보면 거의 모든 정권은 자신들의 과거와 잘못을 부인하거나 숨기고, 혹은 왜곡하거나 억지로 정당화하려고 한다. 그리고 언제나 자신들이 무너뜨렸던 이전의 정권을 지나치게 깎아내림으로써 상대적으로 자신들의 우월성을 나타내려고 한다.

이러한 속성과 성향 속에는 또 다른 심리적 이유가 있다. 하나는 합리화 때문이고, 또 다른 하나는 정보를 처리하는 방식 때문이다.

사람에게는 누구나 자신을 긍정적으로 보려는 동기가 있다. 그래서 자신의 모든 행동을 긍정적인 것으로, 타당하고 이유 있는 것으로 보려고 한다. 정신분석에서는 이것을 합리화라고 한다. 「핍박과 반발의 심리학」에서 다루었던 방어기제 중의 하나로, 자신의 잘못이나 실패를 인정하는 것이 불편하기 때문에, 나름대로 이유를 찾아서 정당화하는 것을 말한다.

포도밭에 간 여우가 맛있게 보이는 포도가 너무 높이 달려 있어서 따 먹을 수가 없고, 그 옆에 덜 맛있게 보이는 포도를 따 먹고서는 먹지 못한 포도는 분명히 신포도일 것이라고 생각하는 것과 같은 이치이다. 이렇게 합리화를 사용하는 것은 개인뿐만 아니라 집단도 마찬가지이다. 그렇기에 집단이 일으킨 혁명에 대해서도 합리화가 일어나는 것이다. 그래서 혁명을 정당화하려는 동기가 있기 때문에 그 이전의 정권과 시대는 잘못되었다고 단정해버리는 것이다.

둘째는 정보를 처리하는 방식 때문이다. 예를 들어, 길을 가다가 만난 사람에게 인사를 하면, 분명히 나를 본 것 같은데도 인사를 안 받고 지나가는 경우가 있다. 나중에 확인해 보면, 이런 경우 십중팔구는 그때 상대방이 다른 생각을 하고 있었다. 분명 상대방의 시선은 나를 향하고 있어서 눈을 통해 끊임없이 정보와 자료는 들어오고 있지만, 두뇌에서는 다른 생각을 하고 있었다는 것이다. 다른 생각을 하고 있었기에, 다시 말해 다른 정보와 자료를 처리하고 있기 때문에 보았지만 보지 못한 것이다. 인식하지 못한 것이다.

정보를 처리하는 방식에 대한 또 다른 예를 들어 보자. 우리가 기존에 있는 생각과 관념, 정보와 자료가 너무 강하면, 새로운 정보와 자료를 받아들이지 못한다. 그래서 없는 것도 있는 것처럼 보이고, 틀린 것을 보아도 틀렸다고 인식하지 못한다. 자신이 쓴 글에서 틀린 글자를 찾는 것은 아주 어렵다. 분명히 처음부터 끝까지 꼼꼼하게 읽어서 틀린 글자가 없다고 자신 있게 말하지만, 다른 사람이 보면 틀린 글자를 발견하는 경우가 있다. 왜냐하면 글을 쓴 사람은 글을 읽으면서 주어진 글자(외부 정보)에 집중하기보다는 머리에 있는 내용(내적 정보)에 집중하게 되기 때문이다. 그래서 틀린 글자를 보고서도 내용을 떠올리기 때문에 찾지 못한다.

프랑스 대혁명 과정 중에서 잘한 점도 있지만, 분명히 잘못한 점도 있다. 그런데 혁명에 가담한 사람의 처지에서는 잘했다고 생각하기 때문에 잘한 점만 보이는 것이다. 역사가들도 마찬가지이다. 역사를 연구할 때 어떤 관점으로 보느냐에 따라서 수많은 사료 중에서 자신의 생각과 비슷한 사료들을 더 많이 보게 된다. 다른 사료들이 많아도 별로 눈에 띄지 않는다.

자신의 행동을 합리화하고 정당화하려는 것과 익숙하거나 이미 알고 있는 지식과 관련 있는 정보를 주로 받아들인다는 것, 이 두 가지는 모든 사람에게 나타나는 것이고, 또한 사람으로 구성되어 있는 조직과 집단, 단체와 국가도 나타난다. 당연히 나타나는 것이라고 해서 잘했다고 축하할 일은 아니다. 오히려 사람의 심리가 이렇게 작용하기도 한다는 사실을 알았다면, 더욱 조심스럽게 진실이 무엇인지 확인해볼 필요가 있다.

인류 역사에서 대표적 시민혁명이라고 할 수 있는 프랑스 대혁명은 어떤 혁명이었는가?

프랑스 대혁명은 계몽사상을 비롯한 어떠한 이념의 영향을 받지 않은 혁명이었으며, 봉건제도에 대항해서 부르주아와 농민들이 일으킨 혁명이 아니라 폭도들이 일으킨 혁명이었다. 프랑스 대혁명에 참여했던 사람들은 자유, 평등, 박애를 현실 세계에서 구현하지 못했을 뿐만 아니라, 2백 만 명의 목숨을 빼앗아서 이 명분들을 유린한 혁명이었다. 프랑스 대혁명은 언론의 직접적인 영향을 받지 않았고, 오히려 프랑스 대혁명 이후에 언론들이 프랑스 사회에 영향을 미치기 시작했다.

　프랑스 대혁명을 정통주의의 관점에서 보든지, 아니면 수정주의의 관점에서 보든지 그것은 각자 자유이다. 하지만 기억해야 할 재미있는 사실이 있다. 프랑스 국민들은 황제를 단두대에서 처형한 지 10년이 지난 후에는 또 다른 황제를 열렬히 원했는데, 그 황제가 바로 나폴레옹이었다.

다수의 영향-동조

미국의 유명한 사회심리학자인 애쉬(Solomon Asch)는 사람들이 집단의 압력에 대해 어떻게 반응하는지 보려고 다음과 같은 실험을 고안했다.

7명의 실험참가자들이 네모난 탁자에 둘러 앉아서, 연구자가 앞에서 보여주는 자극판을 보고 있다. 자극 판에는 두 개의 카드가 있는데, 왼쪽 카드에는 기준선(standard line)이 그려져 있었고, 오른쪽 카드에는 이와 비교할 수 있는 세 개의 비교선(comparison lines)이 그려져 있다.

이 실험은 왼쪽의 기준선이 오른쪽에 있는 세 개의 비교선 중 어느 것과 똑같은 크기인지를 찾는 것이다. 세 개의 비교선의 차이가 확실하기 때문에 누구나 맞출 수 있는 문제다. 당연히 기준선은 비교선 중에서 맨 오른쪽(c)과 같은 크기다.

연구자는 자신의 왼쪽에 있는 사람부터 시계방향으로 돌아가면서 맞춰보라고 했다. 첫째 사람은 연구자가 보여주는 자극판을 뚫어지게 보더니, 약간 고개를 갸우뚱하면서 기준선과 같은 크기는 비교선 중에서 맨 왼쪽(a)이라고 대답했다. 이번에는 그 옆에 참가자 차례였다. 이 사람도 한참을 들여다보더니 역시 맨 왼쪽(a)이 기준선과 똑같은 크기라고 했다. 이렇게 7명 중에서 6명이 모두 기준선은 맨 왼쪽(a)과 같다고 대답했다.

이제 마지막 참가자가 대답할 차례였다.

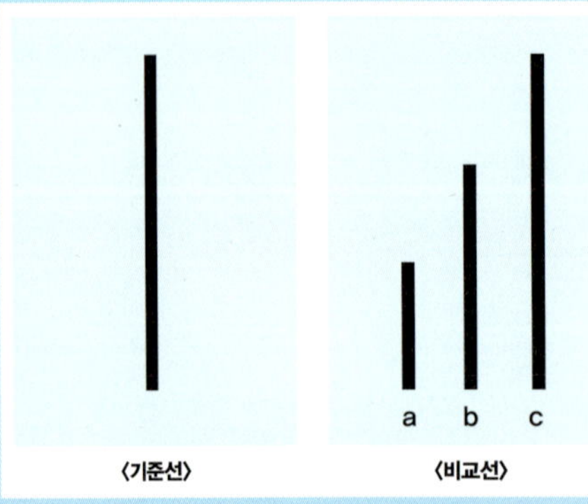

이 참가자는 다른 사람들의 어이없는 반응에 처음에는 웃기도 하고 놀라기도 했다. 그러면서 저 사람들이 장님인지 의심했다. 왜냐하면 너무나 명확한 답을 틀리게 이야기하기 때문이다. 하지만 7명 중 6명이 모두 대답하고, 이제 마지막으로 대답해야 할 상황에 놓인 참가자는 과연 어떻게 대답했을까? 당신이라면 어떻게 대답하겠는가? 자신의 소신대로 맨 오른쪽(c)이라고 대답하겠는가? 아니면 다른 사람처럼 맨 왼쪽(a)이라고 대답하겠는가?

이 실험에서 진짜 실험 참가자는 마지막에 대답을 해야 하는 7번째 사람이고, 나머지 6명은 연구자로부터 협조 요청을 받은 실험 협조자들이었다. 결국 이 실험은 마지막 사람의 반응이 어떤지를 보기 위한 실험이었다.

실험 결과, 이 실험을 여러 번 실시했더니 37퍼센트의 사람들이 자신의 소신을 굽히고, 다른 사람의 틀린 반응을 따라갔다.

이 실험에서 알 수 있듯이 많은 사람들이 정확한 판단을 할 수 있는 상황에서도 집단의 압력을 느끼면 자신의 판단을 접고 다수의 판단을 따라가기도 한다. 개인보다는 집단을 중요하게 생각하는 집단주의 문화라고 할 수 있는 우리나라에서는 이러한 일이 아주 흔하게 일어나기 때문에 우리는 순간순간 정말 옳은 판단을 하고 있는지 생각해봐야 하지는 않을까?

07

영웅의 심리학

나폴레옹, 내 사전에 콤플렉스란 없다

1804년 12월 2일, 프랑스 파리의 노트르담 대성당에서는 5시간 동안이나 나폴레옹(Napoléon Bonaparte)의 대관식이 열리고 있었다. 나폴레옹이 제1통령에서 프랑스의 황제가 되는 역사적인 이 순간은 1천 년 전 신성로마제국의 샤를 마뉴(Charlemagne) 대제를 떠올리게 한다. 교황이 나폴레옹의 머리에 기름을 부은 다음 나폴레옹은 자신의 손으로 왕관을 들어 머리에 썼다.

이 대관식을 두고 나폴레옹에 대한 평가는 두 갈래로 갈라졌다. 한쪽에서는 그가 비록 황제가 되기는 했지만 이것은 혁명의 과업을 계승하기 위해 어쩔 수 없기 때문에 그를 여전히 훌륭한 위인으로 보았다. 하지만 또 한쪽에서는 나폴레옹이 결국 황제의 자리에 올랐다는 것은 지금까지 프랑스 대혁명의 정신 운운하면서 쌓아온 모든 업적이 국가와 국민을 위한 것이 아니라 결국 자신의 권력욕을 채우기 위한 것이었음을 증명하는 것이므로 그를 위선 자로 보았다.

베토벤에게도 나폴레옹은 영웅이었다. 그의 교향곡 3번 영웅(Symphonie Eroica)은 유럽에 근대 자유주의를 퍼트린 영웅 나폴레옹에게 바치려고 작곡한 것이라고 한다. 그래서 그는 이 곡에 '영웅 교향곡 – 보나파르트를 상기하기 위하여'라는 제목을 붙였다. 하지만 제자에게 나폴레옹이 황제가 되었다는 사실을 들은 베토벤은 "결국 그도 예사 인간에 지나지 않았단 말인가? 야심에 사로잡혀 뭇 사람들의 권리를 짓밟는, 다른 누구보다도 더한 폭군이 되겠군!"이라고 하면서 이 교향곡의 악보를 찢었다고 한다. 그리고 제목에서 나폴레옹의 이름을 빼고 '영웅 교향곡 – 어떤 위인을 기리기 위하여'로 고쳤다고 한다. 또한 영웅 교향곡 제2악장 장송곡은 전사한 이름 없는 장병들을 위해서 작곡했다고 한다. 그런데 베토벤은 나폴레옹이 죽은 뒤 2악장에 대해서 "제2악장은 전사자의 장송곡이 아니라 17년 전 내 기억 속에서 죽은 나폴레옹의 장송곡"이라고 말했다. 나폴레옹이 황제에 오른 순간, 베토벤에게 나폴레옹은 죽은 것이나 마찬가지였다.

이제부터 극과 극의 평가를 동시에 받았던 영웅 나폴레옹의 심리를 살펴보자. 그의 자신감과 열등감, 그리고 사랑 이야기를 통해 새로운 나폴레옹을 만나게 될 것이다.

무엇이 나폴레옹을 최고로 만들었을까

나폴레옹을 옹호하는 사람들은 나폴레옹이 프랑스 대혁명 이후 혼란스러웠던 시대를 끝내고 자유, 평등, 박애라는 프랑스 대혁명의 정신을 이어받은 혁명가였다고 평가한다. 그들은 그 증거로 나폴레옹 법전(Napoleonic Code)[1]을 들고 있다. 법 앞에서 만인의 평등, 종교의 자유, 재산권 보장과 농노제 폐지 등은 프랑스 대혁명의 구호를 법을 통해 현실에서 실현했다는 것이다.

그러나 그를 비판하는 사람들은 나폴레옹은 프랑스 대혁명의 열매를 훔친 독재자라고 말한다. 그는 프랑스 대혁명의 정신을 실현한다는 명목으로, 혼란스러운 시대에 쿠데타를 일으켜서 제1통령이 되었고, 자신이 암살되면 그동안의 업적이 모두 무너진다는 이유를 들어 세습 왕조를 꿈꾸었고, 결국 황제가 되었다. 절대 왕정을 무너뜨리고 프랑스 대혁명의 정신을 전파한다는 사람이 어떻게 황제가 될 수 있단 말인가? 또한 그는 전쟁을 일으켜 수많은 사람들을 희생시켰다. 이러한 모든 사실은 나폴레옹 역시 자신의 명예와 권력을 위해 혁명 정신을 이용하고 대중을 선동한 독재자였다는 주장을 뒷받침해준다고 주장한다.

평가는 엇갈려도 그가 최고의 자리에서 세상을 움직였던 인물이었다는 데는

1) 프랑스 민법전(民法典)으로 1804년에 제정되었으며, 유럽에 있는 거의 모든 나라의 민법전에 큰 영향을 미쳤다.

나폴레옹의 초상화.

이견이 없을 것이다. 과연 무엇이 나폴레옹을 최고의 자리에 오르게 했을까? 그가 최고의 자리에 오르기까지 있었던 일들을 살펴보자.

우선 나폴레옹은 행운이 있는 사람이었다. 그는 다른 사람들에게는 쉽게 찾아오지 않는 기회들을 자주 만났다. 1769년 8월 15일 나폴레옹은 코르시카(Corsica)[2]라는 작은 섬에서 태어났다. 코르시카는 원래 제노바 공화국의 영토였는데, 그가 태어나기 1년 전에 프랑스의 영토가 되었다. 마치 프랑스의 황제가 될 나폴레옹이 태어날 것을 준비나 하듯이 말이다. 그 섬이 여전히 제노바 공화국의 섬이었다면, 자존심 강한 프랑스인들은 나폴레옹을 인정하지 않았을지도 모른다.

1770년, 나폴레옹의 집안은 프랑스 귀족의 일원으로 인정받아 그가 장교로 진출할 수 있는 기반을 마련했다. 어렵사리 귀족이 된 나폴레옹은 프랑스 대혁명에서 타도할 대상인 부르주아 귀족 출신의 장교는 아니었다. 그래서 부르주아 귀족 출신의 장교들이 살기 위해서 해외로 망명할 때에도 나폴레옹은 안전했다. 많은 장교들이 망명을 해서 군에는 장교가 턱없이 부족했다. 이러한 상황은 훌륭한 군인인 나폴레옹이 빠르게 진급할 수 있는 길을 열어주었다. 1792년 4월, 나폴레옹은 코르시카 섬에서 일어난 폭동을 진압하기 위해 소속 부대로 복귀하라는 상부의 명령을 어겨 뜻하지 않게 탈영병이 되었다. 이 사건으로 자칫하면 코르시카에서 농사나 지을 뻔 했던 나폴레옹은 장교가 부족했기 때문에 다시 복직할 수 있었다. 나폴레옹의 생애를 찬찬히 들여다보면 이런 행운은 한두 번만

2) 지중해에 있는 섬으로, 이탈리아 반도 왼쪽 편에 있다.

으로 그치지는 않는다. 그의 말처럼[3], 그에게는 행운이 따랐다.

"아무리 위대한 천재일지라도 기회가 없으면 소용이 없다."

그는 행운뿐만 아니라, 이 기회를 최고로 이용할 수 있는 재능을 가졌다. 학창 시절 수학에서 탁월했으며, 책읽기를 좋아해서 한때 문학도를 지망했다고한다. 수학에 뛰어나서 포병으로 군 생활을 시작할 수 있었고, 문학에 대한 그의 관심은 칼과 함께 정신으로 유럽을 정복하는데 바탕이 되었다. 정신으로 유럽을 정복했다는 뜻은 그의 법전을 두고 하는 말이다. '나폴레옹 법전'은 프랑스 대혁명의 정신을 구체적으로 실현하고 있다는 평을 듣고 있으며, 더 나아가 유럽 거의 모든 나라의 민법전의 기초가 되었다.

"세상에는 칼과 정신이라는 두 가지 힘밖에 없다. 그런데 결국 칼은 정신에게 지고 만다."
"내 진정한 명예는 40번의 전쟁에서 거둔 승리가 아니다. 워털루는 모든 전승의 기록을 사라지게 했으나, 영원히 사라지지 않는 것은 내 법전이다."

나폴레옹은 끊임없이 생각하고 노력하는 사람이었다. 나폴레옹이 하루에 3~4시간 정도밖에 잠을 자지 않았다는 일화는 널리 알려져 있다. 이것이 정확한 사실인지 아닌지보다 더 중요한 것은 그가 얼마나 노력하는 사람이었는지를 잘 보여준다는 것이다. 그는 늘 미래를 내다보고, 끊임없이 생각하는 사람이었다.

"나는 2년 후를 생각하지 않고 살았던 때가 없다."

"나는 언제나 노동하고 있다. 그리고 늘 생각한다. 내가 항상 어떤 일에 당면했을 때, 당황하지 않고 곧 처리하는 것은 미리 여러 가지 경우에 대해서 생각해두었기 때문이다. 다른 사람이 예상조차 할 수 없는 것은 내가 천재이기 때문이 아니라, 평상시에 명상과 반성을 한 결과다. 식사할 때나 혹은 극장에서 오페라를 구경할 때도 나는 늘 머릿속에서 움직이고 있다."

또한 나폴레옹은 죽음을 두려워하지 않는 용감함과 자신의 길과 생각에 대한 확신, 그리고 목표를 향해 달려가는 열정과 포기를 모르는 승부근성이 아주 강했다. 나폴레옹은 자신의 판단과 능력을 확고하게 믿었으며, 아주 작은 가능성이라도 포기하지 않았다. 이렇게 되기 위해서 가장 필요한 것은 바로 자신감(self-confidence)이다. 자신을 온전히 믿었기 때문에 그는 영웅의 자리에 오를 수 있었다.

"내 사전에 불가능이란 단어는 없다."[4]
"1퍼센트의 가능성, 그것이 나의 길이다."
"의지할 만한 것은 남이 아니라 자신의 힘이다."
"6만 명이 나와 합치면 6백만 명이 된다."

4) 나폴레옹 자신보다 더 많이 알려진 이 말은 실제로 나폴레옹의 어록에는 없다. 나폴레옹은 "불가능이란 말은 프랑스에는 어울리지 않는다."라는 말을 남겼다.

5) 재위 기간은 1795~1824년. 하지만 실권을 잡은 것은 1814년부터이고, 또 나폴레옹이 다시 정권을 잡은 백일천하(百日天下) 기간에 잠시 황제 지위를 잃기도 했다.

1814년 4월, 마침내 나폴레옹이 황제 자리에서 물러나고, 루이 16세의 동생인 루이 18세(Louis XVIII)[5]가 왕좌에 오른다. 나폴레옹을 폐위한 동맹국들은 나폴레옹에게 황제 칭호와 엘바 섬의 통치권을 주었다. 말이 좋아 통치권이지 사실은 유배를 간 것이다. 하지만 1년이 못 되어 그는 다시 권력을 잡기 위해 엘바 섬을 탈출해서 파리로 향했다. 파리로 가는 길목에서 그는 자신을 잡으려고 온 수비대와 마주쳤다. 나폴레옹은 총을 겨누고 있는 수비대 앞으로 혼자 걸어가면서 외쳤다. "원한다면 그대들의 황제를 죽여라!" 총을 쏘라는 명령이 떨어졌다. 하지만 아무도 총을 쏘지 않았다. 병사들은 모두 명령을 무시하고 대열을 깨고 나와 "황제 만세!"를 외치며 나폴레옹을 에워쌌다. 수비대가 나폴레옹에게 넘어가버린 것이다. 그의 용기와 자신감은 죽음도 두려워하지 않았기에 다시 프랑스는 그를 황제로 맞이했다.

다시 파리로 돌아온 나폴레옹은 1815년 6월 워털루에서 동맹군과 전투를 벌였다. 처음에는 전세가 나폴레옹에게 유리하게 돌아가는 듯했지만, 프로이센군이 동맹군에 합류하자 상황은 역전되었고, 결국 프랑스는 전쟁에서 졌다. 이 전쟁으로 의회는 나폴레옹에게 퇴위할 것을 요구했다. 나폴레옹은 황제 자리를 내놓고 영국에 항복했다. 그리고 다시 복귀할 위험이 전혀 없는 세인트 헬레나 섬으로 추방되었다. 그곳은 엘바 섬과 달리 탈출이 불가능한 곳이었다. 하지만 나폴레옹은 그곳에서도 포기하지 않았다.

영국은 나폴레옹의 몸을 세인트 헬레나 섬에 붙잡아놓았을지는 몰라도, 그의 생각과 정신은 붙잡아놓지 못했다. 나폴레옹은 그곳에서 자신의 친구가 되어주었던 엠마누엘 라스카즈(Emmanuel, comte de Las Cases)[6]에게 자신의 이야기를 기록하게 했다. 하지만 갑작스럽게 찾아온 병마로 1821년 5월, 영웅 나폴레옹은 죽어서야 그 섬을 탈출했다. 그리고 1823년 라스카즈가 출간한 『세인트 헬레나의 회상』은 나폴레옹을 다시 프랑스로 돌아오게 했다.

나폴레옹은 마지막까지 희망을 버리지 않았다. 칼로 할 수 없을 때는 펜으로 했다. 영국을 비롯한 주변 동맹국들이 나폴레옹에게서 칼을 빼앗았을지 몰라도, 그에게는 희망이라는 비장의 무기가 있었다. 결국 그렇게 나폴레옹은 신화가 되었다.

젖 먹던 힘이면 뭐든지 할 수 있다?

많은 심리학자들은 사람의 심리 상태를 분석할 때, 어린 시절을 주목한다. 어린 시절의 경험이 그 사람의 일생에 중요한 영향을 미치기 때문이다. 물론 어느 정도로 영향을 미치는지에 대해서는 학자마다 견해가 다를 수 있겠지만, 한 가지 확실한 점은 어린 시절의 경험이 어른이 된 다음에 한 경험보다 더 큰 영향력을 미친다는 것이다. 어린 시절을 개념화하고 이해하는 방법은 학자들마다 조금

6) 프랑스의 역사가. 나폴레옹의 마지막 대화를 기록했다. 이 대화록은 유럽에서 나폴레옹 신화를 퍼뜨리는 데 큰 역할을 했다.

씩 다르지만, 그 내용을 살펴보면 서로 비슷한 부분이 많다.

모든 가족의 축복을 받으며 아기는 세상에 태어난다. 사람은 동물과 달리 태어난 다음 상당히 오랜 기간 부모가 보살펴주어야 한다. 동물은 어미가 돌보지 않아도 살 수 있거나, 보살핌이 필요한 기간이 길지 않다. 그러나 인간은 태어나서 오랫동안 누군가가 반드시 보살펴주어야 하는데, 원시시대에서 현대사회로 넘어올수록 그 기간이 점차 길어지는 경향이 있다.

사람은 자신을 돌봐주는 사람과 관계를 맺는다. 바로 이 관계는 사람이 맨 처음 맺는 관계로, 이후의 인간관과 세계관에 큰 영향을 미친다. 특히 자신은 어떤 사람인지, 그리고 세상은 어떤 곳인지를 결정짓게 한다. 영국의 계몽주의 철학자 로크(John Locke)[7]는 사람의 정신은 태어날 때 흰 종이와 같다고 했다. 그래서 어떤 색으로 흰 종이 위에 그림을 그리느냐에 따라 전혀 다른 그림이 나오듯이, 사람도 어떤 경험을 하느냐에 따라 전혀 다른 사람이 될 수 있다고 한다. 갓 태어난 아기는 아직 자신이 누구인지, 세상이 어떤 곳인지도 모른다. 이것을 알만한 경험을 아직 하지 않았기 때문이다.

아기가 열 달 동안 엄마 뱃속에 있을 때는 아무것도 아쉬울 것이 없는 그야말로 전자동 완벽 시스템이었다. 춥거나 덥지도 않고, 배가 고프지도 않다. 그렇게 안락한 엄마의 뱃속에서 열 달 동안 있다가 아기는 엄청난 고통을 경험하면서 이 세상에 첫발을 디딘다. 한번 아기의 처지에서 상상해보자. 땅이 갈라지고, 하늘이 무너지면서 무시무시한 소리가 들린다. 천둥과 번개가 치면서, 온몸을 짓이기는 듯한 고통이 몰려온다. 몸이 굉장한 압력을 받는다. 너무 눈이 부시다. 갑작스러운 한기(寒氣)가 몰려오고, 웅성거리는 알 수 없는 소리가 들려온다. 아기는 정신을 잃는다.

출산은 분명 엄마에게도 큰 고통이겠지만, 아기에게도 마찬가지다. 더군다나 아기는 열 달 동안 익숙했던 엄마 뱃속과는 전혀 다른 환경에 던져진 것이다. 그야말로 충격과 혼란스러운 상태다. 엄마 뱃속과 달리 세상은 배가 고프면 무엇인가를 먹어야만 한다. 하지만 아기는 아직 몸을 스스로 움직일 수가 없다.[8] 아무리 배가 고파도 양육자가 먹여주지 않으면 아기는 스스로 먹이를 구할 수 없고, 오줌과 똥을 싸서 아랫도리가 찝찝해도 양육자가 치워주지 않으면 아기는 자신의 몸을 깨끗하게 할 수 없다. 그런데 흥미로운 사실은 양육자가 아기에게 먹이를 주고 똥을 치워주는데도, 아기는 이 모든 것을 자신이 스스로 했다고 착각한다. 왜냐하면 아직 자신 이외의 다른 사람, 즉 대상(object)으로 표현되는 다른 사람과 외부 세계를 인식할 능력이 없기 때문에 자신에게 일어난 모든 것은 자신이 한 일처럼 당연하게 생각한다. 하지만 시간이 흐르면 아기는 자연스럽게 자신과 외부 세계, 즉 자기와 대상을 구분하게 되어, '나' 와 '너' 가 다름을 알게 되고, '자신이 한 일' 과 '누군가가 해준 일' 을 구분한다.

이런 상황에서 양육자의 일관된 태도와 안정된 양육은 아기에게 무척 중요하다. 만약 양육자가 우울해서 만사를 귀찮아하거나, 혹

8) 3~5개월 정도 지나야 온몸에 힘이 붙어서 자신의 몸을 마음대로 움직일 수가 있다. 프랑스의 정신분석학자 라캉은 이를 가리켜서 파편화된 몸(fragmented body)이라는 표현을 사용했다.

은 너무 바빠서 아기에게 전념할 수 없다면, 양육자는 아기의 요구에 민감하게 반응하지 못할 것이다. 그렇게 되면 아기는 자기와 대상에 대한 평가를 모두 부정적으로 내린다. 다시 말해, 자신이 부족하고 못나서 환영받지 못하는 존재라는 생각을 잠재의식 중에 갖는다. 그리고 이 세상은 자신에게 호의적이지 않으므로 믿을 만한 곳이 못 된다는 생각을 한다. 반대로 양육자가 아기를 열심히 돌보기는 하지만, 자신의 기분에 따라 일관성 없이 아기를 돌본다면, 아기는 혼란스러움을 경험하게 될 것이다. 따라서 이 세상은 예측할 수 없는 불안정한 곳이라고 생각한다.

이와는 반대로 양육자가 건강한 정신과 신체를 가지고 있고, 또한 아기에게 온전히 관심을 갖고 있으면, 양육자는 아기의 요구에 민감하게 반응한다. 아기가 배고플 때 얼른 우유를 주고, 아기가 똥을 누면 바로 치워준다. 그러면서 아기와 눈을 맞추고, 웃어준다. 그리고 자신의 기분에 따라 아기를 대하지 않고 일관된 규칙과 원칙, 태도를 가지고 아기를 대하면 아기는 이 세상(양육자로 대표되는)을 예측할 수 있게 되어 대상에 대한 자신감을 갖는다. 이렇게 행복한 양육자와의 상호작용은 아기가 자신과 대상에 대해 모두 긍정적인 평가를 내릴 수 있게 한다. 자신은 가치 있는 존재이며, 무엇이든 잘 해낼 수 있다는 생각을 하고, 이 세상 역시 행복하고 즐거운 곳으로 인식한다.

결국 자신감이란 두 가지가 충족되어야 생겨나는 것이다. 한 가지는 자신에 대한 믿음이며, 다른 한 가지는 세상에 대한 믿음

이다. 따라서 양육자의 일관된 태도와 안정된 양육은 자신감의 근
원이 되며, 이 두 가지를 충족시켜 줄 생애 초기의 경험은 매우 중
요하다.

나폴레옹의 자신감과 어린 시절의 경험들

나폴레옹은 아버지 샤를(Charles Buonaparte)과 어머니 레티치
아(Letizia) 사이에서 태어났다. 레티치아는 나폴레옹을 낳고, 몸이
좋지 않았지만 유모에게 맡기기보다는 가능한 아들을 직접 돌보려
고 했다.[9]

레티치아는 코르시카 섬의 독립을 위해 투사로 활동한 남편을
돕기도 했다. 코르시카가 프랑스에 편입된 뒤에 더욱 심해진 남편
의 사치 때문에 많은 경제적 어려움을 겪었으나, 불평하지 않고 지
혜롭게 잘 감당해낸 여인이었다. 뿐만 아니라 남편의 기를 죽이지
않기 위해서 손님들이 집에 오면 음식을 잘 차려내곤 했다. 물론 레
티치아는 힘들었지만 내색하지 않았다. 그러면서도 레티치아는 자
녀들이 마음껏 놀 수 있도록 방 하나를 만들어주었으며, 햇빛이 좋
은 계절에는 자주 아이들을 데리고 밖으로 나가곤 했다. 아이들이
좋은 환경에서 공부할 수 있도록 모든 조건을 만들어주었던 레티
치아는 강한 정신을 가진 여인이었다. 삶이 고달프고 힘들었지만,
남편과 자녀를 위해 모든 것을 이겨낸 어머니였다. 나폴레옹은

9) 당시의 관습대로
수유는 코르시카 출신
의 건강한 유모 카밀
라 일라리에게 맡겼는
데, 이 유모는 나폴레
옹의 집에서 함께 살
았으며 그를 아주 잘
보살폈다.

1778년 12월 프랑스 도퇑에서 공부하기 위해 코르시카를 떠날 때까지 9년 4개월을 어머니와 함께 살았다.

1778년 나폴레옹은 어린 나이에 부모 곁을 떠났지만, 여전히 그에게 어머니는 훌륭한 선생님이었다. 어려운 일이 있을 때마다 어머니에게 편지를 썼으며, 그때마다 어머니는 아들이 용기를 잃지 않도록 격려했다. 한번은 나폴레옹이 학교에서 무릎을 꿇고 식사하는 벌을 받았다고 한다. 하지만 나폴레옹은 "우리 가족은 하나님 앞에서만 무릎을 꿇어요!"라고 외쳤다. 선생이 다시 무릎을 꿇으라고 소리치자 나폴레옹은 주저앉으면서 이렇게 중얼거렸다고 한다. "엄마, 그렇죠? 하나님 앞에서만 무릎을 꿇는 것이 맞지요?"

또 이런 일도 있었다. 나폴레옹은 경제적으로 어려워지자 아버지에게 돈을 보내달라는 편지를 썼다. 이 편지는 아버지가 보기 전에 어머니가 먼저 보게 되었다. 어머니는 나폴레옹에게 편지를 썼다. 편지 머리에 "너는 가족 중 내가 가장 사랑하는 아이"라고 나폴레옹을 부르면서, 아버지에게 보낸 편지는 무례하고 버릇없는 행동이라고 꾸짖었다. 왜냐하면 레티치아가 생각하기에는 나폴레옹이 집 사정이 어려운 것을 모를 리 없다고 생각했기 때문이다. 레티치아는 다시 한번 그런 식으로 자신의 상황을 아버지에게 일러바친다면, 다시는 그에게 신경을 쓰지 않겠다는 꾸중과 함께, 3백 프랑을 보내주었다. 그러면서 앞으로는 더 조심스럽고 공손해져서 그런 편지를 쓰지 않기를 바란다고 덧붙였다. 당시 3백 프랑은 경제적으로 아주 어려웠던 레티치아에게는 큰돈이었다. 어머니는 아들의 버릇없고 무례함을 꾸짖으면서도, 한편으로는 아들의 힘든 사정에 마음 아파했다.

나폴레옹에게 어머니는 큰 산과 같은 존재였다. 자신이 존경하는 사람이 자신을 사랑하고 지지하고 있다고 생각하면 힘이 난다. 나폴레옹의 자신감, 굴하지 않는 용감함, 확신과 열정은 바로 그의 어머니의 양육 덕분이었다.

"내 성공과 내가 남긴 유익한 업적은 모두 내 어머니 덕택이다."

"어머니는 내게 늘 자부심을 심어주고 건전한 판단력을 키워주셨다."

영웅 나폴레옹을 만든 것은 무엇보다 그의 어머니가 그에게 심어준 자신감과 자기 확신이었다고 할 수 있다. 수많은 전쟁과 위기, 중요한 판단을 해야 하는 순간에도 그는 흔들리지 않았다. 어머니처럼 그는 강한 정신을 가진 사람이었다. 그렇기에 나폴레옹은 영광을 자신의 어머니에게 돌렸던 것이다.

어머니의 일관된 양육과 올바른 교육 속에서 자신감이 넘치는 아이로 자란 나폴레옹이었지만 성장 배경이 모두 좋았던 것은 아니다. 영웅이었던 그에게도 남모를 열등감이 있었고, 최고의 자리에 오르기 위해서는 이 열등감을 극복해야만 했다.

나폴레옹의 열등감은 키가 아니라 출생지였다

나폴레옹 콤플렉스[10] 혹은 나폴레옹 증후군(Napoleon syndrome)이란 키가 작은 열등감을 보상하고자 하는 욕구가 너무 강해서 다른 사람을 지나치게 지배하려는 경향을 말한다. 이것을 나폴레옹의 경우에 적용해보면, 나폴레옹은 작은 키에 대한 열등감을 보상하기 위해 수많은 전쟁을 치르고 결국에는 황제에 올랐다.

그런데 나폴레옹은 정말 키가 작았을까? 기록에 따르면, 나폴레옹의 키는 5피트 6인치였다고 하는데, 센티미터로 계산하면 167.64센티미터 정도이다. 이 정도 키는 지금 유럽 사람들에 비하면 작은 편이지만 당시 사람들과 비교하면 평균 정도였다고 한다.

그렇다면 어째서 나폴레옹 콤플렉스란 말이 생겨난 것일까? 나폴레옹 콤플렉스를 정확한 심리학 용어로 바꾸면 열등감 콤플렉스이다. 열등감에 대한 이론에 탁월했던 아들러(Alfred Alder)는 열등감을 설명하면서 대표적인 예로 나폴레옹의 작은 키를 들었다. 아들러는 자신이 태어나기 반세기 전에 죽은 나폴레옹을 직접 보지

못했기 때문이다. 나폴레옹을 묘사한 그림과 조각상[11]을 보고, 그의 키가 작다고 생각했음이 틀림없다. 나폴레옹의 초상화를 보면 아주 작게 그려져 있다. 결국 아들러가 정확하지 않은 예시를 했기 때문에 나폴레옹은 작은 키의 대명사가 되었고, 나폴레옹의 업적은 작은 키에 대한 열등감을 보상받기 위한 결과로 인식되었다.

나폴레옹은 비록 키에 대한 열등감은 없었지만, 그가 성공을 향해 달음질 친 이유 중에는 다른 부분에 대한 열등감이 중요한 요소

로 작용한 것 같다. 널리 알려져 있듯이, 나폴
레옹은 프랑스 본토 출신이 아니다. 나폴레옹
의 고향인 코르시카는 그가 태어나기 1년 전
에야 비로소 프랑스의 영지가 되었다. 원래
그곳은 제노바 공화국의 영토였다. 이탈리아
어 영향권에 있던 코르시카 사람들은 나폴레
옹이란 발음을 제대로 하지 못해, 몇 년 동안
나폴레옹을 나불리오(Nabulio)라고 부르기
도 했다. 그리고 그의 코르시카 식 이름은

아들러_ 오스트리아의 정신과 의사이자, 개인 심리학의 창시자. 아들러는 원래 프로이트의 이론에 매료되어, 프로이트와 함께 정신분석학의 발전에 기여했다. 그러나 1911년 프로이트와 견해를 달리하면서 정신분석학회를 탈퇴하고 프로이트와도 결별했다.

나폴레오네였다. 나폴레옹도 형과 함께 프랑스에 있는 도퇭 학교
로 진학할 때까지 프랑스어는 몇 단어밖에 할 줄 몰랐다. 그 뒤 몇
달 만에 프랑스어를 유창하게 구사할 수 있었지만, 심한 코르시카
억양이 꽤 오랫동안 남아 있어서 친구들의 놀림감이 되었다. 그 뒤
형은 여전히 도퇭에 있는 학교에 남고 나폴레옹 혼자 브리엔에 있
는 군사학교에 진학했다. 도퇭에서는 형과 함께 할 수 있었지만, 브
리엔에서는 외톨이였다. 학교에서 유일한 코르시카 출신으로 억양
도 특이하고, 좀 이상하게 들리는 나폴레오네라는 이름을 가진 학
생이었다. 동료들은 그를 패요네(Paille au nez, 짚으로 만든 코)라
고 불렀다.

나폴레옹은 코르시카 섬을 둘러싼 망망대해 같은 열등감을 어떻
게 극복했을까? 일단 열등감에 대해 좀더 자세하게 알아보기 위해

아들러의 이야기를 들어보자. 태어날 때부터 몸이 약했던 아들러는 개인적인 경험을 통해 열등감(feelings of inferiority)을 이론의 중요한 주제로 삼았다. 아니 그가 관심 있었던 것은 열등감 자체보다도 개인이 열등감을 대하는 태도였다고 할 수 있다. 아들러는 열등감을 보상하고 극복하려고 노력하는 사람들은 우월성을 추구(striving for superiority)하게 되며, 우월성을 추구하는 것은 열등감을 대하는 태도에 따라서 다른 형태로 나타날 수 있다고 한다. 건강한 형태로 나타날 때에는 조화와 완벽을 추구하는 상향 욕구가 있는 성격이 되지만, 신경증적 형태로 나타날 때에는 권력에 대한 욕구와 타인에 대한 통제로 표현된다고 보았다. 그리고 이렇게 신경증적 형태로 나타나는 것을 열등감 콤플렉스라고 한다.

그렇다면 나폴레옹은 어느 쪽일까? 나폴레옹은 적들이 그를 프랑스 사람이 아니라 코르시카 사람이라고 할 때 무척 화를 냈다고 한다. 그러면서도 그는 프랑스에서 자수성가한 사람임을 자처하면서, 모든 권력은 전부 자신의 칼과 프랑스 국민의 표로 얻은 것이라고 주장했다. 그리고 황제가 되어 오스트리아의 황녀와 결혼 이야기가 오갈 때, 오스트리아 황제는 나폴레옹의 선조가 트레비소를 통치했다는 것을 증명할 수 있도록 족보를 발행하고 싶어했다. 합스부르크 왕조의 후손인 오스트리아 황제가 신분이 낮은 나폴레옹을 꺼려한 것은 당연했다. 하지만 나폴레옹은 오스트리아 황제에게 "나는 내 왕조의 시조가 되고자 합니다."라고 답했다고 한다.

여러 자료들과 전해지는 이야기들을 통해 짐작해보건대 나폴레옹은 출신에 대한 열등감을 비교적 잘 극복했던 것 같다. 보통 열등감을 잘 극복하지 못해 마음에 콤플렉스로 남는 사람들의 특징은 자신의 열등감을 건드렸을 때 일을 그르치는 경향이 강하다. 예를 들면, 외모 콤플렉스가 있는 사람에게 외모에 대해 장난기 섞인 한 마디를 던지면, 그 사람은 심하게 화를 내면서 그 자리를 박차고 일어날 것이다. 상황과 논리에 어울리지 않는 극단적 반응은 바로 콤플렉스가 있다고 볼 수 있다. 하지만 나폴레옹은 출신에 대해 공격을 받으면 비교적 잘 넘겼다. 그러면서 오히려 자신의 성공이 신분과 출신 때문이 아니라, 자신이 노력하고 국민이 동의를 얻어 이룩한 것이라고 강조했다.

나폴레옹이 출신에 대한 열등감을 잘 극복했다는 또 하나의 증거는 그가 자신이 코르시카 사람이라는 것을 창피하게 여기지는 않았고, 오히려 코르시카를 무척 사랑했다는 것이다. 나폴레옹은 항상 코르시카의 독립을 꿈꾸었다. 그가 프랑스 대혁명에 적극 동참한 이유도 바로 조국 코르시카를 위해서 한 결정이었다. 다른 사람들에게 놀림감이 될 수 있는 열등

한 부분을 사랑했다는 것 자체만으로도 열등감은 콤플렉스가 되지 않았다. 나폴레옹에게는 자신의 출신 배경이 오히려 긍정적인 영향을 끼쳤을 것이다. 코르시카 사람이라는 소리를 들을 때마다 조국 독립을 꿈꾸었을 것이며, 신분과 출신 덕분에 성공한 것이 아니라 자신의 노력과 칼의 힘, 그리고 국민의 지지를 받아 권력에 오르려고 했을 것이다.

결국 나폴레옹 콤플렉스란 나폴레옹에게 해당하는 말은 아니다. 왜냐하면 그는 자신의 열등감에 대한 보상으로 우월성을 훌륭하게 추구했기 때문에 콤플렉스로 남아 있을 만한 것이 없는 사람이다. 나폴레옹에게 '코르시카 사람' 이라는 열등감은 목적지를 향해 달리는 기관차를 더 빠르게 달리게 하는 좋은 연료가 되었다.

유럽을 호령한 나폴레옹, 여인 앞에 무릎 꿇다

1812년 6월, 나폴레옹은 45만 명이나 되는 대군을 이끌고 러시아를 향해 나아갔다. 러시아군은 곳곳에서 나폴레옹의 군대에 패했다. 그런데 러시아군은 순순히 물러나지 않았다. 퇴각하는 곳마다 불을 질러 나폴레옹의 군대가 음식과 잠자리를 얻을 수 없게 했다.

나폴레옹이 모스크바에 입성했을 때 모스크바는 연기만 자욱한 폐허로 변해 있었다. 나폴레옹의 군대는 급격하게 무너지기 시작했다. 겨울이 다가오고 있었기 때문에 나폴레옹은 아무런 성과도 올리지 못하고 모스크바를 떠나야 했다. 하지만 이 과정에서 나폴레옹의 군대는 기습을 당했고, 그 결과 러시아 원정은 실패로 끝났다. 그리고 이것이 계기가 되어 1814년 4월에 퇴위할 수밖에 없었다. 이때부터 나폴레옹은 몰락하기 시작했다. 천하를 호령했던 나폴레옹의 몰락은 그렇게 갑작스럽고 허무하게 시작되었다.

나폴레옹이 몰락한 이유에 대해서 역사학자들은 여러 가지 이유를 들어 설명했다. 그러나 심리학에서 보면 조금 다르게 보인다. 나폴레옹을 위대하게 만든 모든 조건을 고려해볼 때, 그의 삶에서 이해할 수 없는 부분이 바로 그의 여자관계이다. 잘 알려졌듯이, 그의 첫째 아내는 조세핀(Joséphine)[12]이었다. 나폴레옹은 총재정부의 주역이었던 바라스(Barras)[13]의 소개로 조세핀을 알게 되었다. 사실 조세핀은 바로 바라스의 정부(情婦)였다. 하지만 나폴레옹은 자신보다 6살 연상인 조세핀에게 한없이 빠져들었다.

"그대는 내 영혼을 빼앗아갔소. 당신은 내가 생각하는 단 하나의 대상이오."

나폴레옹의 열렬한 구애 끝에 결국 두 사람은 1796년 3월에 결혼했다. 하지만 나폴레옹이 조세핀에게 빠져들었던 것과 달리 조세핀은 나폴레옹을 사랑하지 않았다. 조세핀이 나폴레옹과 결혼한 이유는 탈출구가 필요했기 때문이었다. 결혼한 뒤에도 조세핀은 여전히 바라스의 정부로 남아 있었으며, 다른 남자들과도 관계를 맺었다. 그러나 나폴레옹은 조세핀의 행실에 대해 잘 알면서도 그녀를 계속 사랑했다.

"조세핀은 실제로 늘 거짓말을 했어. 하지만 늘 우아하게 처리

했지. 나는 조세핀을 내 일생동안 가장 사랑한 여성이었다고 말할 수 있어."

물론 시간이 지남에 따라 자신의 사랑을 진심으로 받아주지 않는 조세핀에 대해 점점 실망하고 낙심했다. 그러자 조세핀을 향한 열정이 사그라지기 시작했고, 이제 '사랑' 이라는 단어는 갈 곳이 없었다. 제국의 존속을 위해 아들이 필요했던 나폴레옹은 아이를 낳지 못했던 조세핀과 이혼을 하고, 1810년 3월 오스트리아의 황녀 마리 루이즈(Marie Louise)와 결혼했다. 이렇게 나폴레옹의 첫사랑은 끝나고 말았다.

나폴레옹은 왜 조세핀을 사랑했을까? 조세핀이 바라스의 정부였고, 행실이 좋지 못한 여자라는 것은 천하가 다 아는 사실이었다. 또 아이가 둘이나 있는 미망인이었다. 그리고 조세핀은 그의 열정적인 사랑에 반응하지 않았다. 세인트 헬레나에서 나폴레옹은 조세핀을 이렇게 회상하고 있다.

"나는 천성적으로 여자와 같이 있으면 수줍다. 그러나 보아르네 부인은 내게 어느 정도 자신감을 준 최초의 여자였다."

사실 나폴레옹이 여자와 함께 있으면 수줍다는 말이 언뜻 이해가 안 될 수 있다. 하지만 역사적으로 보았을 때 큰 업적을 남긴 사람들은 대체로 당당하고 자신감 넘치는 성격일 것 같지만, 실제로는 정반대인 경우가 많다. 오히려 내성적이고 수줍어하는 성격인 경우가 많다. 나폴레옹의 어린 시절을 돌아보면 언제나 그는 독특한 억양과 이름, 그리고 코르시카 출신이라는 점 때문에 놀림감이 되었거나 관심의 대상이었음을 알 수 있다. 그리고 어린 나이에 부모와 조국 코르시카를 떠나 낯선 곳에서 생활한 것을 고려해볼 때, 그런 성격이 형성된 것은 당연하다고도 할 수 있다. 수줍고 외로운 나폴레옹이 자신감을 주는 조세핀에게 빠질 수밖에 없었던 것이다.

나폴레옹의 학창 시절이 외롭고 고독했다고 주장하는 사람들도 있다. 나폴레옹이 학교에서 종종 놀림감이 되거나 경멸을 당했다는 것이다. 만약 이때 가족, 특히 어머니가 옆에 있었다면 굉장히 큰 힘이 되었을 것이다. 하지만 나폴레옹은 홀로서기를 해야 했고, 이 과정이 아주 힘들었을 것이다. 1793년에 온 가족이 프랑스로 건너왔지만, 외로운 나폴레옹을 생각하면 너무 늦었다. 이미 1785년에 나폴레옹은 소위로 임관을 하면서 가정을 책임져야 했기 때문에 더는 어머니에게 의지할 수 없었다. 하지만 그의 내면에는 보살핌을 받아야 할 어린 나폴레옹이 있었고, 어린 나폴레옹을 보살펴줄 새로운 엄마가 필요했다. 바로 그 역할을 조세핀이 해주었던 것이다. 힘든 시절을 보낸 나폴레옹에게 조세핀은 자신감을 주었다.

「배반의 심리학」에서 살펴보았듯이, 용사들과 영웅들도 사랑하는 여인 앞에서는 순진무구한 아이가 된다. 그리고 어린 시절 엄마의 역할을 사랑하는 여인이 해주기를 바라고, 어린 시절 엄마를 대하듯이 사랑하는 여인을 대한다. 어린 시절에는 엄마가 자신감의 근원이었다면, 어른이 되어서는 사랑하는 여인이 자신감의 근원이 된다. 나폴레옹에게 조세핀이 바로 그런 사람이었다. 하지만 조세핀은 나폴레옹이 원하는 만큼 좋은 대상이 되어주지는 못했다. 바로 여기에서 문제가 생겼다. 결국 나폴레옹은 자신의 열정을 온전하게 조세핀에게 쏟을 수 없게 되어버렸다. 황제 나폴레옹에 대해 혹독한 평을 했던 레뮈자 부인조차 "그가 조세핀의 사랑을 좀더 받았다면 더 나은 사람이 됐을 것"이라고 말했다.

사람은 방향성이 있는 에너지가 있는 존재라고 여러 학자들이 말한다. 프로이트는 이것을 추동이라고 표현했고, 융은 우리 마음 깊은 곳에 있는 자기(self)라고 했다. 로저스(C.R. Rogers)는 자기실현 경향성(self-actualization tendency)[14]라는 말로 표현했다. 사람의 에너지는 무한하지 않아서 어느 한 가지를 목표로 한다. 쉽게 생각하자면 사람들마다 삶의 주된 방향과 목표가 있다는 것이다. 어떤 사람은 사랑에 목숨을 걸고, 어떤 사람은 일에 목숨을 건다. 어떤 사람은 놀이에 목숨을 걸기도 한다. 물론 동시에 몇 가지 일을 할 수는 있지만, 그 정도에서 반드시 차이가 나며 자신의 에너지를 주로 한 곳에 쏟는다. 만약 처음 정했던 방향과 목표에 에너지를 쏟지 못하면, 다른 곳에 에너지를 쏟게 되는 것은 당연한 이치이다.

나폴레옹이 조세핀에게 빠졌을 때, 그의 에너지의 방향과 목표
는 조세핀이었다. 물론 신혼을 즐길 시간도 없이 나폴레옹이 전쟁
에 나가야 했지만, 그의 열정을 꺾은 것은 전쟁이 아니라 조세핀의
태도였다. 나폴레옹은 상처를 입고 사랑을 거둘 수밖에 없었다. 얼
마나 큰 상처였는지, 그는 다시는 사랑을 하지 않기로 결심했다. 나
폴레옹은 열정을 야망으로 돌렸다. 처음 그의 목적은 프랑스 대혁
명의 정신을 온 세상에 전파하는 것이었지만, 조세핀과 헤어진 뒤
로 그는 자신의 권력욕을 실현하고자 했다. 목적이 있는 정복이 아
니라, 정복을 위한 정복을 시작한 것이다. 마치 조세핀에게 받은 상
처에 대한 분풀이나 하려는 듯이 자신의 말에 복종하지 않으면 무
조건 응징하려고 했다.

나폴레옹에게 이제 사랑은 존재하지 않았다. 그에게 여자는 이
제 열정의 대상이 아니라, 단순한 놀이의 대상이 되었다. 나폴레옹
도 결국에는 조세핀 못지않게 여자관계가 복잡했다.

위인(偉人)과 위인(僞人), 그리고 위인(慰人)

나폴레옹의 대관식이 열렸던 1804년으로부터 2백 년이 지난

2004년 12월, 프랑스의 일간지 『르 피가로 *Le Figaro*』가 프랑스의 성인 남녀 1천 명을 대상으로 나폴레옹을 어떻게 평가하는지 조사했다. 그 결과 응답자의 49퍼센트는 나폴레옹을 '시대를 앞서가는 인물, 자신의 이상을 실현하는 방법을 알았던 위대한 인물'이라고 답했고, 39퍼센트는 '권력을 위해 수단과 방법을 가리지 않았던 독재자'로 평가했다. 그에 대한 평가는 지금까지도 엇갈리고 있다.

나폴레옹이 위인이 될 수 있었던 것은 많은 행운을 타고났고, 여러 분야에서 탁월한 안목과 능력이 있었으며, 끊임없이 노력했기 때문이다. 그리고 무엇보다 어린 시절 어머니의 일관되고 안정된 양육으로 자신과 세상에 대해 기본적인 믿음을 가지고 있었기 때문이다. 세상과 자신에 대한 믿음, 즉 자신감은 나폴레옹에게 가장 중요한 것이었다.

어머니를 떠난 이후로 그는 자신에게 자신감을 심어줄 여자인 조세핀을 만났다. 나폴레옹은 조세핀으로부터 한 없는 관심과 사랑, 집중을 받길 원했다. 그러나 자신에게만 집중하지 않았던 조세핀 때문에 나폴레옹은 상처를 받았다. 그리고 조세핀에게만 집중할 수 없게 된 나폴레옹은 에너지를 야망으로 돌렸다. 그동안 자신이 이루어 놓은 모든 것을 이용해 권력과 명예를 추구하였고, 수차례의 전쟁을 통해 헤아릴 수도 없을 만큼 많은 사람들을 희생시켰음에도 시민혁명의 정신을 들먹이며 자신의 행동을 합리화 하려고 했다. 그는 속으로 탐욕스러운 지배욕을 가지고 있으면서도 겉으로는 자유, 평등, 박애를 외친 위인(僞人)이었다.

나폴레옹은 모든 실패의 원인이 상처받은 자신을 극복하지 못했기 때문이라는 것을 누구보다 더 잘 알고 있었다. 위대한 영웅 나폴레옹 역시 사랑하는 사람으로부터 받은 상처 때문에 괴로워할 수밖에 없는 한 인간이었다. 대군을 통솔해서 전쟁터로 가는 장군의 마음속에는 인정받고 사랑받고 싶어하는 어린 나폴레옹이 있었다. 그리고 씻을 수 없는 상처를 잊기 위해 목숨을 건 전쟁을 해야만 했던 어린 나폴레옹이 있었다. 그렇기에 그는 누군가로부터 위로받고 싶었던, 또 스스로를 위로해야만 했던 위인(慰人)인 것이다.

"나의 실패와 몰락에 대하여 책망할 사람은 나 자신밖에는 아무도 없다. 내가 나 자신의 최대의 적이며, 비참한 운명의 원인이었다."

나폴레옹 대관식_ 이 대관식을 기점으로 나폴레옹에 대한 평가는 극단으로 나뉘게 된다.

당신의 삶은 어떤유형인가

아들러는 사람들마다 독특한 생활양식(life style)을 보인다고 했다. 이 생활양식은 그 사람의 전반적인 태도를 결정한다고 한다.

그는 생활양식을 사회적 관심(social interest)과 활동수준(degree of activity)이라는 두 기준에 따라 네 가지 유형으로 구분했다. 사회적 관심은 다른 사람에 대한 이해와 공감, 그리고 개인의 이익보다는 다른 사람과 전체의 이익을 추구하는 것으로, 심리적으로 얼마나 성숙했는지를 보여주는 것이다. 또한 활동수준은 개인이 가지고 있는 에너지를 말한다. 어떤 사람은 아주 무기력하고, 어떤 사람은 왕성하게 활동한다. 이 표에서 볼 수 있듯이, 사회적 관심이 높으면서 활동수준이 낮은 경우는 없다. 왜냐하면 아들러는 사회에 대해 많은 관심을 가진 사람은 다른 누군가를 돕지 않고서는 못 배긴다고 생각했기 때문이다.

■ 지배형

독단적이고 공격적이며 활동적이지만, 사회적 인식이나 관심이 거의 없는 사람이다. 이런 유형은 타인에게는 별 관심이 없고 공감할 줄 모르기 때

		사회적 관심	
		고	저
활동수준	고	사회적 유용	지배형
	저		기생형 회피형

문에 타인을 무조건 지배하려는 태도를 가지게 된다. 부모의 양육 방식이 지배적이고 독재적인 경우의 자녀에게 나타나는 생활양식이다.

■기생형

기생적인 방법으로 다른 사람과 관계를 맺으며, 누군가에게 의존해서 자신의 욕구를 충족하려고 한다. 이 유형의 사람의 주된 관심은 다른 사람으로부터 무엇인가를 얻어내는 것이다.

■회피형

매사에 소극적이며 부정적인 태도를 가진 사람으로, 자신감이 부족하기 때문에 적극성이 많이 부족하다. 이들은 인생의 모든 문제를 회피함으로써 어떠한 실패도 경험하지 않으려고 한다.

■사회적 유용형

자신과 타인의 욕구를 충족시켜주며, 다른 사람과 기꺼이 협동해면서 살아간다. 긍정적인 태도를 가진 성숙한 사람이라고 할 수 있으며, 심리적으로 건강한 사람의 표본이 된다.

08

유토피아의 심리학

유토피아 만들기 프로젝트는 계속 된다

혼란스러운 시대에 태평천국을 꿈꾸다 | 태평천국 운동

공산주의를 꿈꾸며 '빵과 평화'를 외치다 | 마르크스 · 홍수전

함께 일하고 나누는 유토피아 | 심리 용어 : 사회적 태만 · 사회적 촉진 · 평가 불안 · 무임승차

이성의 힘으로 유토피아를 그리다

지도 밖의 유토피아를 꿈꾸다

심리학 들여다보기 | 심리학자가 꿈꾼 이상사회-월든 투

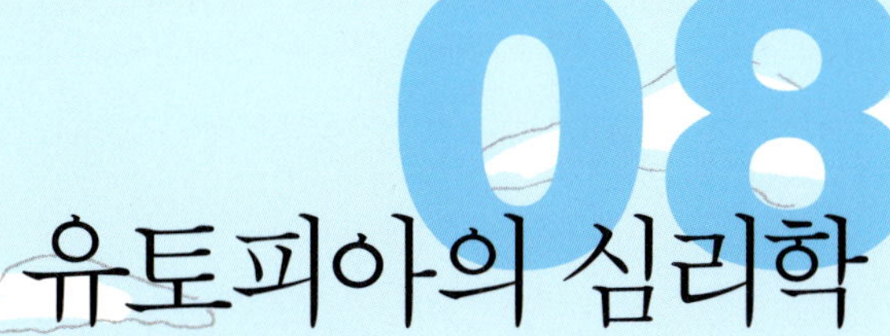

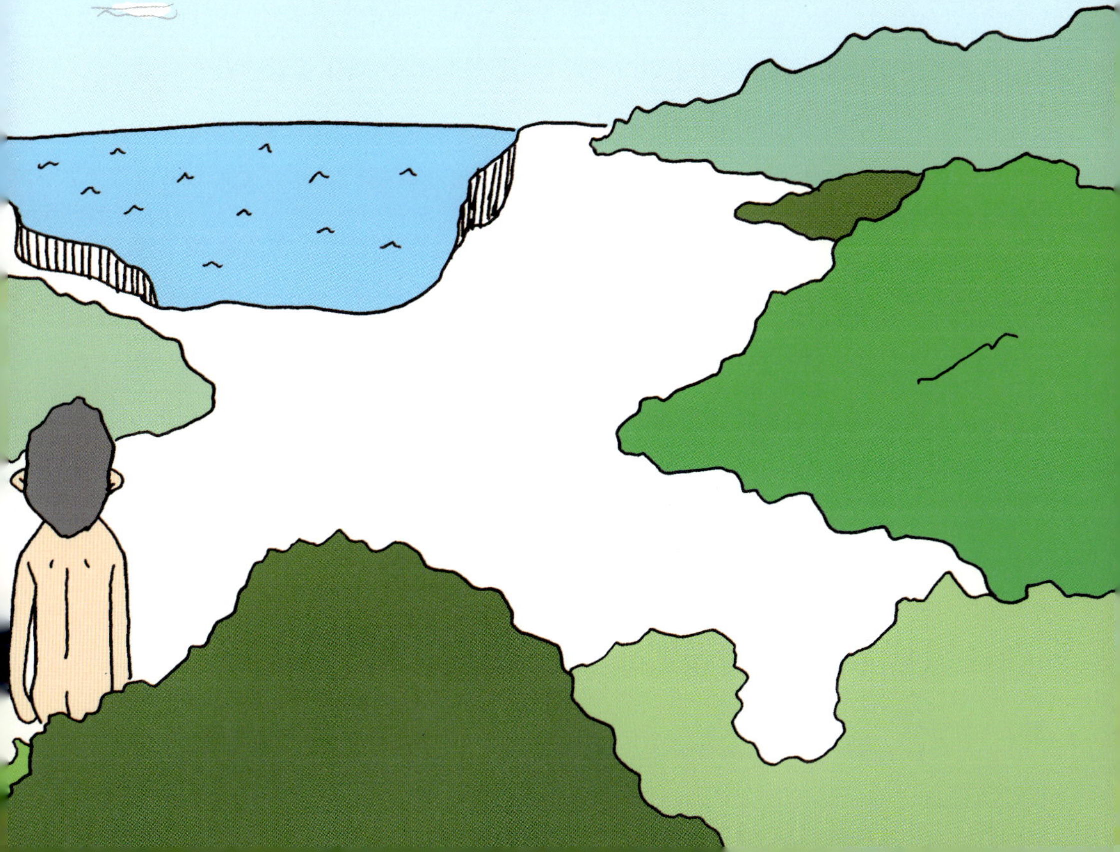

학생들은 시험과 공부가 없는 세상을 꿈꾼다. 하지만 어른들은 아무 걱정 없이 공부만 할 수 있었던 때가 좋았다면서 학창 시절을 그리워한다. 도시의 소음과 공해에 시달리며 사는 사람들은 조용한 전원생활을 꿈꾸지만 농촌에 사는 사람들은 교육과 문화의 혜택이 풍부한 도시에 사는 사람들을 부러워한다. 과도한 업무에 시달리는 회사원들은 조금 더 편안한 직장이나 로또 당첨을 꿈꾼다. 하지만 실업자들이나 아직 취직을 못한 사람들은 하루 빨리 직업과 일을 갖기를 원한다.

노동자들은 적게 일하고 많이 받기를 원한다. 기업주는 많은 일을 시키고 적게 주기를 원한다. 노동자들은 열악한 노동 조건을 개선해야 한다고 주장하고, 기업주들은 오히려 일을 더 시키려고 한

다. 대통령을 선출하는 대선이나 지역의 국회의원을 선출하는 총
선 때만 되면 많은 후보자들이 현실의 많은 문제점을 지적하면서,
자신들이 선출되기만 하면 모든 문제를 완벽하게 해결해주겠다고
약속한다. 마치 모두의 소망이 이루어지는 유토피아(utopia)[1]를 건
설할 것 같은 공약들로 가득 차 있다.

사람들은 언제나 문제점을 지적하면서, 그것을 극복하기를 원한
다. 한편으로는 문제점이 없는 것처럼 보이는 사람들을 부러워하
거나, 현실의 한계를 뛰어넘거나 유토피아를 꿈꾼다. 현실을 떠나
새로운 세상을 꿈꾸는 마음은 비단 우리 시대에만 있는 것은 아니
다. 과거에도 사람들은 불편함과 부조리가 없는 세상에서 살기를
바랐다.

플라톤은 『국가 Politeia』[2]에서 보편적 진리가 인정되는 작은 규
모의 도시국가를 완전한 공동체로 제시한다. 이후에 여러 작품에
서 유토피아와 비슷한 개념들이 등장하는데, 그중에서 특히 아틀
란티스[3]의 전설은 사람들에게 유토피아에 관한 많은 영감을 불어
넣어 주었다. 문학작품에서도 유토피아는 많이 나타났는데, 현재
의 상황에 대한 실제적인 해결책을 제공하기보다 그것을 비웃는
풍자에 불과한 경우가 많았다. 대표적으로 조나단 스위프트
(Jonathan Swift)[4]의 『걸리버 여행기』[5]가 있다.

유토피아는 이처럼 문학이라는 가상의 공간뿐만 아니라, 현실
세계에서도 시도되었다. 대부분은 종교 지도자나 정치 개혁가들이
자신들의 이상을 실현하기 위해 만든 공동체들인데, 이들 공동체

1) 이 말은 토머스 모
어가 1516년에 출판한
『국가의 최선 정체(政
體)와 새로운 섬, 유토
피아에 관하여』란 책
에서 처음 사용되었다.
이 책에서 그는 생활
에 만연해 있는 이기
심을 없애는 유일한
치유책이 공산주의라
는 주장을 하기 위해
유토피아를 구체적으
로 묘사하고 있다.

2) 플라톤의 가장 위대
한 저술로 꼽히는 책.

3) 대서양에 있었다고
하는 전설상의 대륙.
높은 수준의 문화를
지닌 유토피아였으나
지진과 홍수로 멸망했
다고 한다.

4) 아일랜드 출신의 작
가로 풍자의 대가이다.

5) 1726년에 간행된
풍자소설로 총 4권이
다. 주인공 걸리버가
항해 중에 난파하여,
소인국과 대인국, 하늘
을 나는 섬나라, 말[馬]
나라로 표류해 다니면
서 기이한 경험을 한
다는 줄거리이다.

걸리버 여행기_ 소인국에 표류한 걸리버의 모습.

6) 태평천국 운동의 지도자로 1853년 남경에서 태평(太平)이라는 국호를 내세우고, 자신을 천왕(天王)이라 불렀다.

7) 독일의 사회학자이자 경제학자. 엥겔스와 함께 「공산당 선언」을 발표하여 각국의 혁명에 불을 지폈다.

는 원래의 지도자가 살아 있을 동안은 번창했다가 지도자가 죽고 난 뒤에는 쇠퇴했다. 유토피아를 현실에 실현하는 것은 생각만큼 쉽지 않았던 것이다.

사람들에게 유토피아란 무엇을 의미할까? 수많은 문학가와 종교인, 정치인들은 왜 유토피아를 꿈꾸었을까? 그런데 왜 언제나 실패할 수밖에 없었을까?

태평천국을 꿈꾸었던 중국의 홍수전(洪秀全)[6]과 공산주의 사상을 통해 이 땅에 유토피아를 건설하고자 했던 마르크스(Karl Heinrich Marx)[7], 그들의 야무진 꿈은 왜 실패할 수밖에 없었는지 살펴보자.

혼란스러운 시대에 태평천국을 꿈꾸다

태평천국 운동은 청나라 말기 혼란스러운 시대에 일어난 민란이었다. 시대가 어지러웠기 때문에 사람들은 태평을 꿈꾸었고 이러한 바람을 홍수전이 실천에 옮겼다.

영국과 프랑스, 미국을 비롯한 서구 여러 나라들은 18세기 무렵부터 자국의 산업을 부흥시키기 위해 앞 다투어 식민지를 개척했다. 물론 처음부터 군대를 앞세우고 들어간 것이 아니라 무역이라는 명분을 내세워 무역을 하기 위한 회사를 세우곤 했다. 영국도 동인도 회사(East India Company)[8]를 앞세워서 인도와 동아시아를 대상으로 무역을 했다. 하지만 이 무역은 순수한 무역이 아니었다. 대부분 불평등한 조건에서 무역이 이루어졌을 뿐만 아니라, 돈을 벌 수만 있다면 아편을 파는 것도 서슴지 않았다.

영국은 인도에서 생산된 아편을 청(淸)나라에 팔기 시작했다. 당시 영국은 중국과의 교역에서 상당한 무역 적자를 봤는데, 그 이유는 중국에서 많은 양의 차(茶)를 수입했기 때문이다. 영국은 무역 적자를 메우기 위해서 아편을 팔기 시작했다. 아편은 중독성이 있기 때문에, 한번 아편을 피워본 사람들은 재산을 다 팔아서라도 아편을 사려고 했다. 돈이 있는 사람들이야 별 문제가 되지 않지만, 가난한 사람들까지 아편에 손을 대면서 청나라의 경제는 파탄에 이르렀다. 그리고 정부 관리들과 군인들까지 아편을 하면서 나라의 전체 기능이 완전히 마비될 정도였다. 결국 청나라는 광주(廣州)에서 모든 아편을 금지했을 뿐만 아니라, 아편을 몰수해 모두

8) 영국이 인도 및 극동 지역과 활발하게 무역 하기 위해 설립한 회사. 18세기 초에서 19세기 중엽까지 인도에서 영국 제국주의의 앞잡이 역할을 했다.

불태웠으며 영국과의 무역을 영원히 단절할 것을 선언했다. 1840
년 영국은 이를 구실로 전쟁을 일으켰다. 그러나 신식 무기로 무장
한 영국군을 청나라 군대가 이길 수는 없었다. 결국 청나라는 영국
과 남경조약을 맺었다. 남경조약은 불평등 조약으로 청나라에 절
대적으로 불리한 조항들로 가득 차 있었으며, 이 조약으로 중국은
홍콩의 모든 주권을 영국에 넘겨주었다.[19]

청나라 말기에 아편은 사람들의 몸과 마음을 병들게 했으며, 설
상가상으로 전쟁까지 치르면서 경제와 정치, 문화는 심각하게 망
가졌다. 하지만 더 큰 문제는 이러한 위기를 고위 관료들은 실감하
지 못했다는 것이다. 그들은 직접 서양인을 보지도 못했고, 농촌의
비참한 생활도 알지 못했다. 여전히 춤과 노래에 파묻혀서 태평세
월을 누리고 있었다. 결국 민심은 동요하기 시작했고, 그 결과 사방
팔방에서 민란이 일어났다. 그중에서 가장 큰 민란이 바로 홍수전
이 이끌던 태평천국 운동이었다.

홍수전은 어렸을 적부터 열심히 책을 읽으면서 과거에 급제하겠
다는 꿈을 키웠다. 그러나 과거에 네 번이나 응시하고도 사대부에
서 가장 낮은 '수재' 라는 명함조차 얻지 못했다. 이에 실망한 홍수
전은 기독교 신앙을 받아들이게 되었고, 결국 예수가 꿈꾸었던 천
국의 태평스러운 모습을 숭배한다. 그리고 자신의 신앙을 주변 사
람들에게 열심히 전하다가 마침내 상제회(上帝會)라는 자신만의
종교를 만든다. 그는 자신이 예수의 동생이라고 주장했다. 그리고
집에서 모시던 불상과 유교 경전 및 공자, 맹자의 위패를 전부 태워

버렸다. 홍수전의 과격한 행동은 사람들을 놀라게 해서, 많은 사람들에게 공격을 받았다. 그는 자신을 따르는 사람들과 함께 산속으로 도망쳤고, 그곳에서도 쉬지 않고 전도를 해서 그를 따르는 신도의 수가 빠르게 늘어났다. 그러자 홍수전은 신도들을 중심으로 군대를 만들고 태평군(太平軍)이라고 이름을 붙였다. 홍수전은 태평군을 이끌고 주변 지역을 조금씩 장악하기 시작했다. 위기감을 느낀 청나라는 군대를 보내서 맞서게 했지만, 청나라 군대는 이미 썩을 때로 썩어 있어서 태평군의 상대가 되지 못했다.

홍수전.

1851년 홍수전은 청나라 군대의 포위망을 뚫고 영안(永安)을 점령해 태평천국의 건립을 선언했으며, 자신은 태평천국의 원수인 천왕(天王)이 되었다. 그리고 5명의 걸출한 부하들을 왕으로 삼았다. 홍수전은 여기서 그치지 않고 더 많은 도시를 점령했으며, 결국 남경(南京)까지 함락했다. 남경의 이름을 천경(天京)으로 고치고, 태평천국의 수도를 옮겼다. 1853년, 홍수전을 따르는 사람들은 2백만 명이나 되었다고 한다.

홍수전은 자신이 점령하는 곳마다 지주의 땅을 빼앗아 농민들에게 나누어주었고, 모든 면에서 여성을 남성과 동등하게 대우해주었다. 홍수전은 인간은 누구나 평등하다고 생각했기 때문이다. 결국 이러한 극단적인 개혁은 무능하고 부패한 관리들과 악덕 지주들 때문에 고생하고 있던 백성들에게 새로운 희망이 되었고, 짧은 시간 안에 수많은 사람들을 끌어 모으는 원동력이 되었다.

태평천국 운동의 급작스러운 성장은 일개의 민란이 무려 14년 동안이나 청나라와 힘겨루기를 할 수 있게 했지만, 아이러니하게도 14년 만에 실패로 돌아가게 한 원인이 되기도 했다. 다시 말해 수많은 사람들이 이 개혁적인 운동에 동참한 것이 성공 요인이기도 했지만, 너무 빠른 성장은 조직을 체계적으로 정비하고 많은 사람들을 지도할 수 있는 인재를 발굴할 여유를 주지 않았다. 그리고 태평천국 운동의 사상과 개혁적인 내용은 좋았지만, 조직도 엉망이고 지도자도 없었다. 뿐만 아니라 자신들에게 도움이 될 수도 있었던 외국 세력도 이용하지 못할 정도로 국제정세에는 문외한이었다.

1864년 태평천국 운동의 본거지가 된 남경은 청나라 장수 증국번(曾國藩)[10]에게 포위당한다. 이 기간이 무려 3년간 지속되는데, 이 와중에 천왕인 홍수전은 죽고 그 아들이 뒤를 이었다. 하지만 3년 만에 성은 함락되었고, 태평천국을 지상에서 이루고자 했던 홍수전의 꿈은 허무하게 끝나버렸다.

홍수전은 태평천국을 꿈꾸었다. 물론 자신이 예수의 동생이라고 주장하는 등 기독교를 이용해 자신을 신격화한 부분은 혁명의 본질을 흐릴 만하지만, 그가 일으킨 태평천국 운동은 단순한 농민들

의 반란이라기보다는 혁명성을 지니고 있
는 농민운동이라고 할 수 있다. 그래서 중
국 역사에서 태평천국 운동은 중국이 근대
사회로 발전하게 된 계기가 되었다고 평가
받기도 한다.

홍수전의 태평천국 운동은 너무나 개혁
적이었다. 그가 이루고자 했던 세상은 모두
가 평등하고 행복하게 사는 곳이었다. 가진
자와 못 가진 자, 남자와 여자, 상전과 하인
등 모든 불평등을 없애고, 일한 만큼 가져
갈 수 있는 곳, 바로 그가 꿈꾸었던 것은 유
토피아였다.

마르크스_ 공산주의의 사상적 기초를 마련하였다.

홍수전이 중국에서 유토피아를 꿈꾸고 그것을 실현하려고 할
때, 독일에서는 마르크스가 유토피아를 꿈꾸고 있었다. 홍수전이
1814년에 태어났고, 마르크스가 1818년에 태어났으니 두 사람은
같은 시대를 살면서 같은 꿈을 꾸었다고 할 수 있다. 비록 홍수전
은 중국의 유토피아를 실천하려다가 꿈을 이루지 못하고 죽었지
만, 마르크스는 전 세계적인 유토피아를 꿈꾸었고, 그가 죽은 뒤
그의 꿈은 실현되는 것처럼 보였다. 독일인 마르크스가 꿈꾸었던
공산주의라는 유토피아는 독일이 아니라 러시아에서 먼저 시작되
었다. 왜냐하면 러시아에서 공산주의 혁명이 시작될 수밖에 없었
던 시대적 상황이 있었기 때문이다.

공산주의를 꿈꾸며 '빵과 평화'를 외치다

1905년 1월 9일 일요일 상트페테르부르크에 20만 명이 넘는 노동자와 가족들이 모여들었다. 만주와 조선의 지배권을 두고 러시아는 일본과 전쟁(러일전쟁, 1904~1905)을 벌였는데, 이 전쟁은 러시아 경제를 더욱 어렵게 만들었다. 러시아는 모든 식량과 물자를 전쟁에 쏟아 부었기 때문에 일반 노동자들에게 돌아갈 것이 없었고, 그 결과 많은 노동자들이 식량을 구하지 못해 결국에는 길거리로 쏟아져 나온 것이다. 하지만 모인 사람들은 폭도들이 아니었다. 이들은 단지 러시아의 마지막 황제인 니콜라이 2세[11]에게 자신들의 어려움을 호소하고 싶었다. 하지만 수많은 군중들이 몰려온다는 소식을 들은 황제는 겁을 먹었고, 목숨에 위협을 느끼자 군중들에게 총을 쏘라는 명령을 내렸다. 수많은 사람들이 죽었고, 도시는 피와 시체로 가득했다. 이날을 바로 '피의 일요일'이라고 하며, 이것이 러시아 혁명의 시작을 알리는 사건이었다.

이 끔찍한 사건은 결국 러시아 전역의 노동자들을 분노하게 했다. 황제는 모든 상황이 예상치 못하게 돌아가자 사태를 수습하기 위해 입헌군주제를 약속했고, 선거를 통해 의회를 구성했다. 하지만 황제의 조치는 어디까지나 임시방편이었을 뿐이었다. 급진적인 개혁을 원하는 사람들은 황제의 이러한 조치에 만족하지 못했고, 급기야 러시아 전역에서 파업이 일어나는 등 사태가 점점 걷잡을 수 없게 되었다.

이러한 상황이었던 1914년에 1차 세계대전이 터졌고, 러시아는

11) 러시아의 마지막 황제. 결국 10월 혁명 뒤에 황후와 함께 처형당했다.

전쟁에 뛰어들었다. 국내의 갈등과 혁명의 열기를 잠재우기 위한 방법은 사람들의 관심을 전쟁으로 돌리는 것이라 판단한 것이다. 하지만 이것은 어디까지나 틀린 판단이었다. 니콜라이 2세는 러일 전쟁에서 아무런 교훈을 얻지 못했는지, 경제가 좋지 않은 때에 1차 세계대전에 참전했기 때문에 러시아의 경제는 더욱 나빠졌다. 마침내 분노가 폭발한 러시아의 노동자들은 길거리로 뛰어나와서 "빵과 평화! 토지와 자유!"라는 구호를 외치기 시작했다. 그리고 이제는 단지 구호만 외치는 것에 그치지 않고, 자신들을 대표할 수 있는 기관인 소비에트(soviet)[12]를 결성했다. 그리고 1917년 3월, 민중들은 왕궁으로 쳐들어가서 황제를 쫓아내고, 러시아 공화국 임시정부를 구성했다(3월 혁명). 하지만 이 임시정부 역시 제대로 기능을 수행하지 못했다.

그때 사회주의 정당을 건설하려다 체포되어 유배 생활과 망명 생활을 했던 레닌(Vladimir Ilich Lenin)[13]이 돌아왔다. 레닌은 임시정부를 맹렬히 비난하면서 권력은 소비에트가 가져야 하며, 전쟁을 빨리 중단해야 한다고 주장했다. 황제도 임시정부도 민중들의 가려운 곳을 긁어주지 못했지만, 레닌은 달랐다. 민중들은 레닌을 지지했고, 레닌은 사람들을 선동해 임시정부를 무너뜨리고 정권을 잡았다(11월 혁명). 새롭게 수립된 혁명 정부는 당장 전쟁을 중지하고, 토지의 사유제도를 폐지한다고 선언했다. 노동자와 농민을 위한 정부인 사회주의 국가가 탄생한 것이다. 레닌은 마르크스의 사상을 급진적으로 받아들여 실천했다. 드디어 러시아에서 마르크

12) 러시아어로 '평의회'라는 뜻으로, 연방 · 공화국 · 지방 · 시 · 지구 · 촌락 수준에서 입법과 행정의 기능을 수행한다.

13) 러시아의 급진적 마르크스주의자. 러시아 공산당을 창설해 혁명을 지도했고, 소련 최초의 국가원수가 되었다.

마르크스와 함께 유토피아를 꿈꾸었던 엥겔스.

스가 꿈꾸었던 유토피아가 실현되는 순간이었다. 20세기의 뜨거운 감자인 두 이데올로기(자본주의 대 공산주의, 자유주의 대 사회주의)가 대립하기 시작하는 순간이었다. 또한 유토피아를 이 땅에 실현하기 위한 최대의 실험이 시작되는 순간이었다.

그렇다면 도대체 백 년 동안 전 세계의 반을 열광시킨 공산주의와 마르크스가 꿈꾸었던 유토피아는 어떤 세상일까? 마르크스가 살았던 19세기의 독일은 경제와 정치가 모두 엉망이었다. 이웃 나라 영국은 산업혁명을 통해 경제적으로 발전했고, 프랑스는 프랑스 대혁명을 통해 정치적으로 발전했다. 하지만 독일은 봉건제 때문에 경제도 어려웠고, 나라는 분열되어 정치도 혼란스러웠다.

홍수전의 태평천국 운동이 그러했듯이, 혼란스러운 세상에서 사람들은 변화와 발전, 진보를 원한다. 마찬가지로 당시 독일의 많은 지식인들은 혼란스러운 세상을 벗어나기 위한 방법으로 '비판의 힘'[14]을 믿었다. 다시 말해, 자유로운 토론 문화 속에서 잘못된 것을 비판하고, 더 나은 방법을 추구하면 언젠가는 모두가 원하는 세상이 올 것이라고 믿었던 것이다.

마르크스도 처음에는 이런 입장이었다. 하지만 점차 비판을 통해서 역사가 발전할 수 있는지에 대해 의심하게 되었다. 실질적인 권력을 갖지 못하는 이상, 비판은 단순히 비판으로만 끝날 수 있기 때문이었다. 결국 마르크스는 비판이 현실이 되기 위해서는 당연히 실천이 따라야 한다고 보았고, 이 실천은 현재의 잘못된 상황을 극복하려는 감정과 의지를 가진 사람들만이 할 수 있다고 생각했다. 마르크스는 이런 실천 의지를 가진 사람들은 프롤레타리아(proletariat)[15]뿐이라고 생각했다. 프롤레타리아는 아무것도 갖고 있지 않은 사람들로, 자본주의 사회에서 가장 억압받는 존재이면서 동시에 자본주의 사회를 유지하지 위해 더욱 많이 필요한 존재들이다. 가장 많은 수를 차지하면서, 가장 억압받는 존재라는 모순된 상황에 있는 프롤레타리아만이 혁명이 가능하다고 생각한 것이다.

그렇다고 마르크스는 한 사회가 자본주의에서 공산주의로 변화하는 것이 쉽다고 생각하지는 않았다. 마르크스는 자본주의 사회가 공산주의 사회로 변화하기 위해서는 긴 시간이 필요하다고 생각했으며, 그렇게 이행하는 중간 과정에서는 프롤레타리아 독재를 해야 한다고 생각했다. 프롤레타리아 독재는 프롤레타리아가 권력을 장악하고, 국가의 기간사업을 국유화해 노동자가 전체 생산을 직접 통제하는 것을 말한다. 어떻게 보면 프롤레타리아 독재는 민주주의를 부정하는 것처럼 보인다. 하지만 마르크스는 스스로 혁명적 민주주의를 옹호했고, 민주주의를 위한 투쟁을 전개했다.

그런데 어떻게 민주주의를 옹호하고 추구한 사람이 프롤레타리아 독재를 말할 수 있을까? 마르크스가 보기에 독재는 민주주의와 상반된 개념이 아니기 때문에 가능했다. 마르크스는 지금 대부분의 나라들이 채택하고 있는 대의제 민주주의[16]가 실질적 의미에서 독재[17]이며, 프롤레타리아 독재는 실질적인 의미에서의 민주주의라고 생각했다. 왜냐하면 프롤레타리아 독재는 대의제 민주주의와 달리 노동자와 민중이 국가권력을 직접 행사할 수 있기 때문이다. 다시 말해, 각 지역과 생산 현장, 그리고 각 부문에서 생활하는 사람들이 직접 대표를 뽑고 이들이 국가를 구성할 뿐만 아니라, 언제든지 자신을 선출한 사람들을 소환하고 파면할 수 있다는 것이다.

마르크스는 또한 실질적 민주주의를 실현하기 위해서는 큰 공장들과 국가의 기간산업, 은행을 국유화해야 한다고 생각했다. 빈부격차를 없애고 모든 사람들이 자유롭게 자신의 가치를 실현하기 위해서 그렇게 할 필요가 있다고 생각했다. 그렇다고 개인이 아무것도 소유하면 안 된다고 생각하지 않았다. 마르크스의 주장은 소유 일반의 폐지를 의미하는 것이 아니다. 마르크스는 생활필수품과 소규모 생산수단을 소유하는 것은 인정했다. 하지만 큰 공장이나 기계와 같은 생산수단을 개인이 소유하게 되면 빈부격차와 함께 지배와 피지배의 구도를 만든다고 믿었기 때문에, 이를 사회 전체가 관리해야 한다고 생각했던 것이다.

결국 마르크스가 추구하는 최고의 공산주의 사회는 자신의 이익을 위해서 노동을 하는 곳이 아니다. 이익과 재산이 목적이 아니라 자신의 가치를 실현하기 위해 노동을 하는 곳이다. 그렇기 때문에 개인의 능력에 따라 노동을 하고 필요에 따라서 노동의 결과를 나누는 사회다. 사람들의 욕구와 가치가 실현되는 노동을 하는 곳이며, 사회의 발전이 곧 자신의 발전이 되는 사회이다. 여기서의 원리는 "각자는 능력에 따라! 각자는 필요에 따라!"가 된다. 능력이 부족한 사람도, 신체가 불구인 사람도, 여성도, 노인도, 어린이도 각자 할 수 있는 만큼 노동하고 필요한 만큼 가져가 자신의 삶을 풍요롭게 가꿀 수 있는 사회이며, 어떠한 개인이나 집단도 다른 개인이나 집단을 구속하고 핍박하지 않는 사회이다. 이것이 바로 마르크스가 꿈꾼 사회이다. 이런 의미에서 마르크스는 유토피아를 꿈꾸었다.

우리는 지금까지 19세기를 살았던 중국의 홍수전과 독일의 마르크스를 살펴보았다. 이들은 어지러운 세상에 살면서, 더 나은 세상을 꿈꾸었던 사람들이다. 하지만 이들이 꿈꾸었던 더 나은 세상이란 현실의 불편함과 불합리성만을 제거한 그런 사회가 아니라, 그야말로 완벽한 사회, 즉 유토피아였다. 이들이 평생을 바쳐서 꿈꾸었던 유토피아는 결국 실패했다. 무엇 때문에 그토록 꿈꾸었던 유토피아가 실패로 돌아갔는지 심리학으로 살펴보자.

함께 일하고 나누는 유토피아

유토피아는 현실에 대한 비판과 불만에서 나오게 되어 있다. 현실의 문제점을 극복할 수 있는 더 나은 세상을 추구하기 때문에 유토피아를 꿈꾸는 것이다. 그렇다면 사람들이 가장 크게 느끼는 현실의 문제점은 무엇일까? 다시 말해, 유토피아에서 가장 추구하고자 하는 것은 무엇일까? 바로 평등이다. 현실에서 사람들이 가장 크게 느끼는 문제는 바로 불평등의 문제이고, 유토피아에서 이루고자 하는 것은 바로 평등이다.

홍수전도 태평천국 운동을 일으키면서, 첫째로 내세웠던 것이 평등이었다. 그의 개혁안에는 남자와 여자가 평등해야 하며, 가진 자와 못 가진 자가 평등하도록 하는 조치들이 들어 있다.

마르크스 역시 평등 문제를 중점으로 다루고 있는데, 그는 인류의 역사를 불평등 때문에 생겨난 갈등의 연속이라고 보고 있다. 「공산당 선언」의 일부를 보자,

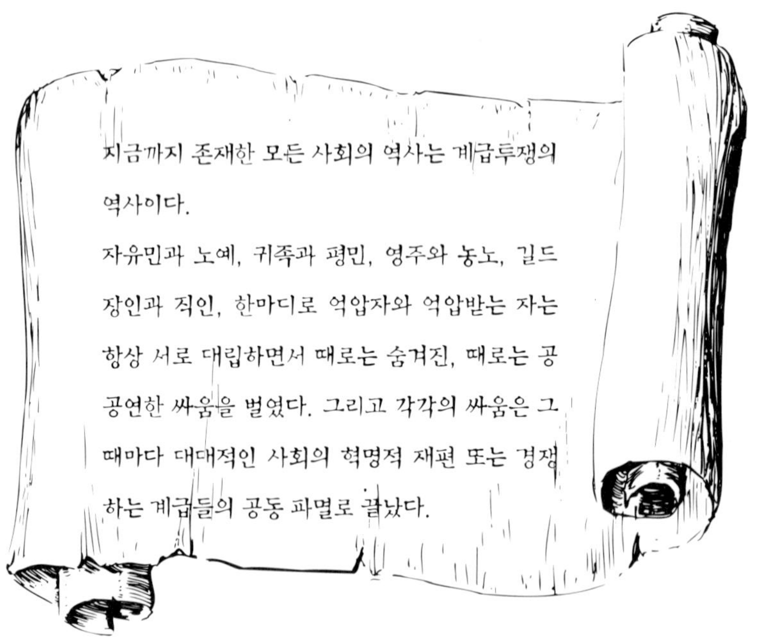

마르크스는 이 세상이 자유민과 노예, 귀족과 평민, 영주와 농노, 길드장인과 직인, 즉 억압자와 억압받는 자로 구분되어 있어서, 이들은 결국 싸움을 벌였다고 한다. 이들의 싸움과 갈등의 원인은 한마디로 말하자면, 바로 평등의 문제다. 억압받는 자들은 억압자와 동등한 대접과 대우를 원하지만, 억압자는 억압받는 자들과 차별대접과 대우를 원한다. 다시 말해, 억압받는 자들은 억압자들과 평등해지는 것을 원하지만, 억압자는 억압받는 자들과 불평등한 관계를 원한다.

그렇다면 도대체 무엇이 이러한 평등과 불평등의 문제를 만드는 것일까? 불평등의 원인은 아주 많지만, 대표적으로 능력의 차이를 들 수 있다. 능력이란 여러 가지를 의미할 수 있는데, 육체의 능력일 수도 있고 정신의 능력일 수도 있다. 육체의 능력이 좋다는 것은 타고난 신체 조건이 좋은 것을 의미할 수도 있고, 혹은 몸이 건강한 것을 의미할 수도 있다. 정신 능력이 좋다는 것은 똑똑한 머리를 타고나서 모든 일을 효율적으로 처리할 수 있다는 것을 의미할 수도 있고, 꾸준히 노력해서 어떤 특정한 분야에서 다른 사람보다 더 많은 지식을 갖게 되었다는 것을 의미할 수도 있다. 어쨌든 능력의 차이가 있다는 것은 결국 사람들이 모두 같은 조건에 있지는 않다는 것이다.

이러한 능력의 차이는 필연적으로 능력의 결과물에서도 나타난다. 같은 땅에서 농사를 지어도, 몸이 건강한 사람은 열심히 농사를 지을 것이고, 몸이 아픈 사람은 그렇지 못할 것이다. 그렇게 되면 열심히 농사를 지은 사람은 수확을 많이 하게 될 것이고, 몸이 아파서 열심히 농사를 짓지 못한 사람은 이보다 적게 수확할 것이다. 마르크스 역시 이것을 인정했다. 인간은 모두 다른 능력을 가지고 태어났고, 그에 따른 노동과 노동의 결과가 다르다는 것을 인정했다.

또 한편으로 불평등의 차이는 능력의 차이뿐만 아니라, 조건의 차이 때문에 발생한 것일 수 있다. 예를 들면, 어떤 사람은 태어날 때부터 귀족 가문에서 많은 재산을 갖고 태어났고, 어떤 사람은 가난한 농민의 집에서 태어났다. 마르크스와 홍수전은 이러한 조건의 차이를 없애기 위해서 토지를 비롯해 기간산업 등 조건의 차이가 일어날 수 있는 것들을 국유화했다. 하지만 이렇게 조건의 차이를 없애도 여전히 개인의 능력 차이는 어쩔 수 없음을 마르크스 역시 인정했다. 그래서 마르크스가 제시한 방법은 바로 "능력에 따른 노동과 필요에 따른 분배"이다. 함께 생산하고, 함께 분배하자는 것이 바로 공산주의의 가장 기본 사상이다.

모두가 평등한 세상이 정말 가능할까? 물론 제도상으로는 함께 생산하고, 분배하는 것이 가능하겠지만, 과연 실제로 가능한 방법일까? 모두 함께 일하고 나누면, 모두가 만족할 수 있을까?

심리학자들도 이러한 질문을 하기 시작했고, 이 문제를 사회적 태만(social loafing)과 사회적 촉진(social facilitation)이라는 주제로 연구했다. 사회적 태만이란 다른 사람과 함께 일하는 사회적 상황에서 게을러지는 것을 말하고, 사회적 촉진이란 이와 반대로 사회적 상황에서 더 열심히 일하는 것을 말한다. 혼자서 일하는 상황이 아니라 다른 사람과 함께 일하는 상황에서 어떤 경우에는 게을러지고, 어떤 경우는 부지런해지는 원인은 무엇일까? 심리학자들은 그 원인이 바로 사람들이 하고 있는 일에 있다고 보았다. 다시 말해, 어떤 과제이냐에 따라 달라진다는 것이다.

사회적 촉진이 일어나는 경우는 일의 결과가 각자의 몫으로 주어질 때이고, 반면 사회적 태만이 일어나는 경우는 함께 일하고 일의 성과가 공동의 몫으로 주어질 때라고 한다. 우리의 일상생활로 눈길을 돌려보자. 시험 기간만 되면 평소 한산하던 도서관과 독서실이 가득 찬다. 사람들은 조용한 집을 놓아두고 조금 시끄럽고 산만하더라도 도서관으로 간다. 편안할 뿐만 아니라 돈이 전혀 들지 않는 집을 놓아두고 비싸고 불편한 독서실로 간다. 그 이유를 물어보면 집에서 혼자 공부하는 것보다 많은 사람들이 있는 곳에서 공부가 더 잘된다고 한다. 이것이 바로 사회적 촉진 현상이다. 비록 공부는 혼자 하지만, 함께 모여서 공부할 때 공부가 더 잘되는 것이다. 하지만 함께 모여서 조별 과제를 하는 경우에는 이야기가 달라진다. 각자 공부를 할 때에는 함께 모여서 해야 잘되었지만, 함께 목표 하나를 두고 공부하면 이상하게 잘 안 되는 경험을 누구나 한 번쯤은 해보았을 것이다.

이와 비슷한 예가 또 있다. 심리학자들은 사람들에게 줄다리기를 시키면서, 바로 사회적 태만과 사회적 촉진 현상을 살폈다. 먼저 사람들이 줄다리기를 할 때 뒤에서 다른 사람들이 함께 당긴다고 할 때와 혼자서 당기는 것이라 할 때를 비교해보았다. 그랬더니 혼자서 당긴다고 했을 때가 다른 사람들이 함께 당기고 있다고 했을 때보다 18퍼센트 정도 더 세게 당기는 것을 확인했다. 혼자서 당길 때는 자신의 노력으로 모든 것이 결정된다고 생각하지만, 공동의 목표를 두고 다른 사람과 함께 한다고 생각하면 노력을 덜 하는 것으로 나타났다.

그렇다면 왜 공동의 목표를 가지고 함께 일할 때 사람들은 노력하지 않을까? 여러 사람이 함께 모여서 자신의 과제를 수행할 때에는 개인이 얼마나 노력했는지 나타나게 되어, 평가 불안(evaluation apprehension)[18]이 증가한다. 반면 공동의 목표를 가지고 일할 때에는 그 결과도 하나로 나타나게 되어, 개인이 얼마나 노력했는지 나타나지 않아서 평가 불안은 많이 감소한다. 사람들은 평가 불안이 높을수록 열심히 일하게 되고, 평가 불안이 낮을수록 열심히 하려고 하지 않기 때문에, 결국 공동의 목표를 가질 때 사람들은 노력

18) 사람들은 자신이 한 일에 대해 다른 사람이 어떻게 볼 것인가에 대해 염려하는 경향이 있다.

하지 않다.

여기에 무임승차(free-riding)[19] 동기도 중요한 영향을 미친다. 무임승차란 차비를 내지 않고 공짜로 얻어 타려는 것을 말한다. 그런데 무임승차를 하기 위해서는 반드시 누군가는 차비를 내야 한다. 차비를 내는 사람이 없다면, 당연히 기차나 버스는 움직이지 않을 것이기 때문이다. 다른 사람들이 차비를 내면 기차나 버스는 목적지를 향해 움직일 것이고, 이것이 바로 무임승차를 할 수 있는 조건이 된다. 다시 말해, 공공의 목적을 가지고 함께 일을 할 때, 자신이 하지 않아도 다른 사람들이 열심히 하면 자신은 놀면서도 그 일의 결과를 가질 수 있다. 이렇게 된다면 결국 여러 사람들이 함께 모여서 일을 하지만, 무임승차하려는 사람들이 많을수록 그 일의 결과는 아주 보잘 것 없게 되는 것이다.

평가 불안의 감소와 무임승차 동기의 증가는 결국 능력만큼 일하고 필요에 따라 나눈다는 마르크스의 생각을 무색하게 한다. 왜냐하면 사람들은 능력만큼 일하지 않지만, 필요는 줄어들지 않기 때문에 결국 생산과 소비에 불균형이 생길 수밖에 없다. 함께 일하고 함께 나눈다는 홍수전과 마르크스의 생각은 정말 현실과는 동떨어진 생각이라고 할 수 있다. 이것이 유토피아를 실패하게 한 첫째 환상이다.

아마도 마르크스가 사회적 태만이라는 심리적 현상을 알았더라면, 그리고 러시아를 비롯한 많은 공산주의 국가들이 경제적으로 한참 뒤처지는 것을 보았더라면 "어떻게 이런 일이 일어날 수 있을

19) 공동의 과제를 할 때 자신은 노력하지 않고 다른 사람이 노력한 결과에 묻어 가려는 동기.

까?” 하고 질문을 했을 것이다. 하지만 대부분의 사람들은 아마도 이런 질문을 할 것이다. “어떻게 마르크스는 이런 일을 예상하지 못했을까?” 왜냐하면 사회적 태만이 일어난다는 것은 어렸을 적 친구나 형제와 함께 어른의 심부름을 해본 사람이라면 누구나 알 수 있는 뻔한 것이기 때문이다.

마르크스는 어떻게 능력에 따라 노동을 해서 생산하고, 어떻게 그것을 필요에 따라 함께 나누는 것이 가능하다고 생각했을까? 이제 유토피아를 무너뜨린 둘째 환상을 살펴보자.

이성의 힘으로 유토피아를 그리다

마르크스가 꿈꾼 사회는 능력이 부족한 사람도, 신체가 불구인 사람도, 여성도, 노인도, 어린이도 각자 할 수 있는 만큼 노동하고 필요한 만큼 가져가서 자신의 삶을 풍요롭게 가꿀 수 있는 사회이며, 어떠한 개인이나 집단도 다른 개인이나 집단을 구속하고 핍박하지 않는 사회이다. 누구나 자신의 능력만큼 노동하고, 필요한 만큼 가져가는 사회다. 몸이 불편하거나 병이 있거나, 아니면 다른 여러 이유 때문에 일할 능력이 없는 사람은 그냥 가져가도 된다.

만약 당신이 이렇게 살 수 있다면, 당신이 알고 있는 다른 사람들도 이렇게 살 수 있을까? 적어도 나는, 그리고 내가 아는 다른 사람들은 이렇게 살기 힘들 것 같다. 며칠이라면 모를까, 평생 이렇게 살아야 한다면 도저히 일할 맛도 나지 않을 것 같다. 노동한 만큼의 대가를 가져가는 것을 당연하게 생각하면서 살았기 때문인지, 대가와 상관없는 노동을 하고, 노동과 상관없는 대가를 가져가는 것은 받아들이지 못할 것 같다.

물론 누군가는 이렇게 말할 것이다. 우리가 지금까지 자본주의 사회에서 살았기 때문에 이것이 불가능하고 어렵다고 생각하는 것이지, 만약 처음부터 공산주의 사회에서 살았다면 이야기는 달라질 것이라고 말할지도 모르겠다. 그래서 이 문제는 '나와 당신이 이러한 삶을 살 수 있겠는가?'의 질문을 넘어서서, '인간이란 어떤 존재인가?'라는 질문으로 이어지는 문제이다. 적어도 마르크스는 인간이란 올바른 사상만 가진다면, 얼마든지 이러한 삶을 살 수 있다고 생각했던 것 같다. 그리고 그는 이러한 삶을 살았다. 자신의 소유를 주장하거나 욕심 내지 않고 혁명을 위해서 모두 바쳤다. 물론 그 덕분에 그의 가족들은 매우 고생했지만, 그의 가족들 역시 마르크스의 이러한 삶에 태도에 적극 동참했다.

태평천국 운동을 일으킨 홍수전을 비롯해 유토피아를 꿈꾸었던 대부분의 사람들은 차별이 없는 평등한 사회를 꿈꾸었기 때문에, 평등에서 가장 중요한 문제인 생산과 분배에서 마르크스와 비슷하거나 같은 생각을 했다. 그리고 이러한 삶을 살기 위해서 노력했고, 또 실제로 그렇게 살았다. 바로 이것이 문제이다. 그들은 그렇게 살았기 때문에, 다른 사람들도 그렇게 살 수 있을 것이라고 생각한 것이다. 이들은 자신들을 기준으로 사람을 이해하고 있다.

사람이 본질적으로 어떤 존재인지 알기 위해서는 교육이나 학습을 전혀 받지 않은 어린아이들을 보면 쉽게 알 수 있다. 아기들은 배가 고프면 울고, 배가 부르면 웃는다. 배가 고파서 다른 아이의 것도 빼앗아 먹지만, 배가 불러도 때로는 다른 아이에게 자신의 것을 빼앗기지 않으려고 한다. 맛있는 것은 친구와 함께 나누어 먹는 것이라고 가르쳐주어도, 아이들은 자신의 것을 빼앗기지 않으려 하고, 혹시나 빼앗기면 크게 화를 낸다.

물론 교육과 학습을 통해서 어느 정도 이러한 부분이 다듬어지고 사회화된다. 그래서 자신의 것을 친구에게 나누어줄 수 있고, 다른 사람을 위해서 자신을 기꺼이 희생하기도 한다. 하지만 교육과 학습이 모든 사람의 본성 자체를 완벽하게 바꾸지는 못한다. 물론 유토피아를 꿈꾸었던 사람들처럼, 혹은 인도의 간디[20]나 마더 테레사[21]처럼 다른 사람이나 큰 뜻을 위해 자신을 희생하는 사람들도 있다. 그러나 이들이 위대한 위인이 된 것은 대부분의 사람들이 이렇게 살지 못하고, 그저 자신의 이익에 매달려 살기 때문이다.

태평천국을 꿈꾸었던 홍수전은 어려서부터 유가 교육을 받으면서 과거에 급제하기 위해서 열심히 공부했다. 또한 그 시대에 서양에서 들어온 종교를 받아들인 사람이었으니, 그는 확실히 평범한 사람은 아니었다. 그는 사회에서 고통받고 있는 사람들에 대한 애정과 사회를 변화시키고 개혁하고자 하는 의지가 강한 사람이었다. 하지만 모든 사람이 홍수전 같지는 않았다. 심지어 그의 부하들도 홍수전의 마음과 똑같지는 않았다. 부하들은 제대로 된 교육을 받지 못한 사람들이었고, 홍수전의 높은 이상을 따라가지 못했다.

결국 태평천국 운동이 14년 만에 막을 내리게 된 것은 홍수전을 따르는 모든 사람들이 홍수전의 마음 같지 않았기 때문이다. 모두가 평등하게 사는 태평천국에서도 계급과 권력은 존재했으며, 이로 인한 불평등과 오해는 있었다.

모두가 평등하게 살기를 바랐던 마르크스는 어렸을 때부터 종교와 문학, 철학에 깊이 빠져 있었으며, 아버지의 영향으로 대학에서는 법학을 공부했다. 하지만 그가 추구한 진리는 법학에서 찾을 수 없었기 때문에 철학을 공부했고 만 23세가 되기 직전인 1841년 4월 철학박사학위를 받았다. 그리고 자신이 원한다면 교수를 할 수도 있었으나, 그는 교수직을 버리고 소외되고 가난하고 고통 받는 이들을 위해 살았다. 이들이 더는 억압받지 않기 위해 혁명을 주장했다. 이들이 통치하는 세상을 꿈꾸었다. 이런 면에서 본다면 그 역시 평범한 사람은 아니었다. 그의 삶도 그렇지만, 그의 지식과 생각은 남달랐기 때문이다.

하지만 그의 꿈이 현실에서 이루어졌을 때, 모든 것이 그의 생각처럼 되지 않았다. 그는 다른 사람들도 자신의 생각을 알게 되면, 자신과 함께 할 것이라고 생각했다. 능력에 따라 일하고 필요에 따라 나누어 갖는 것이 가능할 것이라고 생각했다. 하지만 그의 꿈이 러시아에서 현실이 되었을 때, 사람들은 마르크스의 높은 이상처럼 능력에 따라 최선을 다해 일하고, 필요에 따라서 나누어 갖는 것에 대해 불만을 갖기 시작했다.

마르크스는 분명히 이성에 의존하지 않았다. 그는 눈에 보이지 않는 이성을 말하는 것은 허위의식에 불과하다고 주장했다. 그는 이성이 아니라 실천을 중요하게 생각했다. 그리고 추상화된 개념이나 이성보다는 사회 구조와 환경을 중요하게 생각했기 때문에 이를 바꾸어야 한다고 믿었고, 그래서 혁명을 주장했다. 하지만 여기서 짚고 넘어가야 할 것은 마르크스가 멸시하고 싫어한 이성은 실천이 없는 탁상공론이었지, 자신의 감정과 욕심을 통제하고 자신의 것을 타인에게 나누어주는 실천을 위한 이성은 아니었다. 다시 말해, 마르크스는 아주 이성적인 사람이었다. 물론 그의 이성은 실천을 위한 이성이었다. 실천을 위한 이성도 분명히 이성이다. 자신의 욕심과 소유를 뛰어넘고, 개인보다는 전체와 집단을 위해 살고 나누기 위해서는 상당히 이성적이어야 한다. 높은 이상을 실현하기 위해 사적인 감정과 욕심을 포기할 수 있어야 한다.

정신분석의 창시자인 프로이트가 말하길, 인간이란 이성과 의식보다는 무의식과 감정의 지배를 더 많이 받는다. 인간이 이성적인 존재인 척하는 것을 프로이트는 비판했다. 르네상스와 자연과학이 발전하기 시작한 뒤 대략 3백 년간 사람들은 이성과 합리성을 잘 사용하기만 하면 무엇이든지 할 수 있을 것이라고 생각했다. 유토피아라도 실현할 수 있을 것이라고 믿었다. 그러나 프로이트는 인간에게는 이성적이고 합리적인 의식뿐만 아니라, 감정적이고 비합리적인 무의식이 있음을 주장했다. 그리고 의식보다는 무의식이 인간의 마음을 더 많이 차지하고 있으며, 무의식의 내용은 성(性)적인 것과 공격성이라고 했다. 결국 프로이트의 이러한 주장을 증명이라도 하듯이, 또 인간이 얼마나 비이성적인 존재인지를 증명하듯이 20세기에는 인류 역사상 가장 큰 두 번의 전쟁이 일어났다.

유토피아가 실패한 이유는 아주 높은 이상을 가진 뛰어난 사람들, 그리고 큰 뜻을 위해 개인적인 욕심을 포기할 수 있는 아주 이성적인 사람들이 가지고 있던 두 가지 환상 때문이었다. 함께 일하고 함께 나눈다는 환상과 인간은 이성적이고 합리적인 존재라는 환상이 그것이다.

지도 밖의 유토피아를 꿈꾸다

태평천국을 꿈꾸었던 홍수전과 공산주의를 꿈꾸었던 마르크스, 이들은 유토피아를 추구했던 수많은 사람들 중의 하나일 뿐이다. 훨씬 더 많은 사람들이 유토피아를 꿈꾸었고 지금도 꿈꾸고 있으며 앞으로도 꿈꿀 것이다.

역사를 살펴보면 사람들은 언제나 더 나은 삶을 살기 위해서 끊임없이 노력하고 있다. 현실의 문제를 극복하기 위한 방법과 도구를 개발하면서 더 나은 세상을 꿈꾼다. 위기를 맞이하면, 자연스럽게 그 위기를 극복할 만한 방법을 찾는 것이 인간의 본성이다. 하지만 때로는 위기를 극복하기 위해서가 아니라, 단지 불편함을 없애기 위해서 새로운 방법을 찾고 도구를 개발하는 것 같다. 이렇게 만든 방법이 현실의 문제를 완벽하게 해결하는 것처럼 보이지만, 또 다른 문제를 일으킨다. 새롭게 만든 도구가 인간의 불편함과 한계

를 극복할 수 있게 만드는 것처럼 보이지만, 또 다른 불편함을 만든다. 인류가 자동차를 만들어서 더욱 편리해졌다고 생각하는가? 물론 그렇다. 하지만 자동차 때문에 하루에도 얼마나 많은 사람이 죽고 있는지 생각해보라. 우리가 편리하자고 만든 것들이 결국에는 우리에게 편리함과 함께 불편함과 불이익을 준다. 세상에 완벽한 것은 없기 때문이다.

유토피아라는 말은 그리스어의 '아니다(ou)'와 '장소(topos)'를 합성해서 만든 단어로, 그 의미는 '아무 데도 없는 곳(nowhere)'이다. 유토피아의 뜻을 생각해보면 사람들이 꿈꾸는 세상, 모두가 만족하는 세상인 유토피아는 아무 데도 없다. 결국 유토피아를 추구했던 사람들은 처음부터 아무 데도 없는 곳을 찾아 헤맸다는 말이 된다.

그렇다면 정말 더 나은 세상은 존재하지 않는 것일까? 이 질문에 대해 여러 가지 대답이 나올 수 있겠지만, 심리학 관점에서 보면 유토피아는 우리의 마음에 존재한다. 왜냐하면 끊임없이 부정적인 면을 보는 사람은 어느 곳에 가서도 불평을 하고, 언제나 긍정적인 면을 보는 사람은 어느 곳에 가서도 감사를 하기 때문이다. 결국 더 나은 세상은 우리의 외적 조건이나 환경보다도 우리의 마음에 달려 있다고 할 수 있다. 그러나 마르크스에게 이에 대해 어떻게 생각하는지 물어본다면, 그는 이러한 논리는 억압자가 억압받는 자를 착취하기 위해 사용하는 대표적인 논리라고 반박할 것이다. 마르크스의 반박처럼 억압자들이 이 논리를 이용해 억압받는 자들을 계속 착취한다면 이것은 아주 잘못된 것이다. 그런데도 부인할 수 없는 사실은 현실을 바꾸려는 실제적인 노력보다 현실을 바라보는 우리의 마음 자세가 달라져야 현실을 바꾸려는 의지를 올바르게 이끌 수 있다는 것이다.

세상을 뒤집어엎어야 한다는 억압받는 자들의 논리와 현실은 보기 나름이라는 억압자들의 논리, 둘 중의 어느 하나만 옳은 것은 아니다. 현실이 바뀌지 않고서 현실을 바라보는 시각만 바꾸기도 어렵지만, 현실을 바라보는 시각을 바꾸지 않고야 현실이 가장 살기 좋게 바뀌어도 만족할 수 없을 것이다. 현실을 바라보는 우리의 시각도 바꾸면서, 현실도 바꾸어야 한다. 이럴 때에만 현실에서 꿈이 만들어지고, 꿈은 현실 속에서 실현될 수 있을 것이다. 그렇게 되어야 우리의 꿈(vision)이 한낱 꿈(dream)이 되지 않을 것이다.

심리학자가 꿈꾼 이상사회-월든 투

행동주의 심리학[1]의 대가인 스키너(B. F. Skinner)는 1948년 『월든 투 Walden Two』라는 소설을 발표했다. 원래 '월든'은 미국 메사추세츠주 콩코드 지방에 있는 호수의 이름이다. 영미문학가인 소로우(Henry David Thoreau)가 2년 2개월간 이 호숫가에 오두막집을 짓고 살았다. 소로우는 이때의 경험을 바탕으로 『월든』이라는 책을 펴냈다. 이 책은 인간이 꿈꾸고 있는 이상향을 보여주고 있는 듯해서 사람들에게 좋은 호응을 얻었다.

심리학은 과학이어야 하고, 자신도 철저한 과학자임을 주장했던 스키너가 왜 소설을 썼을까? 그리고 과학자가 쓴 소설은 어떤 내용일까?

어느 날 젊은이 두 사람이 부리스 교수를 찾아온다. 부리스의 제자인 로저스와 함께 군 생활을 했던 잼닉이다. 로저스는 부리스가 오래전 수업에서 이상적 공동사회(Utopian Community)에 대해 자주 이야기했던 것을 기억하고 찾아온 것이다. 로저스와 잼닉은 군 생활 중 어느 잡지에서 프레이저라는 사람이 기고한 글을 보았는데, 프레이저는 바로 부리스가 말했던 공동사회를 실천하고 있었다. 로저스와 잼닉은 부리스가 자신들의 호기심을 풀어줄 수 있을 것이라고 생각해 찾아온 것이다.

우연의 일치일까? 바로 프레이저는 부리스 교수의 대학원 동료로, 이들은 대학원 시절, 이상사회에 대해 함께 고민했다. 하지만 부리스는 대학원을

스키너_ 현대 심리학의 대표적인 심리학자. 다양한 실험 장치를 이용해 동물들에게 복잡한 행동을 학습시키는 실험을 했다. 대표적인 예는 탁구를 하는 비둘기를 들 수 있다.

졸업하면서 프레이저와 연락이 끊긴 상태였다. 옛 제자의 갑작스러운 방문과 옛 친구의 소식을 들은 부리스는 전문학회 연감을 뒤져서 프레이저의 이름을 찾아낸다. 그리고 그에게 편지를 보내어 프레이저가 실천하고 있는 '월든 투'라는 공동체를 방문한다.

이렇게 시작되는 소설은 프레이저가 만든 공동체에 대한 상세한 묘사와 구체적인 방법을 제시함으로써, 스키너는 간접적으로 심리학적 이상사회가 가능함을 주장하고 있다. 인류는 오랫동안 수많은 유토피아를 꿈꿔왔지만 어느 것 하나도 성공하지 못했다. '철학적 완전주의'를 실현하려고 했기 때문이었다. 즉, 철학적 이상에 얽매어서 오류를 수정하지 못하고 결국 실패했다. 스키너는 이 책에서 행동주의 이론에 따라 오류 수정을 얼마든지 할 수 있는 이상사회를 묘사하고 있다.

'월든 투'의 목적은 모든 사람들이 가장 행복하게 사는 것이다. 사회의 일부 계층만이 아니라, 모든 사람이 일을 하면 개인에게 돌아가는 전체 노동 시간을 크게 단축할 수 있다. 그리고 개인의 재능과 능력을 펼칠 수 있는 충분한 기회를 준다. 어느 누구도 어떤 것을 강요받지 않으며, 누구나 적성에 맞는 일을 스스로 선택할 수가 있다. 스키너는 이러한 모든 것이 철저한 심리학 이론인 행동주의의 여러 방법으로 가능함을 보여주고 있다.

---

1) 심리학이 과학적인 학문이 되기 위해서는 눈에 보이지 않는 마음이 아니라, 눈에 보이는 행동만을 연구 대상으로 삼아야 한다고 주장했던 심리학의 한 분파.

09 전쟁의 심리학

무의식 속에 전쟁을 부르는 DNA가 숨어 있다?

건강한 대한민국 남자라면 누구나 가야 하지만 모두 가기 싫어하는 곳이 바로 군대이다. 초등학교 시절부터 열심히 배웠던 '국민의 4대 의무' 중 하나인 국방의 의무를 다하기 위해 입대를 하면, 그제야 비로소 우리나라가 아직도 전쟁 중임을 실감하게 된다.

1950년 6월 25일 시작되어 1953년 7월 27일 휴전협정을 할 때까지 3년 1개월 동안 수많은 사람들이 목숨을 잃었다. 한국전쟁으로 인한 피해가 얼마나 심했던지 전쟁에 참여했던 나라들은 휴전에 합의했다. 전쟁을 계속하다가는 어느 누구도 승자가 될 수 없을 것이라고 판단했기 때문이다. 이렇게 시작된 휴전은 어느새 반세기가 지났다. 대부분의 사람들은 이제 전쟁을 다른 나라 이야기처럼 생각한다. 우리의 전쟁이 아직 끝나지 않았다.

전쟁은 인류의 역사가 시작된 이래로 단 한 번도 그친 적이 없다. 지금 이 순간도 세계 여러 곳에서 서로에게 총부리를 겨누고 있다. "인간은 왜 끊임없이 전쟁을 하는 것일까? 인간에게는 전쟁을 좋아하는 유전자가 있는 것일까? 서로 갈등하고 미워하며, 상대방을 죽이려는 인간의 사악한 본성은 타고난 것인가?"

전쟁의 참혹함과 끔찍함을 보여주는 것은 군인과 군인의 싸움이 아니라 수많은 민간인들의 희생이다. 몇 년 전에는 한국전쟁 중에 미군들이 저지른 노근리 양민학살사건의 전모가 드러나기도 했다. 한국전쟁 초기 미군은 북한군의 공격을 받아 후퇴하던 중 충청북도 영동군 주민 5백 여 명을 피난시키는 과정에서 218명의 민간인을 학살했는데, 그 장소가 황간면 노근리 경부선 철로 쪽이라고 해서 노근리 양민학살사건이라 한다. 미국정부는 진상조사를 실시했고, 2001년 1월 13일 클린턴 대통령이 깊은 유감을 표명하면서 미군이 저지른 학살 사건임을 인정했다. 학살을 저질렀던 군인들의 증언을 들어보면, 상부에서 지시했기 때문이라는 대답을 한다. 그런데 이것은 자신의 잘못을 회피하기 위한 핑계인가? 아니면 정말 단지 명령을 받았기 때문에 이러한 일을 한 것일까?

전쟁의 또 한 가지 폐해는 바로 포로 학대이다. 잔혹한 전쟁에도 규칙이 있는데, 그것은 바로 포로로 잡힌 적군을 보호해주는 것이다. 비록 전투에서는 서로 총을 겨누지만, 한쪽이 백기를 들고 투항하면 그들을 죽여서는 안 된다. 하지만 이것 역시 잘 지켜지지 않는다. 포로를 학살하기도 하고, 모욕감과 수치감을 주기 위해서 갖은

방법으로 학대한다. 마치 포로들을 인간으로 보지 않는 것처럼 말이다. 그렇다면 포로를 학대하는 이 군인들은 정말 나쁜 사람들인가? 악한 심성이 그들을 악한 행동으로 이끈 것일까?

우리는 앞에서 세 가지 질문을 던졌다. 첫째 전쟁이 끊이지 않는 이유는 무엇인지, 둘째 학살을 저지른 증인들의 증언은 단순한 핑계인지 아니면 진실인지, 마지막으로 포로를 학대하는 원인이 사람들의 악한 심성에 때문인지에 대한 물음이다. 전쟁에 영향을 미치는 요인들은 한두 가지가 아니어서 심리학만으로는 전쟁을 완전히 설명할 수는 없겠지만, 전쟁 역시 사람이 하는 일이니 만큼 심리학은 우리에게 전쟁의 또 다른 면을 보여줄 것이다.

왜죠, 프로이트? 그건 말이죠, 아인슈타인 씨

    1931년, 국제연맹[1]의 산하 기관인 국제지적협력위원회[2]는 대표적인 지식인들의 편지 교환을 주선하기로 했다. 세계적으로 저명한 지식인들이 끔찍했던 전쟁(1차 세계대전)에 대해 어떻게 생각하는지, 인류가 전쟁을 하지 않을 수는 없는지를 함께 고민하기 위해서였다. 위원회는 이 일을 세계적인 물리학자 아인슈타인(Albert Einstein)[3]에게 의뢰했다. 아인슈타인은 물리학자였을뿐만 아니라 세계 평화나 전쟁 같은 사회 문제에도 많은 관심을 가지고 있었기에 위원회의 제의를 받아들였고, 편지를 주고받을 상대로 먼저 프로이트를 제안했다. 프로이트 역시 아인슈타인의 제안에 흔쾌히 동의했고, 여러 차례에 걸쳐 편지를 주고받았다. 그리고 위원회는 1933년 3월에 아인슈타인과 프로이트 사이에 오간 편지를 출판했는데, 우리는 두 사람의 편지를 통해 프로이트가 전쟁을 심리학적으로 어떻게 바라보고 이해했는지 살펴볼 수 있다. (이 글에 인용한 아인슈타인과 프로이트의 편지는 모두 『프로이트 전집』에서 뽑았다.)

"나는 문명이 직면해야 하는 온갖 문제들 가운데 지금 상황에서 가장 긴급해 보이는 문제에 관해 당신과 의논할 수 있는 좋은 기회를 얻었습니다. 그 문제란 바로 이것입니다. 인류를 전쟁의 위협에서 해방할 수 있는 방법은 있는가? (중략) 그런데 아무리 열심히 노력해도, 이 문제를 해결하려는 시도는 모두 유감스러운 실패로 끝

1) 1차 세계대전에서 승리한 연합국들이 주도해 국제 협력을 위해 세운 기구로, 국제연합(UN)이 생기기 전에 있었던 단체다.

2) 이 국제기구가 발전해 현재의 유네스코가 되었다.

3) 독일의 물리학자. 1921년에 노벨물리학상을 받았다. 그가 발견한 상대성 원리와 중력에 관한 이론들은 뉴턴 물리학을 넘어서는 획기적인 진전으로 과학 탐구와 철학 탐구에 혁명을 일으켰다.

아인슈타인은 짤막하게 쓴 편지에서 프로이트에게 사람들이 전쟁을 하는 심리적 요인에 대해 이야기해달라고 한다. 아인슈타인은 전쟁이란 분명히 정치적이고 제도적인 모순 때문에 일어나기도 하지만, 더 중요한 심리적 요인이 있다고 지적하면서 이에 대한 프로이트의 견해를 묻고 있다.

정신분석이라는 새로운 영역을 개척한 프로이트는 인간의 마음은 의식으로만 이루어져 있는 것이 아니라, 의식보다 훨씬 크고 중요한 무의식으로도 이루어져 있다고 밝혔다. 그리고 인간 마음의 대부분을 차지하는 무의식은 성적인 추동(sexual drive)[4]으로 가득하다고 주장했다. 뿐만 아니라 성인에게 나타나는 성적인 추동은 어린 시절에 없다가 어느 순간 갑자기 나타나는 것이 아니라 태어날 때부터 가지고 있는 것이며, 따라서 어린아이들도 성욕이 있다고 주장했다.[5] 프로이트의 이러한 주장은 당시 사회에 엄청난 충격을 주었다. 한없이 맑고 깨끗하게 보이는 어린아이에게 성욕이 있다는 것은 도저히 받아들일 수 없었으며, 인간이 이성적이고 합리적인 존재가 아니라 무의식의 지배를 받는 존재, 그것도 성적인 욕

4) 다른 말로는 성적인 욕구와 소망이라고 할 수 있다. 간혹 어떤 책에서는 이 말을 성적인 본능(sexual instinct)이라고 표현하는데, 프로이트는 본능이란 말은 동물에게 해당하는 것이고 추동은 사람에게 해당하는 것이라고 명확히 구분했다.

5) 프로이트는 에너지 보존의 법칙을 사람의 마음에 적용했다. 이 법칙에 따르면 에너지는 변형될 수는 있어도 소멸되지는 않는다.

망으로 가득 차 있는 무의식의 지배를 받는 존재라는 프로이트의 견해는 너무도 놀라웠다.

1856년 태어나서 1939년에 죽은 프로이트는 1차 세계대전을 겪으면서 어떻게 인간이 그토록 끔찍한 살인과 만행을 저지를 수 있는지 고민하게 되었고, 그 결과 또 한 가지 충격적인 주장을 한다. 그것은 인간의 무의식에는 성적인 추동 이외에 공격적인 추동이 있다는 것이다.

"우리의 가설에 따르면, 인간의 추동은 두 종류뿐입니다. 즉, 보존과 통합을 추구하는 추동과 파괴와 죽음을 추구하는 추동이 그것인데, 첫째 추동을 우리는 플라톤이 『향연』에서 사용한 '에로스'[6]라는 낱말과 똑같은 의미에서 '에로스적' 추동이라고 부르거나, 또는 성에 대한 통상적 개념을 의도적으로 확대해 '성적' 추동이라고 부릅니다. 그리고 둘째 추동을 우리는 공격 추동이나 파괴 추동으로 한데 묶어서 분류합니다. 당신도 알고 있다시피, 이는 사실상 널리 알려져 있는 사랑과 증오의 대립을 이론적으로 명확히 한 것에 불과합니다. 어쩌면 이 대립은 당신의 전문 분야에서 한몫을 하고 있는 인력(引力)과 척력(斥力)의 양극성과도 근본적인 연관성을 갖고 있는지 모릅니다. 그러나 여기에 윤리적인 선악 판단을 너무 서둘러 도입해서는 안 됩니다. 이 두 추동은 똑같이 꼭 필요한 것입니다. 생명 현상들은 양자의 협력이나 상호 반발에서 생겨나기 때문입니다. 어느 한쪽 추동만 따로 분리된 상태에서는 거

6) 일반적으로 사랑을 의미하는 것으로, 그리스 신화에서는 사랑의 신으로 등장한다. 플라톤은 그리스 신화를 인용하고 있다.

의 작용할 수 없는 것처럼 보입니다. 다른 쪽 추동이 일정량 결합되어 그 추동의 본래 목표를 수정하고, 어떤 경우에는 목표 달성을 도와주기도 합니다. 예를 들면, 자기보존 본능은 분명 에로스적인 종류에 속하지만, 목적을 달성하려면 공격성을 가져야 합니다. 사랑의 추동도 마찬가지여서, 어떤 식으로든 사랑하는 대상에 대한 소유권을 얻으려면 지배 추동의 도움이 필요합니다. 우리가 그토록 오랫동안 두 종류의 추동을 인식하지 못했던 것은 이 두 추동이 실제로 발견될 경우 따로 분리하기가 어렵기 때문입니다."

프로이트는 그동안 자신의 이론인 정신분석에서 제시한 성적인 추동, 즉 삶과 생명의 추동 이외에 또 한 가지의 추동을 가정한다. 바로 공격적인 추동, 즉 죽음과 파괴의 추동이다. 프로이트는 이 두 추동이 근본적인 연관성을 갖고 있기 때문에 서로 다르지 않다고 한다. 용감한 자만이 미녀를 얻을 수 있다는 말에서도 알 수 있듯이, 사랑을 얻기 위해서는 그와 반대인 공격과 지배라는 추동이 필요하다는 것이다. 이러한 연관성 때문에 프로이트는 그동안 두 추동을 구분해내지 못했다고 한다.

그렇다면 이것을 어떻게 전쟁과 연관해서 생각할 수 있을까? 프로이트는 전쟁이란 인간에게 내재되어 있는 공격적 추동, 다시 말해 공격적 성향의 발현이라고 말하고 있다. 죽음의 추동이 발현되는 것이 전쟁이라는 것이다. 마치 사랑의 추동이 발현되는 것이 남녀의 성적 행위와 그로 인한 생명의 탄생이듯이 말이다.

"당신의 관심사는 정신분석 이론이 아니라 결국 전쟁 방지인데, 내가 당신의 관심을 남용하고 있는 것은 아닌지 걱정스럽습니다. 그래도 나는 중요성에 비해 대중에게 잘 알려져 있지 않은 파괴 추동에 대하여 좀더 이야기하고 싶습니다. 약간의 추론 끝에 우리는 이 추동이 모든 생명체 내부에서 작용하고 있으며, 모든 생명체를 파괴하여 원래의 물질 상태로 환원하려고 애쓴다는 견해에 도달했습니다. 따라서 이것은 죽음의 추동이라고 말할 수 있는 반면에, 에로스적 추동은 생명 지향의 노력을 나타냅니다. 죽음의 추동이 특별한 신체 기관의 도움으로 외부 대상에게 돌려지면 파괴 추동으로 바뀝니다. 말하자면 생명체는 외부 대상을 파괴함으로써 자신의 생명을 보존하는 것입니다."

파괴와 전쟁, 죽음을 향하는 속성이 우리 안에 있다는 프로이트의 이러한 주장은 매우 충격이었다. 아마도 어린아이에게도 성적인 추동이 있으며, 어느 시기에는 이성의 부모를 향해 나타난다는 주장[17] 못지않게 충격을 주었다. 프로이트는 더 나아가 삶의 추동 목표가 생명의 지향이라면, 죽음의 추동 목표는 모든 생명체를 원래의 상태로 되돌아가게 하려는 것이라고 한다. 다시 말해, 성적인 추동의 결과가 무(無)에서 생명을 탄생시킨 것이라면, 공격적 추동의 결과는 생명을 무(無)로 돌아가게 한다는 것이다.

프로이트의 말을 따르면, 우리 안에 공격적 추동이 고정불변으로 있기 때문에 전쟁은 피할 수 없다. 프로이트는 전쟁옹호론자도

7) 일명 오이디푸스 콤플렉스(Oedipus complex)라는 것으로, 3~5세 사이의 남자아이가 자신의 성기에 관심을 가지면서 이성의 부모인 엄마를 사랑하게 된다는 것이다.

방관자도 아니다. 그 역시 전쟁을 싫어했으며, 전쟁은 일어나서는 안 된다고 주장했다. 단지 프로이트가 지금까지 말한 것은 전쟁이란 피할 수 없는 현실이라는 것이다. 인간에게 있는 공격적 추동을 완전히 없애는 것이 불가능하기 때문에 인류의 역사에서 전쟁은 피할 수 없다는 것이다.

그렇다면 프로이트는 아인슈타인이 질문한 '어떻게 하면 인류를 전쟁의 위협으로부터 해방할 수 있는가?'에 대해서 이렇게 대답했다.

"인간이 전쟁에 기꺼이 호응하는 것이 파괴 본능의 결과라면, 가장 두드러진 방책은 파괴 본능의 적수인 에로스로 하여금 거기에 저항하도록 하는 것입니다. 인간들 사이에 감정적 유대가 생겨나도록 부추기는 것은 전쟁에 불리하게 작용할 게 분명합니다. 첫째, 유대는 비록 성적 목적은 갖고 있지 않지만, 사랑의 대상에 대한 관계와 비슷한 관계일 수 있습니다. 종교도 역시 똑같은 말─"네 이웃을 네 몸처럼 사랑하라"─을 하고 있기 때문에, 정신분석은 이런 사랑에 대해 말하는 것을 부끄러워할 필요가 전혀 없습니다. 그러나 이는 말하기는 쉽지만 실천하기는 어렵습니다. 둘째, 유대는 동일시입니다. 사람들이 어떤 관심사를 공유하게 되면 무엇이든 이 감정의 일치, 즉 동일시됩니다. 그리고 인간의 사회 구조는 대부분 여기에 바탕을 두고 있습니다."

프로이트는 공격적 추동의 반대편에 서 있는 성적 추동을 강화하면 전쟁에 열광하게 만드는 공격적 추동을 약하게 할 수 있다고 주장한다. 결국 프로이트의 방법은 사람들 사이에 감정적 유대를 만들자는 것이다. 서로가 서로를 사랑하는 감정이 있다면 전쟁이 일어나지 않을 것이고, 또 같은 관심사를 갖게 되면 "우리"라는 집단의식이 생기기 때문에 전쟁이 일어나지 않을 것은 자명하기 때문이다.

전쟁은 언제나 상대방에 대해 잘 모르거나 오해가 있을 때 일어난다. 적을 죽이는 군인들도 상대편이 한 집안의 아들이고, 한 아이의 아버지이며, 한 여자의 남편이라는 사실을 인식하면 감정적 유대가 생겨나서 죽일 수 없을 것이다. 상대방을 전쟁하는 기계로, 자신을 죽이려는 기계로 인식할 때 감정의 동요 없이 죽일 수 있는 것이다.

이런 면에서 프로이트는 적어도 같은 민족끼리는 서로 총부리를 겨누지 않을 것이라고 생각했다. 같은 문화를 가지고 있고, 같은 말을 사용하는 사람들끼리는 감정적 유대가 충분하다고 생각했다. 하지만 1950년 6월 25일 한반도에서는 프로이트가 상상하지도 못했던 일들이 벌어지지 않았는가.

프로이트는 자신이 몸소 겪었고, 자신의 아들을 빼앗아간 1차 세계대전을 인류 역사상 제일 끔찍하고 잔혹한 전쟁이라고 기록했다. 하지만 그가 죽고 난 뒤 얼마 지나지 않아 1차 세계대전보다 더 끔찍하고 참혹한 2차 세계대전이 일어났다. 1938년 프로이트는 히틀러(Adolf Hitler)[18]를 피해 영국으로 망명한다. 프로이트를 영국으로 쫓아버렸던 히틀러는 2차 세계대전 기간 동안 프로이트의 민족인 유태인을 6백만 명 이상 죽였다.

만약 프로이트가 2차 세계대전 중에 자신의 동족들이 아무런 죄도 없이 단지 유태인이란 이유로 가스실에서 죽어나가는 것을 알았다면 어떤 말을 했을까? 여전히 죽음의 추동이란 삶의 추동의 다른 면이라고 이야기하면서, 전쟁은 피할 수 없는 것이라고 담담하게 말했을까? 여전히 삶의 추동을 강화시켜서 죽음의 추동을 억제해야 한다고 말했을까?

권위에 대하여 경례! 복종은 무죄다?

독일의 총리가 된 지 한 달 만인 1933년 1월 30일, 히틀러는 독일에 살고 있는 유대인을 박해하기 시작했다. 1938년까지 유대인이 소유했던 기업들을 파산시켰으며, 공공기관과 학교에서 일하던 유대인을 쫓아냄으로써 정치적 · 경제적 기반을 무너뜨리는 데 성공했다. 그러던 중 1939년 9월, 히틀러는 갑자기 폴란드를 침공하여 2차 세계대전을 일으켰다. 전쟁이 시작되자, 유대인들의 핍박과 박해는 상상할 수 없을 만큼 심해졌다. 유대인들은 학교에 다닐 수도 직업을 가질 수도 없었으며, 토지도 모두 빼앗겼다. 게다가 유대인이 아닌 사람과는 사귈 수도 없었다. 심지어 공원이나 도서관, 박물관에도 갈 수 없었다. 유대인들은 오로지 게토(ghetto)[9] 안에서만 살 수 있었다.

나치(Nazi)[10]는 유대인들을 이용해 전쟁에 필요한 물자를 생산했다. 하지만 유대인들은 나치가 생각했던 것보다 훨씬 많았기 때문에 이들을 관리해 수용하는 것도 쉽지 않았다. 1942년 1월 20일, 베를린 교외에서 나치의 주요 관료 다섯 사람이 모여 이 문제를 논의했다. 그 결과 모든 유대인을 동부에 있는 수용소로 이주시켜 '적절하게 처리' 하기로 했다. 적절하게 처리한다는 것은 집단으로 학살하거나 아니면 노동 부대로 편성하는 것이었다. 나치가 생각한 대량 학살 방법은 독가스를 사용해 죽인 다음 화장하는 것이었다. 도저히 상상도 할 수 없을 끔찍한 방법으로 무려 4백만여 명의 유대인이 아우슈비츠를 비롯한 여러 수용소에서 집단 학살되었다. 전쟁 기간에 나치에게 학살당한 유대인 수는 총 6백만여 명으로 추산하지만, 뚜렷한 이유 없이 희생된 사람과 유대인으로 등록되지 않은 사람을 포함하면 희생자 수는 훨씬 많다고 한다.

전쟁이 끝난 뒤 전 세계는 나치가 저지른 끔찍한 만행을 보고 놀라지 않을 수 없었다. 그리고 유대인 집단 학살을 비롯한 전쟁의 책임을 묻기 위해 1945년 11월 20일, 독일의 뉘른베르크에서 나치 전범 재판을 열었다.[11] 유대인 학살에 관여했던 사람들도 재판을 받았는데, 그중 유대인을 가스실로 이송하는 일을 감독했던 아이히만(Adolf Eichmann)[12]은 재판 과정에서 자신은 유대인을 죽이지 않았으며, 단지 명령에 따른 것뿐이었다고 주장했다. 그리고 명령

9) 유대인이 모여 살도록 법으로 규정해 놓은 도시의 거리나 구역.

10) 국가사회주의로 알려진 대중운동을 추진했던 독일의 정당. 히틀러가 주도해서 1933년 정권을 장악했다.

11) 이것을 가리켜 1차 뉘른베르크 재판이라고 한다. 이 재판은 총 216차까지 공판이 진행되었다.

12) 전범 재판을 받은 뒤 1946년 포로수용소에서 탈출해서 1958년 아르헨티나에 정착했다. 하지만 1960년 체포되어 1961년 이스라엘에서 열린 재판에서 교수형을 선고받고 사형되었다.

을 수행한 것을 자랑스럽게 여겼고, 만약 명령을 수행하지 않았다면 큰 가책을 느꼈을 것이라고 진술했다. 아이히만은 단지 자신은 그저 상부의 지시를 따랐을 뿐이라고 생각하고 있었다. 그는 상부의 명령을 따르는 성실하고 평범한 사람이었다. 아이히만의 재판을 기록한 보고서에는 다음과 같이 적혀 있다.

"아이히만을 단죄하기가 어려운 이유는 그가 우리 사회의 대부분의 사람과 별반 다르지 않다는 것이다. 특별히 변태적이지도 않으며 가학적이지도 않은, 지나칠 만큼 정상적인 사람이다."

심리학자인 밀그램(Stanley Milgram)[13]은 1961년 아이히만의 재판에서 아이디어를 얻어 한 가지 실험을 계획했다. 그는 사람들이 어느 정도까지 권위에 복종하는지를 알아보기 위해 신문에 광고를 내서 실험에 참가할 사람을 모집했다. 실험에 참여하는 대가로 시간당 4.5달러(지금의 30달러)를 준다고 광고하자 사람들이 모였다. 실험에 참가하는 사람들은 20대부터 50대까지, 초등학교 중퇴부터 박사 학위까지 연령과 학벌, 직업이 다양했다.

그는 먼저 참가 희망자들의 사회·경제적 수준과 교육 수준 등 필요한 정보를 얻은 다음, 실험에 대해 설명을 해주었다. 원래 이 실험은 복종을 연구하려고 계획했지만, 실험 목적을 참가자에게 알려줄 경우 결과에 영향을 미칠 수 있기 때문에 가짜 목적을 알려주었다. 가짜 목적이란 처벌의 강도가 학습과 기억에 어떤 영향을 미치는지를 연구한다는 것이다.

실험 참가자들은 제비 뽑기를 해서 한 사람은 '학생'의 역할을, 다른 사람은 '교사' 역할을 하게 했다. 학생은 교사가 제시하는 자료를 완전히 외우는 일이었고, 교사는 외워야 할 자료를 주고 학생의 답을 기록하는 일이다. 그리고 가장 중요한 일은 학생이 틀릴 때마다 전기 충격을 주어 처벌을 하는 것이다.

교사의 책상 위에는 전기 충격 장치가 놓여 있는데, 이 장치에는 전기 충격을 주는 여러 개의 스위치가 달려 있다. 15볼트에서 시작하여 450볼트까지 충격를 줄 수 있고, 강도에 따라 '약함' '매우 강함' '위험함' 등의 표시를 해놓았다. 실험자는 학생을 칸막이가 되어 있는 옆방으로 데리고 가서, "지나친 움직임을 막기 위해서 손을 묶어야 한다."고 말한 뒤 학생의 손을 의자에 묶었다. 이 모든 과정을 교사가 직접 볼 수 있도록 했다. 학생은 칸막이가 있는 옆방에 있었기 때문에 교사와 학생은 인터폰을 통해서만 대화할 수 있었고, 서로 볼 수는 없었다.

실험을 시작하기 전에 실험자는 교사에게 학생이 받게 되는 전기 충격이 어느 정도인지를 알려주기 위해 세 번째인 45볼트의 전기 충격을 주었다. 이는 몸을 움찔하게 할 정도로 따가운 것이다. 교사는 이 전기 충격을 미리 경험한 다음 실험을 시작했다. 교사는 학생에게 외울 자료를 제시했고, 학생은 그 자료를 외웠다. 성공하면 넘어가지만, 외우지 못하거나 틀리면 교사는 지시받은 대로 전기 충격을 주어야 한다. 그러나 학생은 생각보다 잘 외우지 못했고, 교사는 조금씩 전기 충격 강도를 높여갔다. 학생이 받는 전기 충격이 강해질 때마다 신음소리와 고통을 호소하는 소리가 커지는 것

을 인터폰을 통해서 들을 수 있었다. 120볼트일 때는 학생이 너무 고통스럽다고 소리를 질렀다. 150볼트일 때에는 실험을 멈추게 해 달라고 요청했으며, 180볼트의 전기 충격을 주자 더는 고통을 참을 수 없다고 울부짖듯 말했다. 300볼트의 충격을 주자 학생은 비명을 지르며 이제 대답을 하지 않겠다고 저항하면서 실험을 그만두게 해 달라고 애원했다. 그보다 높은 강도의 전기 충격을 주자 너무도 고통스러운 비명소리만 들려왔다. 그리고 330볼트 이상이 넘어서자 아무 소리도 들리지 않았다. 학생은 기절한 듯이 보였다.

학생이 전기 충격을 받으면서 괴로워하자 교사는 실험자를 바라보면서 지시를 기다렸다. 이때 실험자는 실험을 계속 진행해야 하며, 모든 책임은 자신이 질 것이라고 알려주면서 전기 충격이 당장은 고통스럽지만 몸에 전혀 해가 없다면서 전기 충격을 계속 주라고 했다. 그 결과는 아주 놀라웠다. 실험에 참가한 40명 모두가 300볼트까지 전기 충격을 주었다. 그리고 26명은 450볼트의 전기 충격을 주었다.

사실 이 실험에서 학생은 진짜 실험 참가자가 아니라 연구자가 미리 고용한 사람이었다. 진짜 실험 참가자는 교사뿐이었다. 주어진 절차에 따라 제비뽑기를 할 때에도 진짜 실험 참가자는 언제나 교사 역할을 하도록 정해져 있었다. 그리고 학생 역할을 맡은 실험 보조자는 일부러 문제를 틀렸다. 고통스러워하는 학생의 반응도 미리 녹음된 것이고, 교사 역할을 맡은 참가자가 전기 충격을 조금씩 높일 때마다 그에 맞는 고통스러운 소리를 들려주었던 것이다.

하지만 교사 역할을 한 실험 참가자들은 이 모든 것이 실제 상황인 줄 알고 있었기 때문에 이 실험의 결과는 상당히 충격이었다. 분명히 교사 역할을 맡은 실험 참가자는 반대편에 있는 학생도 자신과 같은 실험 참가자로 알고 있었고, 전기 충격이 진짜인 것을 경험했고, 자신이 주는 전기 충격으로 상대방이 고통스러워하고 있다는 것도 알았다. 하지만 대부분의 사람들은 실험자에게 반항하지 않고 복종했다. 물론 그렇다고 실험 참가자들이 전혀 양심에 가책을 느끼지 않았다는 것은 아니다. 이 실험에 참가했던 사람 대부분은 큰 심리적 혼란을 경험했다. 입술을 깨물거나 손을 비비 꼬거나 진땀을 흘렸다. 하지만 끝까지 부당한 명령에 복종했다.

이와 같은 결과는 전혀 예상을 초월하는 것이었다. 이 실험의 절차를 심리학자들과 대학생, 중산층 성인에게 알려주면서 실험 참가자(교사)의 반응을 예측하게 했더니, 세 집단 모두 135볼트쯤에서 그만둘 것이며 절대로 300볼트 이상은 주지 않을 것이라고 예상했다. 그런데 결과는 완전히 반대였다. 오히려 300볼트 이하에서 실험을 그만둔 사람이 없었다. 이 실험에 참가했던 사람들이 특별히 악한 사람들도 아니었다. 분명히 이 실험에 참가한 40명은 사회 경제적 수준이나 교육 수준에서 한쪽으로 치우치지 않도록 선별된 사람들이었다. 또한 이 실험은 이후에도 여러 번 실시했는데 그때마다 모두 비슷한 결과가 나왔다. 특히 미국뿐 아니라 여러 다른 나라에서 실시했을 때에도 비슷한 결과가 나왔다.

그렇다면 왜 이들은 복종했을까? 우선 자신의 행위에 대한 책임을 다른 사람에게 돌릴 수 있었기 때문이다. 실험에서 교사 역할을 했던 사람은 실험을 주관하는 실험자에게 책임이 있다고 판단했고, 홀로코스트[14]를 집행했던 아이히만은 상부에 책임이 있다고 판단했다. 또한 이들은 자신에게 명령을 하는 사람의 권위가 사회적으로 인정받고 있으며, 규칙과 규범이 작동하고 있었기 때문이다. 밀그램의 실험에서 실험자는 하얀 가운을 입고 있었으며, 직함이 있었다. 그리고 실험실에서는 실험자에게 복종해야 한다는 규범이 있었다. 아이히만의 경우도 마찬가지이다. 아이히만의 상부는 확실한 권위가 있는 사람이었고, 상부의 명령에 복종해야 한다는 규범이 작동하고 있었다.

물론 이러한 이유가 아이히만을 비롯한 수많은 전범자들이 무죄라는 것을 증명하지는 않으며, 그들에게 면죄부를 주는 것도 아니다. 범죄는 반드시 벌을 받아야 하며, 특히 사람의 생명과 관련된 것일 때에는 확실한 처벌을 받아야 한다.

하지만 조금 다르게 생각해보면, 아이히만은 명백한 전쟁 범죄를 저질렀고 비인도적인 행위를 했지만, 그가 특별히 악한 사람이었기 때문은 아니라는 것이다. 아이히만은 어쩌면 평범한 샐러리맨이었을지 모른다. 위에서 주는 월급 받으면서, 시키는 대로 하는 평범한 사람이었을 것이다. 바꿔 말하면 누구나 아이히만이 될 수도 있다는 것이다.

밀그램의 실험은 특별히 악한 사람들을 대상으로 한 것이 아니다. 아주 평범한 사람들이 어떤 상황에 놓여 있느냐에 따라서 아

281

주 악한 일을 저지를 수도 있음을 보여주고 있다. 죄는 미워하되 사람은 미워하지 말라는 옛날 격언이 떠오른다면, 너무 진부한 생각일까? 이 격언을 다시 한번 확실하게 증명해주는 또 하나의 실험이 있다.

잔혹한 상황이 악마를 부른다

전쟁이 끔찍한 이유는 셀 수 없이 많지만, 그중 한 가지는 바로 포로 학대이다. 전쟁 포로들은 모두가 죽어나가는 전쟁에서 목숨을 겨우 부지한 사람들이기 때문에 이들의 인권은 무참하게 짓밟혔다. 결국 포로 학대와 학살을 막기 위해 인류는 일명 적십자 조약이라고도 하는 제네바 조약을 체결했다. 이것은 비록 전쟁 중일지라도 군인과 민간인의 생명을 보호하자는 약속이었다.

제네바 조약은 적십자의 창설자인 앙리 뒤낭(Jean-Henry Dunant)이 '전쟁 중 부상자의 상태 개선을 위한 협약'을 체결하기 위해 1864년에 열었던 국제회의에서 시작되었다. 그 뒤에 여러 번 수정되다가 결국 1949년 8월 12일에 지금의 형태를 갖추었다. 이렇게 오랜 시간이 걸린 이유는 너무나 당연하게 지켜야 할 약속을 여러 나라에서 무시하거나 제대로 지키지 않았기 때문이다. 그러고 보면 인류의 문명이 과연 발전했다고 할 수 있는지, 또한 여전히 발전하고 있는 것인지 의심스럽다.

그런데 이 조약을 어긴 끔찍한 사건이 밝혀졌다. 2004년 4월, 미군들이 이라크 포로들을 학대한 사진이 언론에 공개되었다. 세계 언론들은 어떻게 이럴 수가 있느냐며 한 목소리로 비난했다. 사진 속의 이라크인 포로는 머리에 가리개가 씌워진 채 상자 위에 서 있었고, 양손에는 전깃줄이 연결돼 있었다. 미군은 이 수감자에게 상자에서 떨어지면 전기 충격을 줄 것이라고 위협했다. 또한 피라미드처럼 포개진 죄수들의 피부에는 영어로 욕설이 적혀 있기도 했다. 미군 병사들이 발가벗은 이라크인들을 세워놓고 기념 촬영한 사진도 있었다. 이런 일이 이라크 전쟁에서만 일어났으리라고 생각하는 사람은 없을 것이다.

이라크 포로 학대는 짐바르도의 심리 실험과 유사한 사례가 많다.

우리는 앞에서 사람이 악한 것이 아니라, 환경이 사람을 악하게 만들 수 있음을 보았다. 악한 사람이냐, 아니면 악한 환경이냐 하는 논쟁은 전쟁뿐만 아니라 감옥에서도 제기될 수 있다. 미국의 사회심리학자인 짐바르도(P. G. Zimbardo)는 범죄자들의 재범률이 높은 것은 그들의 천성이 악하기 때문이 아니라, 그들이 처한 상황이 그들을 악하게 만드는 것일 수 있다고 생각했다. 그래서 그는 감옥에서 일어나는 행동 중 내적 요인(성격)이 원인이 되는 비중과 감옥이라는 환경적인 외적 요인(감옥)이 원인되는 비중이 어떤지를 알아보고자 했다.

그는 1971년에 대학생들을 대상으로 대학연구소에 설치한 모의 감옥에서 ‘환경 조작에 따른 심리 변화’라는 주제로 실험을 하기로 했다. 신문에 광고를 내서 실험에 참가할 사람을 모집하면서, 2주 동안 진행될 연구에 참여하는 대가로 일당 15달러(지금의 80달러)를 제시했다. 광고를 보고 모인 70여 명 중, 과거에 정신 병력이나 범죄 경험이 없는 정상적이고 평범한 사람 24명을 선발했다. ‘간수’ 역할 9명과 ‘죄수’ 역할 9명, 그리고 6명은 대기자의 역할을 주었다. 이들 모두는 면접과 심리 검사를 받아서 정상임을 확인했고, 경제적 수준이나 지능, 건강 수준 등 일반인들을 가장 잘 대표할 수 있도록 선발했다.

실험 참가자들이 지켜야 할 규칙은 죄수는 간수의 말에 무조건 순종해야 한다는 것, 그리고 간수는 죄수에게 어떠한 물리적 폭력을 사용할 수 없다는 것뿐이었다. 이외에는 특별한 규칙이 없었다. 그리고 죄수는 24시간 감옥 안에서 생활해야 하지만, 간수는 3인 1조 8시간 근무를 하며 집에 갈 수 있다. 어차피 실험 참가자들은 이것이 대학연구소에 임시로 설치한 가짜 감옥이고, 또 실험에 참가하는 사람들이 모두 자신처럼 돈을 벌기 위해 참가하고 있다는 것을 알았기 때문에 2주 동안 얼마든지 재미있게 감옥놀이를 하면서도 지낼 수 있었다. 아무도 강압적으로 그들의 역할을 강요하지 않았다. 짐바르도는 그냥 모든 것이 자연스럽게 흘러가도록 그들을 관찰하기만 했다.

　실험 첫째 날, 짐바르도는 지역 경
찰의 협조를 얻어 실험에 참가하는
사람들을 실제 상황처럼 갑자
기 체포해서 조사했다. 그리
고 나서 눈가리개를 씌우고
모의 감옥 안으로 데리고 왔
다. 물론 이 모든 과정은 참가
자들도 이미 알고 있었다. 죄수
역할을 하는 사람들은 실제
감옥에서처럼 옷을 벗고 간
수 앞에 섰고, 간수는 이들의 몸에
살충제를 뿌렸다.

　죄수들에게는 속옷을 주지 않았으며,
아래가 뚫린 통옷(원피스)을 주었다. 죄수복의 앞쪽과 뒤쪽에 죄수
번호가 붙어 있었으며, 죄수들을 부를 때는 번호로만 불렀다. 그리
고 삭발한 느낌을 주기 위해서 스타킹을 머리에 뒤집어쓰게 했다.
또한 샌들을 신게 하고, 오른발에는 체인을 채웠다. 죄수의 복장뿐
만 아니라 간수의 복장도 가능한 실제처럼 입었다. 간수 역할을 한
사람들에게 지급된 것은 간수복과 호루라기, 경찰봉 그리고 선글
라스였다.

　실험 둘째 날, 죄수 5401번이 주동이 되어서 죄수들은 폭동을 일
으켰다. 이들은 자신들이 쓰고 있던 우스꽝스러운 스타킹 모자와

죄수복에 붙어 있던 번호표를 떼어내고, 간수들이 감방 안으로 들어오지 못하도록 안쪽에서 간이침대로 바리케이드를 쳤다.

죄수들보다 수가 적은 간수들은 인원을 늘려야 한다고 생각해서 근무를 마치고 집에서 쉬던 3명을 불러냈다. 근무를 마친 3명이 다시 합류해 죄수들의 수와 같은 9명이 되었다. 이들은 우선 소화기를 감방 안쪽으로 뿌리면서, 감방 안에서 난동을 피우는 죄수들을 진압했다. 감방 안으로 들어간 간수들은 죄수들의 옷을 벗기고, 이들에게서 침대를 빼앗았다. 그 다음에 죄수들 사이의 분열을 유도하기 위해서 죄수 중에서 한 무리를 선택해 옷과 침대를 돌려주었으며, 씻을 수 있게 하고 음식을 먹게 해주었다. 그리고 반나절 뒤에는 반대로 다른 무리들에게 이런 대우를 해주었다. 죄수들은 누군가가 간수에게 협조하고 있다고 의심했다. 결국 죄수들 사이에 동맹이 깨졌다. 하지만 간수들은 이 폭동을 계기로 결속력을 다지게 되었다.

이런 일이 일어난 지 얼마 지나지 않아, 죄수 8612번은 시도 때도 없이 울거나 웃고 분노에 가득 차서 공격적인 행동을 보이기 시작했다. 짐바르도를 비롯한 연구자들은 처음에 8612번이 속임수를 쓴다고 생각했으나, 그 반응이 점차 심해졌다. 그래서 결국 그를 석방했다. 그는 실험을 끝까지 마치지 못했다.

실험 셋째 날, 짐바르도는 죄수들에게 면회 시간을 주어 부모와 친구들을 만나게 했다. 짐바르도는 가족들이 모의 감옥의 열악한 환경을 보면 참가자들을 데려가지 않을까 걱정이 되어 감방을 청소했으며, 죄수들에게 목욕을 시켰고 만찬을 제공했다. 면회가 시작되었을 때 몇몇 부모들은 자신의 아들이 지쳐 있고 괴로워하는 모습을 보고 걱정했으나, 충분히 이겨낼 수 있을 것이라고 생각했다. 아무도 이들을 집에 데려가려고 하지 않았다.

그런데 전날 석방된 8612번이 친구들을 데리고 모의 감옥으로 쳐들어올 것이라는 소문이 모의 감옥 안에 돌기 시작했다. 짐바르도를 비롯한 연구자들도 이 소문을 믿게 되었다. 그래서 연구자들은 처음으로 실험에 개입해 죄수들을 강제로 다른 곳으로 이동시킨 뒤, 탈주를 못하게 막았다. 짐바르도는 실험이 중간에 깨지는 것을 원치 않았기 때문이다. 하지만 짐바르도는 자신도 어느새 모의 감옥에서 단지 관찰자가 아니라, 또 한 사람의 간수가 되어가고 있다는 사실을 깨달았다. 그는 결국 개입을 중단했고, 다시 죄수들을 모의 감옥으로 돌아오게 했다.

하지만 모의 감옥으로 돌아온 뒤에 죄수를 대하는 간수들의 태도가 점차 거칠어졌다. 간수들은 죄수들이 탈출을 모의했다고 생각해서 죄수를 괴롭혔고, 수치심을 주는 정도가 점점 심해졌다. 맨손으로 변기 청소를 시키기도 하고, 팔굽혀펴기를 몇 시간 동안 시키기도 했다. 죄수들은 말없이 간수의 명령에 복종했다.

실험 넷째 날, 실제 감옥과 같은 상황을 연출하기 위해서 천주교 사제를 불러서 예배를 보게 했다. 그런데 사제는 죄수들의 상황을 보고, 원한다면 법적인 도움을 받을 수 있도록 도와주겠다고 제안했다. 그러자 몇몇 죄수가 동의했다. 결국 사제는 참가자들의 부모들에게 연락했다.

이때 다른 죄수들은 사제와 면담을 하는데, 죄수 819번은 누운 채 면담을 거부하면서 의사를 불러달라고 했다. 결국 연구자가 죄수 819번을 모의 감옥에서 데리고 나와 근처 방에서 쉬게 해주었다. 이 장면을 본 간수는 나머지 죄수들에게 "819번은 나쁜 죄수다."를 복창하게 했고, 밖에서 이 소리를 들은 819번은 괴로워하면서 울기 시작했다. 이 모습을 본 연구자는 이 참가자에게 실험을 포기할 것을 권했으나, 819번은 자신이 나쁜 죄수가 아님을 증명해야 한다면서 그럴 수 없다고 했다. 이때 연구자는 819번의 이름을 부르면서, 이 모든 것은 단지 실험이라고 말한 뒤에야 그 참가자는 자신이 이 모의 감옥 실험에 참가자였음을 깨달았다. 그는 이미 자신의 이름을 잊고 819번으로 자신을 인식하고 있었던 것이다.

실험 다섯째 날, 사제에게 연락을 받은 죄수의 부모들이 짐바르도를 비롯한 연구자들에게 거세게 항의했다. 뿐만 아니라 시간이 갈수록 간수들은 죄수들을 더욱 심하게 학대했다. 특히 한밤중에 연구자들이 모두 퇴근하고 없을 때 죄수들을 더욱 심하게 학대했고, 죄수들은 말없이 복종했다. 또한 이 연구를 함께 진행하던 한 연구자는 간수와 죄수를 면접한 다음 실험을 계속 진행하는 것을 반대했다. 그런데 놀라운 사실은 이 실험을 지켜본 50명 이상의 사람 가운데 실험을 반대한 사람이 단지 한 사람뿐이었다. 결국 이 실험은 엿새 만에 중단되었다.

이라크의 포로학대 사진이 전 세계에 공개되었을 때, 짐바르도

는 자신의 홈페이지(http://www.prisonexp.org)에 이라크 포로 학
대 사진과 1971년에 찍은 모의 감옥 실험 사진을 함께 올렸다. 놀
랍게도 사진 속에 찍힌 미군과 간수의 모습이 비슷했다.

무기여, 잘 가거라! : 추동과의 소리 없는 전쟁

밀그램과 짐바르도의 실험 결과가 발표되었을 때 심리학계는 큰
충격에 빠졌다. 이 실험 결과는 학계를 넘어서 일반인들에게까지 알
려져서 큰 논란을 불러일으켰다. 왜냐하면 밀그램의 실험은 누구
나 아이히만 같은 나치당원이 될 수 있음을 보여준 실험이었고, 짐
바르도의 실험은 누구나 이라크 포로를 학대한 미군이 될 수 있음
을 보여준 것이기 때문이다. 지극히 평범하고 정상적인 사람들도
어떤 환경에서는 아주 악랄하고 비열하며, 무시무시하고 끔찍한
사람들로 변했다.

사람들은 전쟁에서 일어나는 끔찍한 일들을 보고는 경악을 금치
못한다. 그래서 전쟁은 없어져야 한다고 생각한다. 하지만 전쟁이
아니더라도 이 세상에는 끔찍한 일들이 너무 많이 일어난다. 이러
한 사건이 언론을 통해서 보도되면, 사람들은 이 사건에 연루된 사
람들은 악한 사람이기 때문에 그들을 처벌하고 사회에서 격리해야
한다고 주장한다. 하지만 본질이 악한 사람들만 범죄를 저지르는
것은 아니다. 밀그램과 짐바르도의 실험에서 그렇지 않다는 것을
확인할 수 있다. 아주 정상적인 생활을 하는 사람들도 두 가지 실험

에서는 아주 악랄한 사람으로 변했다. 이렇게 사회심리학에서는 사람의 행동을 설명할 때 내적 요인(성격)보다는 외적 요인(환경)을 더 중요하게 다룬다. 일반적으로 사람들은 성격이 그 사람의 행동을 결정짓는다고 생각하지만, 실제로는 성격이 아니라 환경이 행동을 결정한다고 주장한다.

결국 전쟁 중 엄청난 살상을 저질렀던 사람도 사실은 아주 악질이라기보다는 그저 평범한 사람이며, 단지 권위에 쉽게 복종했던 사람이라는 것을 보여주고 있다. 전쟁 중 포로를 학대했던 군인들도 아주 평범한 사람인데, 단지 환경과 임무에 적응하다 보니 그렇게 되었다는 것을 보여주고 있다.

하지만 프로이트는 우리의 마음에 공격적 추동이 있다고 주장하면서, 사람의 공격적인 행동의 원인을 환경이 아닌 성격이라고 보았다. 모든 독일인들이나 나치들이 아이히만처럼 유대인을 학

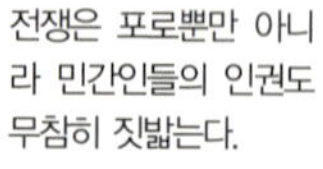

전쟁은 포로뿐만 아니라 민간인들의 인권도 무참히 짓밟는다.

살하는 데 일조했던 것은 아니다. 나치 중에서도 유대인들을 살려 주려고 했던 사람들이 있으며, 유대인들에게 도움을 주었던 사람들도 많다. 그리고 수많은 유대인의 생명을 구했던 쉰들러(Oskar Schindler) 같은 사람도 있다. 또한 이라크 포로를 감시하고 있던 모든 미군들이 죄수를 괴롭힌 것도 아니다. 분명 포로를 괴롭히는 동료를 말린 군인도 있었을 것이고, 혹은 말리지는 않았더라도 그런 행동을 안 좋게 보았던 군인도 있었을 것이다. 이러한 면에서 본다면 인간의 공격성은 성격의 영향도 분명 받는 듯하다. 결국 인간의 행동을 단순하게 내적 성격이나 외적 환경, 둘 중의 하나만으로 돌리려는 것은 무리가 있다.

프로이트의 말이 맞다면, 우리의 본성이 바뀌지 않는 한 전쟁은 언제든지 일어날 수 있다. 밀그램의 말이 맞다면 잔혹한 학살의 역사는 언제든지 일어날 수 있다. 짐바르도의 말이 맞다면 포로를 학대하는 일은 언제든지 일어날 수 있다.

사람의 성격에 공격성이 있다는 프로이트의 주장을 따른다면, 인간의 공격성을 잠재워야 한다. 그 방법은 프로이트가 말한 것처럼 공격성의 반대편에 있는 성적 추동, 즉 생명과 사랑의 에너지를 강화하는 것이다. 서로에게 관심을 갖도록 하고, 공통 관심사를 만들어서 감정적 교류를 갖는 것이다. 프로이트가 아인슈타인의 편지 교환에 적극 동참한 것도 이러한 맥락에서 이해할 수 있다. 인류가 전쟁이라는 주제에 대해 공통의 관심을 가지고 함께 이야기한다면, 프로이트가 말했던 것처럼 생명과 사랑의 에너지가 점점 강해질 수 있을 것이다. 사실 공격은 언제나 상대방에 대한 무지와 오해에서 비롯되기 때문에, 함께 이야기하고 활동한다면 공격 가능성은 상당히 줄어들 것이다.

공격성을 줄이기 위한 노력과 더불어, 밀그램의 주장에 따라서 사람을 공격적으로 만드는 환경을 바꿔야 한다. 수직적으로 관계를 맺는 조직 사회는 사람으로 하여금 자신의 일과 행동에 대해 책임감을 갖지 않게 만든다. 그야말로 위에서 시키는 대로만 하면 되기 때문이다. 이렇게 되면 아주 끔찍한 사건이 일어났을 때, 모두들 자신이 원해서 한 것이 아니라 위에서 시켰기 때문이라고 할 수 있다. 모두가 책임감을 느낄 수 있도록 변화하는 것이 필요하다. 그래서 잘못된 명령이 떨어졌을 때, 그 명령에 반대할 수 있는 조직으로 변해야 한다.

환경을 바꾸기 위한 또 한 가지 방법은 짐바르도의 실험에서 볼 수 있었던 것처럼, 우리의 환경에 숨어 있는 공격 유발 요소들을 없애야 한다. 권위적인 분위기와 일률적인 행동 지침, 책임감을 피할 수 있는 직무 편성 따위가 있을 것이다. 사람에게는 선한 면과 악한 면이 함께 존재한다. 사람의 악한 면을 자극하는 환경을 개선해야 한다. 여러 면을 두루 살펴서 다각적인 방법으로 끊임없이 노력해야 한다.

전쟁에서는 승자가 없다고 한다. 죽은 사람도, 죽인 자도 모두 패자이다. 학대를 당한 자도, 학대를 한 자도 모두 패자이다. 끔찍한 전쟁을 없애기 위해 무기를 만드는 데 드는 돈보다 더 많은 돈을 투자해야 한다. 하지만 아무리 눈을 씻고 찾아봐도 전쟁이 없는 세상을 만들기 위한 연구는 하지 않는 것 같다. 지금도 세계는 전쟁 준비를 하고 있다. 어딘가에서 끊임없이 학살이 일어나고 있으며, 감옥에서 여전히 포로나 죄수를 학대하고 있다.

인류는 과연 전쟁 없는 세상을 원하는 것일까? 우리는 케네디 대통령의 말을 명심할 필요가 있다.

"인류가 전쟁을 전멸하지 않으면 전쟁이 인류를 전멸시킬 것이다."

심리학 실험의 윤리 문제

　　현대 심리학은 철저하게 과학적 접근을 요구하고 있다. 객관적이고 정확한 자료를 근거로 결론을 이끌어내기 위해서는 실험이 필수적이다. 모든 과학은 실험이 필요하다. 연구자들은 가설을 세우고, 그것이 정말 맞는지를 확인해야만 과학이라고 할 수 있는 것이다. 과학보다는 차라리 철학에 가까웠던 심리학은 도구와 실험, 통계와 데이터를 통해 진정한 의미의 학문으로 다시 태어났다.

　　앞에서 언급한 밀그램의 '복종 실험'과 짐바르도의 '모의감옥 실험'은 심리학에서 손에 꼽을 만큼 유명하다. 그 이유는 실험의 결과가 자못 충격적이기도 하지만 사람을 대상으로 한 실험이기 때문이다. 무엇보다 심리 실험은 철저한 통제(control)와 조작(treatment)이 이루어져야 한다. 다시 말해 연구자가 의도적으로 설정한 환경에서 특정한 자극을 주고 실험 대상이 어떻게 반응하는지를 관찰하는 것이다. 이 과정에서 사람이 사람을 조건적으로 통제하고 조작할 수 있는지에 대한 윤리적인 문제가 생길 수밖에 없다. 비록 실험의 결과는 매우 충격적이고 흥미로웠으며 사람의 마음에 대한 새로운 이해를 얻게 해 주었지만, 실험에 참가했던 참가자들은 정신적으로 큰 충격을 받았다. 자신이 실험에서 저지른 일이나 실험에서의 경험이 그들을 괴롭혔다. 밀그램의 복종실험에 참가해서 450V까지 전기충격을 주었던 한 참가자는 자신 속에 그렇게 악한 습성이 있음을 보고 오랜 시간 동안을 괴로워했으며, 짐바르도의 모의감옥 실험에 참가했던 참가자들은 정신이상 증상을 보여서 실험을 중간에 그만두기도 했다.

미국에서 실시된 이 두 실험은 심리학자들에게는 윤리적 문제가 중요함을 깨우쳐 주었다. 세상의 그 어떤 누구도 자신의 목적, 그것이 학문의 발전이라는 명목이 있다고 하더라도 다른 사람을 이용해서는 안 된다는 공통된 인식이 있었다. 미국심리학회는 실험에서의 윤리규정을 세우고, 모든 심리학자들이 이 윤리규정에 근거하여 실험을 하도록 하였다.

그런데 사람의 마음과 행동을 과학적으로 연구하려는 심리학에서 사람을 대상으로 실험을 하지 못한다면, 제대로 된 연구결과를 낼 수 있을까? 그렇다고 해서 사람이 사람을 통제하고 조작하는 것이 윤리적으로 가능한 일일까?

많은 심리학자들이 아직도 이 두 가지 근본적인 질문 사이에서 가장 좋은 해결책을 찾기 위하여 노력하고 있다. 그럼에도 사람을 대상으로 하는 실험은 심리학 연구에서 계속해서 논란을 불러일으키며 뜨거운 감자로 남을 것이다.

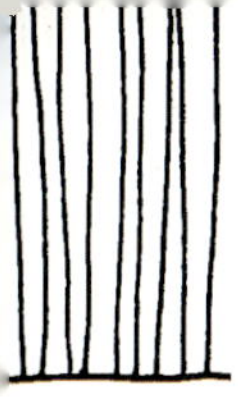

도전의 심리학 10

무모하고 위험한 도전을 멈출 수 없는 이유는?

알렉산더 대왕(Alexander the Great)은 왕위에 오른 지 2년 만에 그리스의 여러 국가들을 정복했다. 그리고 기원전 334년에는 보병 3만 명과 기병 5천 명이라는 막강한 군대를 이끌고 동쪽으로 진군을 시작했다. 바로 페르시아 왕국을 정복하기 위해서였다. 하지만 그의 동방원정은 단지 정복을 위해서만은 아니었던 것 같다. 왜냐하면 그는 동방원정에 군대뿐만 아니라 학자와 역사가, 천문학자들도 포함시켰기 때문이다. 어느 역사가는 알렉산더 대왕은 처음부터 무제한 원정을 벌일 생각이었다고 주장하기도 한다. 알렉산더 대왕의 처음 의도는 확실하게 알 수 없지만, 원정의 결과는 이 역사가의 주장대로 무제한 원정이 되고 말았다. 무제한 원정이 되었다는 것은 페르시아를 정복하고도 끊임없이 동쪽으로 진군했다는 뜻이다. 이것은 원정이라기보다 탐험에 가까웠다. 마치 알려지지 않은 땅을 탐험하는 사람처럼 그는 부하들이 반대하는데도 결국 인도의 인더스 강까지 이르게 되었다.

알렉산더 대왕 이후로도 수많은 유럽인들이 미지의 세계를 찾아 나섰다.[1] 아버지와 삼촌을 따라 중국 원(元) 나라 시대에 캄바룩(지금의 북경)을 방문했던 마르코 폴로(Marco Polo)를 비롯해, 1488년 아프리카 남단의 희망봉에 도착했던 바르톨로뮤 디아스(Bartolomeu Dias), 1492년 인도를 찾아 나섰지만 기대와 달리 아메리카 대륙을 발견한 콜럼버스(Christopher Columbus), 1498년 인도에 도착했던 바스코 다 가마(Vasco da Gama), 비록 필리핀에서 죽음을 맞이했지만 그와 동행했던 250명 중 18명이 살아서 돌아왔기 때문에 최초의 세계 일주를 한 사람이라고 일컬어지는 마젤란(Ferdinand Magellan) 등 인류의 역사는 탐험과 도전으로 가득차 있다.

탐험과 도전의 초기에 사람들은 알려지지 않은 땅이나 사람이 살고 있거나 살 수 있는 다른 땅을 찾아 나섰고, 이들의 피땀 어린 노력은 결국 세계 지도를 완성했다. 하지만 사람들의 탐험과 도전은 끝나지 않았다. 이제 사람이 도저히 살 수 없는 극한의 기후 조건에 도전하여 역사에 그 이름을 남기기 시작했다.

북극을 최초로 탐험했던 미국인 피어리(Robert Edwin Peary)[2], 남극에 최초로 도착한 노르웨이의 아문센(Roald Amundsen)과 간발의 차이로 아문센에게 뒤진 영국인 스콧(Robert Falcon Scott),

1) 엄밀히 따지자면 "미지(未知)의 세계"라는 표현은 다분히 유럽인들 중심의 관점이다. 이미 그곳에는 사람들이 살고 있었다.

2) 미국 해군 출신으로 북극 탐험가이다. 최근 그의 탐사 일기와 다른 문서에는 그가 극점에서 50~100킬로미터 못 미치는 곳에 도달한 것으로 기록되어 있다.

그리고 에베레스트 산에 도전했던 수많은 사람들이 있다. 지구상에는 '최초'라는 수식어를 붙일 수 없게 되자, 인류는 지구 밖으로 눈을 돌렸다. 미국인 암스트롱(Neil Alden Armstrong)은 최초로 달에 간 사람이 되었다.

사람들은 끊임없이 도전하고 탐험한다. 지구 밖을 탐험하기 시작한 지 반세기도 되지 않았고, 인간이 가본 곳도 달이 전부이니 이제 당분간 인간은 지구 밖 세상을 탐험하고 도전할 것이다. 20세기가 시작될 무렵 아무도 가보지 않은 남극을 향해 출발했던 두 남자의 경쟁과 도전 이야기를 통해 왜 사람들은 끊임없이 새로운 세계에 도전하는지 그들의 심리를 탐험해보자.

도전! 남극 탐험대 : 아문센과 스콧

1910년 초, 두 탐험대가 남극의 중심으로 통하는 광대한 얼음 바다 위에 기지를 세웠다. 이들은 아무도 가보지 않은 남극이라는 미지의 세계에 도착해 조국의 국기를 꽂는다는 목표를 가지고 있는 아문센과 스콧이었다.

1910년 6월, 해군 대령 출신인 스콧이 동료들과 함께 남극 해안에 상륙했을 때, 남극 최초의 탐험가가 될 수 있는 모든 요건들을 갖춘 듯했다. 물론 특별 주문 제작한 모터가 달린 썰매가 고장이 나긴 했지만, 이를 대체할 만한 시베리아 산 조랑말이 준비되어 있었다. 탐험 준비는 비교적 순조로웠기에 남극 정복을 의심하는 사람은 별로 없었다. 그런데 이때 느닷없이 노르웨이의 탐험가 아문센이 멀지 않은 곳에 도착했다는 소식을 들었다.

아문센은 사실 북극 탐험을 준비했지만, 미국인 탐험가 피어리가 북극점에 도달했다는 소식을 듣고 바로 목표를 남극으로 바꾸었다. 하지만 그는 스콧이 남극 탐험을 준비하고 있다는 것을 알고 있었고, 그를 자극하고 싶지 않았기 때문에 비밀리에 남극 탐험을 빠르게 준비했다. 남극 해안에 도착한 다음에 그는 자신보다 조금 먼저 도착한 스콧에게 자신의 존재를 알렸다. 이제 남극을 향한 세기의 경주는 피할 수 없게 되었다.

스콧이 시베리아 산 조랑말을 데리고 온 것과 달리, 아문센은 알래스카 산 개를 데리고 왔다. 아문센은 상태가 아주 좋은 개 52마리를 골라 썰매를 끌게 하고, 4명의 대원들과 남극을 향해 출발했다. 때는 1911년 10월 19일, 생존과 탐험에 필요한 최소한의 장비와 음식만을 실은 썰매는 빙붕[3]을 거침없이 가로지르며 나아갔고, 11월 21일에는 남극점에서 멀지 않은 곳에 있는 고원 끝에 도착했다. 아문센은 마지막 속력을 내기 위해 개 18마리만 남겨 놓고, 나머지는 도살해서 눈 속에 묻었다. 만약 탐험에 성공해서 무사히 귀환할 때 개들을 훌륭한 식량으로 사용할 수 있을 것이라는 계산을 하고 있었다. 이제 노르웨이 탐험가들 앞에 남아 있는 것은 부드럽고 완만한 평원이었다. 날씨도 그리 나쁘지 않았기에 이들은 쉬지 않고 달렸다. 그리고 마침내 12월 14일 남극점에 도착했다. 혹시 경쟁자인 스콧이 먼저 도착하지는 않았을까 걱정했지만, 기우에

3) 육지에 접해 있으면서 바다에 떠 있는 얼음 덩어리.

불과했다. 인류의 역사가 시작된 이래로 아무도 밟아보지 않은 땅을 밟았다는 기쁨보다 경쟁 상대인 영국인들을 제쳤다는 기쁨이 더 컸다. 아문센은 얼마 지나지 않아서 그곳에 오게 될 스콧을 위해 편지를 남겼다.

약 한 달 후 아문센 일행은 무사히 기지로 돌아왔다. 대원들과 개들은 모두 건강했고, 날씨도 순탄해서 생각보다 빠르게 돌아올 수 있었다. 돌아오는 길에 이용하려던 식량 창고를 그냥 지나치는 여유까지 부렸다. 계획이 완벽하게 맞아떨어졌으며, 날씨까지 좋아서 99일 만에 아문센은 3천 킬로미터를 쉬지 않고 달릴 수 있었다. 무엇보다 개에게 썰매를 끌게 한 것이 딱 맞아떨어졌다.

노르웨이 탐험대가 남극을 떠나고 있는 동안 영국 탐험대는 크레바스(crevasse)[4]를 지나느라 고전하고 있었다. 뿐만 아니라 극한의 추위를 잘 견딜 것이라고 예상했던 조랑말들이 하나 둘씩 죽기 시작했다. 살아남은 말들도 힘을 못 쓰자, 스콧은 7백 킬로미터 정도 왔을 때 말을 도살했다. 이제 스콧과 일행은 썰매를 직접 끌어야 했다. 배고픔과 추위를 이기면서 생사를 건 탐험을 해야만 했다. 12월 22일, 남극점까지 240킬로미터 정도가 남아 있었다. 마지막 행군을 위해 스콧은 최정예 대원 4명을 선발했다. 이미 260킬로미터를 행군했기 때문에 남아 있는 거리는 멀지 않게 느껴졌다. 하지만 날이 갈수록 추위와 배고픔은 너무도 견디기 힘들었다.

두 달 반 동안 갖은 고생을 한 끝에 1월 17일 영국 탐험대는 남극

4) 빙하가 이동할 때 생기는 힘 때문에 생기는 균열.

점에 거의 도달했다. 그런데 멀리 언덕 같은 검은 물체가 보였다. 허허벌판인 남극대륙에 언덕이 있을 리는 없었다. 불안한 예감이 스쳤다. 제발 그 일만은 일어나지 않기를 바랐다. 하지만 현실은 그들의 기대를 무참히 짓밟았다. 그것은 바로 아문센이 버려두고 간 텐트였다. 노르웨이 국기가 꽂힌 텐트 주위에는 사람과 개의 발자국이 어지럽게 나 있었다. 목숨을 건 노력이 수포로 돌아가는 순간이었다. 스콧은 다른 대원들을 격려했다. 그리고는 영국 국기인 유니언 잭을 들고 형식적으로 사진을 찍었다.

이제 왔던 길을 다시 돌아가야 한다. 무려 1천3백 킬로미터나 되는 거리이다. 출발할 때는 목표와 꿈과 희망, 그리고 조랑말이 있었다. 하지만 이제는 아무것도 남지 않았다. 아니 그들의 피곤한 육체와 허탈한 마음이 남아 있었다. 몇 주 동안 쌓인 피로가 한꺼번에 몰려왔지만 짧은 남극의 여름이 끝나고 있었기 때문에 머뭇거릴 수 없었다. 하늘이 도운 탓일까? 처음 며칠 동안은 행군하기가 비교적 수월했다. 어깨 너머로 부는 바람이 썰매를 밀어주고 있었기 때문이다. 그런데 갑작스럽게 폭풍이 일행을 덮쳤고, 짧아진 가시

스콧과 동료들.

거리 때문에 대원들은 한참을 멈추어 있기를 되풀이했다. 시간이 지날수록 날은 더욱 추워졌고, 식량도 바닥을 드러내고 있었다. 결국 대원 두 명이 목숨을 잃었고, 스콧과 남은 대원 두 명은 죽

을 힘을 다해 걸었다. 3월 21일, 그들은 큰 폭풍을 만나 행군을 멈출 수밖에 없었다. 더 전진하는 것은 불가능했고, 날씨가 좋아지리라는 희망도 없었다. 이들이 할 수 있는 일은 바로 작은 텐트 안에 누워 있는 것뿐이었다. 스콧의 일기는 3월 29일에 멈췄다.

"폭풍이 점점 더 심해지고 있다. (중략) 날마다 우리는 불과 18킬로미터 떨어진 캠프로 행군할 준비를 하지만, 여전히 천막 밖의 상황은 최악이다. 이제 희망이 보이지 않는다. 우리는 마지막까지 버틸 것이지만, 나는 우리가 점점 약해지고 있고 죽음이 그리 멀리 있지 않다는 것을 안다. 슬프지만 더 이상은 아무것도 쓸 수 없을 것 같다."

— 『남극의 대결, 아문센과 스콧』 중에서

8개월 후 구조대가 이들을 발견했다.

아무도 못 말리는 무한도전의 심리

탐험과 도전을 하다가 목숨을 잃는 사례는 비단 스콧만은 아니었다. 살아서 돌아온 사람보다 목숨을 잃은 사람들이 더 많을지도 모른다. 단지 우리들이 살아서 돌아온 사람만을 기억하고 있기 때문에 얼마나 많은 사람들이 목숨을 잃었는지 알지 못할 뿐이다. 왜 이렇게 목숨을 잃으면서까지 사람들은 도전을 멈추지 않는 것일까? 너무나 위험해서 목숨을 보장할 수 없는 곳일수록 도전하는 사람들이 끊이지 않는 이유는 무엇일까?

1924년 최초의 에베레스트 등정을 앞두고 있던 말로리(George Mallory)[5]는 어느 강연에서 "당신은 왜 위험하고 힘들며 죽을지도 모르는 산에 갑니까?"라는 질문을 받았다. 그는 "산이 그곳에 있으니까요(Because it is there)."라고 대답했는데, 이 말은 지금도 산을 오르는 사람들에게 불멸의 명언으로 남아 있다. 말로리가 이 말을 미리 준비한 것은 아니었다. 대답하기 힘든 질문을 받자, 그저 생각나는 대로 말한 것이었다고 한다. 그러나 이 말은 수많은 탐험가들이 목숨을 건 도전을 멈추지 않는 이유를 가장 잘 표현해주고 있다.

이와 같은 명언이 있지만, 아직도 대부분의 사람들은 목숨을 버리면서까지 도전을 멈추지 않은 탐험가들을 이해할 수 없다고 한다. 탐험과 도전의 대가가 돈이나 명예라면 쉽게 이해할 수 있을 텐데 말이다. 실제로 돈이나 명예를 위해 도전하는 사람들도 있지만, 대부분의 탐험가들은 말로리처럼 도전 자체를 즐긴다. 돈이나 명예, 아니 세상에서 가장 귀한 것을 준다고 해도 탐험과 도전을 결코 포기하지 않을 것이다. 알렉산더 대왕도 처음에 동쪽에 있는 페르시아의 다리우스 왕을 죽이기 위해 추격을 시작했지만, 다리우스 왕이 죽은 뒤에도 동쪽으로 계속 원정을 갔다. 여러 가지 이유가 있겠지만 한 가지 확실한 것은 돈이나 명예 때문이 아니라는 것이다. 그는 이미 모든 것을 가진 사람이 아닌가!

대항해 시대에 바다로 나선 수많은 사람들도 대부분은 자발적으

5) 말로리는 엔드류 어빈(Andrew Irvine)과 함께 에베레스트 등정에 도전했으나, 정상 6백 미터 아래에서 실종되었다. 말로리와 어빈은 많은 산악인들에게 신화 같은 존재로 남아 있다.

로 탐험을 했다. 왕실의 후원을 받기는 했지만, 왕실이 이들을 선발한 것이 아니라 이들이 탐험하기 위해 왕실의 후원을 얻어냈다. 물론 마르코 폴로 이후 동방에 관심이 커졌고, 이슬람 상인들을 통하지 않고서도 인도의 향신료를 얻을 수 있다면 큰 돈을 벌 수도 있었다. 하지만 돈을 목숨과 바꿀 수는 없는 일 아닌가? 탐험가가 미지의 세계에 도전하는 진짜 이유는 무엇일까?

심리학자들은 사람의 행동을 설명하는 한 방법으로 동기(motiva-tion)를 사용한다. 동기란 사람 안에 존재하는 힘으로, 뚜렷한 목적(direction)이 있는 행동을 시작(activation)하게 하며 그 행동을 유지(maintenance)하게 한다. 한마디로 말하면 행동의 원인이 되는 힘을 말한다.

사람에게는 어떤 동기가 있을까? 어떤 심리학자들은 사람의 동기에는 생리적 동기와 사회적 동기가 있다고 했다. 생리적 동기란 생명을 유지하고 활동하기 위한 동기로, 예를 들자면 배고픔, 수면, 성(性), 모성(母性) 따위를 말한다. 사회적 동기란 다른 사람들과의 관계에서 생겨나는 동기로 권력, 유친[6] 등을 말한다. 그런데 이 두 가지 동기 이외에 제3의 동기를 주장하는 사람들도 있다. 이들이 주장하는 제3의 동기란 다른 말로 본유적(innate) 동기[7]라고도 하는데, 이는 생리적 동기와 사회적 동기로 설명할 수 없는 행동을 설명한다. 생리적 동기와 사회적 동기로 설명하는 행동이란 바로 자극추구 행동[8]이다. 예를 들면, 사람들은 높은 산에 오르거나

6) 다른 사람과 친밀감을 맺고자 하는 동기.

7) 타고난 동기 혹은 선천적 동기.

8) 인간은 아무런 자극이 없는 심심한 상태를 견디지 못하고, 끊임없이 자극을 추구하려고 한다.

번지점프를 한다. 그리고 놀이공원에서는 심장을 쿵쾅거리게 하는 놀이기구를 탄다. 어떤 사람에게는 고통스러울 수도 있는 자극적인 놀이기구를 아주 즐거워한다.

왜 사람들은 보상이나 대가가 있는 것도 아닌데 자극추구 행동을 하는 것일까? 만약 명예를 얻기 위해 한다면, 이는 사회적 동기 때문에 하는 행동이라고 할 수 있다. 하지만 누가 알아주지 않아도 혼자 즐거워서 이러한 행동을 하는 사람들도 있다. 또한 자극적인 활동이 몸을 흥분시키기 때문이라면, 이는 생리적 동기 때문에 하는 행동이라고 할 수 있다. 생리적 동기는 생명을 유지하는 것과 관련이 있을 뿐만 아니라, 모든 사람에게 나타나는 것이다. 하지만 자극추구 행동은 생명을 유지하는 것과 관련도 없고, 모든 사람에게 나타나는 것도 아니다. 자극추구 행동은 사회적 동기와 생리적 동기로도 설명할 수 없기 때문에 제3의 동기인 본유적 동기로 설명하려는 것이다. 자극추구 행동으로 나타나는 본유적 동기를 잘 보여주는 실험을 예로 들어보자.

1951년 캐나다의 맥길대학교 심리학과 교수인 헤브(Donald Olding Hebb)[9]는 남자 대학생들 22명을 대상으로 실험을 했다. 일당 20달러(지금의 1백 달러 정도)를 준다는 조건이었다. 이들이 실험에서 해야 할 일은 아무 일도 하지 않는 것이다. 아무 일도 안 하고 누워 있는 것이 참가자들에게 주어진 과제였다. 누워 있다가 졸리면 자고, 화장실도 가고 싶을 때 갈 수 있고, 때가 되면 밥도 준다. 다만 이것말고는 아무것도 해서는 안 된다. 실험실은 외부의 모

307

든 자극을 차단할 수 있게 만들어졌다. 참가자의 눈에는 반투명 고글을 씌워서 시각 자극을 차단했고, "윙"하는 소리를 들려주어서 청각 자극을 차단했고, 손과 발은 큰 통에 넣어서 촉각 자극을 차단했다. 사실 완벽하게 자극을 차단했다기보다 자극을 줄였다고 하는 것이 더 옳을 것 같다.

헤브 박사는 이 실험을 통해 사람들이 자극이 없는 상황에서 얼마나 견딜 수 있는지, 그리고 자극을 박탈하면 어떻게 되는지를 알아보려고 했다. 그래서 참가하는 학생들에게 일당 20달러를 제시하면서, 며칠이든지 견딜 수 있을 때까지 견디라고 했다. 보수는 그에 따라 얼마든지 줄 수 있다고 제안했다.

대부분의 참가자들은 처음에는 이 실험을 너무 쉽게 여겼다. 왜냐하면 어려운 과제가 아니라, 단지 누워 있기만 하면 된다고 하니 모두들 어리둥절하면서도 즐거워했다.

실험에 참가한 대부분의 사람들은 며칠 푹 잠이나 자야겠다고 생각했다. 그러면서 실험에 참가한 대가로 받은 돈을 어떻게 쓸지 들떠 있었다.

실험에 참가한 대부분의 사람들은 거의 잠을 잤다. 잠에서 깨면 공상을 하기도 했다. 그러다가 졸리면 다시 잠을 잤다. 하지만 시간이 갈수록 참가자들은 지루해했고, 몹시 불쾌해했다. 물론 화장실

은 갈 수 있었다. 밥을 먹어야 할 때가 되면 연구자들이 식사를 준비해서 실험실로 가지고 들어왔다. 실험에 참가하는 사람들은 자신이 누워 있던 침대에 앉아서 식사를 해야 했다. 식사를 마친 뒤에는 원한다면 화장실을 갈 수 있었지만, 그렇지 않으면 다시 누워야 했다. 누우면 아무것도 보이지 않고, 아무것도 들리지 않으며, 아무것도 느낄 수 없었다. 적막함 그 자체였다. 처음에는 공상을 하는 것 같았지만, 시간이 흐를수록 공상에 사로잡히는 것 같았다. 그리고는 다시 어두움과 적막함이 되풀이되었다. 모든 참가자들이 셋째 날을 넘기지 못하고 실험을 포기했다. 그리고 참가자들은 실험이 끝난 뒤에도 얼마 동안 사물을 집중해서 보지 못하기도 했고, 환각(hallucination)[10]을 경험하는 사람들도 나왔다.

10) 아무 자극도 없는데, 보이고(환시) 들리는(환청) 현상.

　대부분의 사람들은 일을 하지 않으면 편하고, 아무런 갈등이 없으면 좋을 것이라고 생각한다. 그것은 아마도 현재 겪고 있는 일이 부담스럽고 스트레스가 너무 크다고 느끼기 때문일 것이다. 하지만 이 실험에서도 알 수 있듯이, 사람에게는 자극이 필요하다. 사람은 자극을 추구하는 존재이다. 너무 심한 자극은 사람에게 고통을 주기 때문에 사람들은 자신에게 '적절한 수준'의 자극이 필요한다. 다시 말해, '적절한 수준'의 자극을 받아야 사람들은 살아 있음을 느낀다.

　그런데 여기서 중요한 것은 사람마다 '적절한 수준'이 다르다는 것이다. 어떤 사람들은 자동차의 경적 소리만 들어도 깜짝 놀라고,

어떤 사람들은 10층 건물에서 아래를 내려다보는 것만으로도 얼굴이 창백해진다. 하지만 어떤 사람들은 시속 3백 킬로미터를 넘나드는 속력으로 자동차 경주를 즐기며, 어떤 사람들은 맨손으로 백 층의 건물을 기어서 올라가기도 한다.

이처럼 사람들이 끊임없이 무언가에 도전하는 이유는 바로 살아 있음을 느끼기 위해서이다. 우리 모두는 자극을 추구하고 있다. 단지 극한 상황에 도전하고, 남들이 가보지 않은 곳을 탐험하는 사람들은 단지 자신들에게 적절한 자극의 수준이 높기 때문이다. 그래서 목숨을 잃을 수도 있을 만큼 위험하더라도 살아 있음을 느끼기 위해서 도전한다. 도전하지 않는다는 것은 그들에게는 죽은 것이나 마찬가지이므로, 차라리 죽더라도 잠시나마 살아 있음을 느끼기 위해서 도전을 멈추지 않는 것이다.

아문센은 있고, 스콧은 없다?

아문센과 스콧은 비슷한 시기에 비슷한 위치에서 남극 탐험 준비를 했다. 아문센은 스콧보다 한 달 먼저 남극점에 도착했고 무사히 돌아왔다. 하지만 아문센보다 먼저 남극 탐험 준비를 시작한 스콧은 살아 돌아오지 못했다. 아문센은 성공하고 스콧은 실패한 이유에 대해 알아보자.

우선 아문센이 날씨 덕을 보았다면, 스콧은 악천후 때문에 고생했다. 남극은 여름이 아주 짧다. 물론 여름이라고 해도 우리나라의 여름을 생각해서는 안 된다. 대략 한두 달 정도 기온이 약간 올라가고 폭풍이 잠잠해지는 정도다. 연평균 기온이 영하 55도 정도인데, 가장 추울 때는 영하 70도이고 가장 따뜻할 때에는 영하 30도라고 한다. 아문센이 남극을 향해 처음 출발할 때는 강추위 속에서 고전을 면치 못했다. 하지만 시간이 흐를수록 남극은 따뜻해졌다.

하지만 스콧의 경우에는 달랐다. 스콧은 아문센보다 한 달 이상 늦게 출발했기 때문에 출발할 때에는 따뜻했지만 예상과 달리 험한 길을 만나면서 남극에서 돌아올 때에는 강추위와 싸워야 했다. 그렇기에 대원들은 결국 보급품 창고를 겨우 몇 킬로미터 앞둔 지점에서 쓰러지고 말았다.

또 한 가지 중요한 이유가 바로 운송 수단이다. 많은 사람들은 남극점에 도전한 아문센과 스콧의 대결을 가리켜 알래스카 산 개와 시베리아 산 조랑말의 대결이라고 한다. 아문센은 썰매를 끌 운송수단으로 알래스카 산 개를 골랐고, 스콧은 시베리아 산 조랑말을 골랐다. 아문센의 선택은 탁월했다. 개들은 아주 건강해서 썰매를 잘 끌었다. 반면 스콧의 시베리아 산 말들은 목적지에 도착하기 전에 하나 둘씩 죽기 시작했다. 결국 살아남은 말들은 출발한 곳에서 불과 7백 킬로미터 떨어진 지점에서 도살했다. 이때부터 스콧 일행은 썰매를 직접 끌어야 했기 때문에 체력을 다 써버렸다. 스콧은 인간의 의지를 확고하게 믿었다. 그는 직접 썰매를 끄는 것이 진정한 탐험이라고 생각했다.

사실 스콧은 처음에는 시베이라 산 조랑말만을 운송수단으로 생각하지 않았다. 그는 나름대로 비장의 무기를 준비했는데, 바로 모터가 달린 썰매였다. 체인을 단 이 썰매는 남극에서 진가를 발휘할 것이라고 모두들 예상했다. 모터 썰매를 잘 사용한다면 상당히 높은 고도는 물론, 어쩌면 남극점까지 썰매를 타고 갈 수 있을지 모른다고 생각했다. 남극점을 향해 출발하기 전 아문센은 스콧을 방문한 적이 있는데, 이때 스콧이 준비한 모터 썰매를 보고는 큰 충격을 받았다. 하지만 이 썰매는 많은 사람의 기대와 달리 위력을 발휘하지 못했다. 왜냐하면 엄청난 돈을 투자해서 만들어서 남극까지 힘들게 공수해온 모터 썰매 세 대 중 한 대는 빙하 계곡으로 떨어져버렸고, 나머지 두 대도 얼마 지나지 않아서 고장이 났기 때문이다. 더 어처구니없는 사실은 썰매가 고장 났을 경우를 대비하지 않았다는 것이다. 썰매를 수리할 수 있는 사람도, 필요한 부품도, 공구도 준비하지 않았다.

스콧의 판단 착오는 여기에서 그치지 않았다. 아문센은 남극점을 향해서 출발할 때와 또한 돌아올 때를 대비해서 음식물과 각종 보급품을 보충할 창고를 세 곳에 설치했다. 이렇게 철저하게 준비했기 때문에 아문센과 대원들은 부족함 없이 탐험을 마칠 수 있었다. 심지어 음식이 부족하지 않아서 돌아오는 도중 창고 한 곳을 그냥 지나치기도 했다. 반면 스콧은 보급품 창고를 한 곳에만 설치했다. 스콧과 그의 일행이 죽은 곳도 이 창고에서 멀리 떨어지지 않은 곳이었다. 만약 그들이 창고에 도착했다면 모두 살 수 있었을지도 모르는 일이다. 아문센과 스콧은 베이스 캠프를 떠난 지 60여 일이 되어서야 남극점에 도착했고, 돌아오는 길도 비슷하게 걸렸음을 고려할 때, 그들의 여정은 무려 백 일이 넘는다. 이렇듯 백 일이 넘는 긴 탐험 기간 동안 스콧이 준비한 보급품 창고는 오직 한 곳이었다.

아문센은 어렸을 적부터 극지방을 탐험하고 싶어했다. 실제로 그는 노르웨이에서 멀지 않은 북극점을 정복하기 위해 많은 준비를 했다. 북극에 관한 수많은 책을 읽었고, 항해사와 선장 자격증을 땄으며, 에스키모의 생활방식을 체험하면서 철저히 대비했다. 또한 스키 타는 법과 개들을 다루는 방법도 배웠다. 그는 자연을 정복하기보다는 적응하려고 했다.

아문센.

그러나 스콧은 모든 것을 현지에서 해결한다는 전략과 즉흥성으로 가득 찬 자의식과 영웅심만 있었다. 국가에서 많은 지원을 받았으며, 강한 군인 정신이면 충분히 남극을 정복할 수 있다고 자신했다. 그는 남자다움과 강철 같은 의지력만 있으면 모든 것을 해결할 수 있다고 믿었다. 그래서 그는 아무것도 준비하지 않았다. 남극 탐험을 본격으로 준비한 기간이 4년이었는데도 그는 스키 타는 방법을 배우지 않았고, 남극 탐험에 필요한 장비와 물품도 준비하지 않았다. 스콧은 자신이 그동안 사용해오던 영국 해군의 장비와 물품을 남극으로 가지고 갔다.

그런데 여기서 한 가지 의문이 든다. 역사는 비록 아문센과 스콧의 이름만 기억하고 있지만, 이들과 생사를 함께 한 다른 대원들이 있었다. 그렇다면 이들은 아문센과 스콧의 결정에 대해 어떠한 의견을 내놓았을까? 특히 남극 탐험에 실패한 스콧의 대원들은 그가 엉터리로 탐험 준비를 하는 것을 보고 어떤 태도를 보였을까? 보급품 창고를 하나밖에 세우지 않았을 때 대원들은 무엇을 하고 있었을까? 자신들의 생명과 관련된 일인데, 대원들은 무엇을 하고 있었단 말인가?

여럿이 합쳐 아이큐 100?

탐험과 모험은 보통 팀을 짜서 도전한다. 제아무리 강철 같은 체력을 가지고 있고, 뛰어난 전략을 짤 수 있는 사람이라도 혼자서는 탐험과 모험을 할 수 없다. 아주 다양한 상황에 대비해야 하기 때문에 팀은 각 분야의 전문가들로 구성된다. 각 분야에서 최고 실력자들이 모여야 최고의 결과를 얻을 수 있을 것이라고 생각하는 것은 당연하다. 그러나 때로는 최고의 실력자들이 모여서 최악의 결과를 만들어내기도 한다. 목숨을 건 탐험과 도전에서는 아주 작은 판단 착오 때문에 목숨을 잃을 수도 있다. 스콧이 이끈 탐험대는 최고 실력을 가진 전문가들로 구성되었다. 그런데 왜 목숨을 잃을 수도 있는 위험한 탐험에 대비한 준비를 철저하게 하지 않았을까?

심리학에서는 이러한 현상을 집단사고(groupthinking)라고 한다. 집단사고란 결속력이 강한 집단에서는 의견을 하나로 모으려는 경향이 강하기 때문에 현실적인 대안이 무시되고 터무니없는 결정을 내리게 되는 사고 양식이다. 많은 사람들은 집단의 결속력이 높을수록, 그리고 각 분야에서 최고 전문가들일수록 성과가 높을 것이라고 생각한다. 하지만 집단사고가 아주 위험할 수 있음을 스콧의 탐험대가 단적으로 보여주고 있다.

집단사고에 대한 연구는 케네디 대통령의 '피그만 침공사건'을 계기로 시작되었다. 피그만 침공사건이란 1961년 4월 17일, 미국 중앙정보국 CIA가 1천3백 여 명을 쿠바 남부의 피그만 해안에 상륙시켜서 쿠바를 침공한 사건이다. 미국은 이 침공을 계기로 쿠바 민중들의 봉기를 유도해서 카스트로 정권을 몰아내고 자본주의 국가를 수립하려고 했다. 하지만 이 사건은 미국의 기대를 단 1퍼센트도 채워주지 못하고 완벽하게 실패하고 말았다.

초강대국인 미국이 작은 나라 쿠바 침공에 왜 실패했을까? 먼저 미국은 망명한 쿠바인들을 이용해 쿠바 민중들이 봉기하도록 하는 계획을 짰다. 그러나 쿠바를 침공한 뒤 이들로 하여금 쿠바인들이 봉기하도록 부추겼으나, 막상 쿠바인들은 카스트로(Fidel Castro Ruz)[11] 정권에 호의적이어서 봉기는 일어나지 않았다. 미국의 실패는 이것만이 아니었다. 전 세계에서 가장 뛰어난 미국의 정보력은 쿠바 군대를 아주 형편없는 군대라고 얕잡아보았다. 하지만 쿠바 군대는 아주 빠르게 대응해서 미국이 침공한 지 나흘 만에 완벽하게 미군을 막아냈다. 이 사건은 미국의 항복 아닌 항복으로 끝이 났으며, 미국이 침투시켰던 백여 명은 죽고 1천2백여 명은 포로가 되고 말았다. 1962년 쿠바는 5천만 달러 상당의 식품과 의약품을

11) 쿠바의 공산주의 혁명 지도자. 체 게바라(Che Guevara)와 함께 쿠바의 공산주의 혁명을 이끌었다.

받는 조건으로 포로들을 미국으로 돌려보냈다. 피그만 침공사건은 미국 역사상 최대의 실수로 남아 있다. 전 세계 어느 나라보다 뛰어난 정보력과 군사력, 조직력을 가진 미국이, 그리고 최고의 전문가들이 모인 백악관의 참모진들도 이러한 실수를 한다.

그렇다면 집단사고가 일어나는 과정에 대해 살펴보자. 집단사고는 어떤 결정을 할 때 대안을 고려하지 않을 경우에 일어난다. 집단사고가 일어나기 위해서는 먼저 강한 결속력이 필요하다. 강한 결속력은 만장일치의 압력으로 작용한다. 결속력이 강하면 집단에 대해 애착이 많아서 한 집단이 같은 생각과 같은 행동을 이끌어낼 수 있다. 이것은 다른 말로 반대 의견이 차단될 수 있음을 의미한다. 집단의 분위기를 계속 좋게 유지하고 싶어하기 때문에 웬만하면 좋은 게 좋다는 식으로 넘어간다. 특히 이것은 위계적인 집단에서 잘 나타난다. 집단의 결속력이 좋고 위계적이라면 반대 의견을 내는 것은 더욱 어렵다.

다음으로 집단사고가 일어나기 위해서는 지시를 아주 잘하는 지도자가 있어야 한다. 지시를 잘하는 지도자는 위계적인 집단의 특징이기도 하다. 지시하는 것을 좋아하는 지도자라면 무조건 시키는 대로 할 수밖에 없기 때문이다.

피그만 침공을 결정했던 백악관의 참모회의를 떠올려보자. 백악관의 참모들은 자신들의 일생 중 최고의 자리에 올랐으며, 그래서 자신들이 속한 참모 집단에 대한 애착이 강하게 형성되어 결속력이 아주 강했을 것이다. 그리고 누군가가 제안한 쿠바 침공 계획에 대해서, 말도 안 되는 소리라며 처음부터 다시 검토해야 한다는 주장도 마음껏 할 수 없었을 것이다. 아마도 이 계획이 국방부나 CIA에서 나왔을 법한데, 이럴 경우 이 분야의 최고 전문가들이 제안한 것이니 다른 참모들이 어떻게 반대할 수가 있겠는가? 증거가 있어야 반대할 수 있는데, 마땅한 증거를 찾는 것도 쉽지 않았을 것이다. 두 남극 탐험대에게 집단사고를 적용해보자. 가족과 고향을 떠나서 미지의 세계로 탐험을 하는 대원들이 서로를 가족보다 더 소중한 존재로 느끼는 것은 두말할 필요가 없다. 탐험 중 난관을 겪을 때마다 대원들은 서로를 위하고 믿고 의지하게 될 것이다. 서로가 서로의 생명을 지켜준다는 강한 믿음이 없다면, 목숨을 건 탐험에 어떻게 도전할 수 있겠는가? 반대 의견을 자연스럽게 차단하도록 만드는 강한 결속력을 가진 집단에서 지도자의 역할은 무엇보다 중요하다.

이러한 측면에서 볼 때 아문센과 스콧은 달랐다. 스콧은 해군 출신답게 대원들이 언제나 자신의 명령을 따르도록 강요했다. 혹시 대원이 자신의 생각과 반대되는 의견을 제시하면, 부하의 제안을 딱 잘라 거절했다. 스콧은 1911년 9월 10일 남극점을 정복하기 위한 최종 계획을 대원들에게 알렸다. 11월에 출발해서 다음해 3월 중순에 돌아온다는 계획이었다. 하지만 3월은 남극 지방에 겨울이 시작되는 시기였기 때문에 위험했다. 스콧은 오로지 남극점을 정복하겠다는 강한 의지로 불타 있었기 때문에 충분한 안전 대책도 없이 행군 일정을 계획했다. 그러나 그 누구도 스콧의 이런 계획에

반대하지 않았다. 대원들 역시 나름대로 전문가들이었지만, 그들은 스콧의 의견에 반대할 수 없다는 사실을 잘 알고 있었다.

한편 아문센은 스콧이 가져온 모터 썰매가 계속 마음에 걸렸다. 마치 스콧이 모터 썰매를 끌고서 당장이라고 남극점을 정복해버릴 것 같았다. 그래서 그는 스콧보다 조금이라도 빨리 남극점을 향해 출발할 계획을 세웠다. 가능한 일찍 출발해서 중간 지점에 이글루를 짓고, 그곳에서 생활하다가 날이 조금 풀리면 남극점을 향해 출발하자고 대원들에게 제안했다. 하지만 대원들은 토론을 벌인 끝에 그의 제안을 거부했다. 날씨가 아직 풀리지 않아 너무 춥고 위험하다는 것이었다. 이때 아문센은 대원들의 반대 의견을 듣고 계획을 다시 세웠다. 그리고는 결국 1911년 9월 11일 남극점을 향해 출발했다. 하지만 출발한 지 얼마 지나지 않아 혹한을 만나자, 아문센은 전진하지 않았다. 자신의 고집보다는 다른 대원들의 의견을 중요하게 생각했던 것이다. 결국 아문센과 대원들은 다시 기지로 발길을 돌렸다.

아문센과 동료들.

아문센은 자신의 명령과 판단에 다른 대원들이 무조건 복종하기를 바라는 지도자는 아니었다. 대신 지도자로서 자신의 권위를 유지하되, 모든 팀원들이 중요한 결정에 함께 동참할 수 있도록 했다. 물론 대원들과 의견 충돌이 일어났을 때 비록 화가 나기는 했지만, 자신의 판단이 잘못되었는지 살펴본 후에 대원들의 의견을 충분히 수렴했다. 이것은 성공을 향한 집단의 결속력을 더욱 강하게 했다.

희망이 없으면 도전도 없다

남극점에 가까이 갈수록 영국 탐험대에게 부담이 되었던 것은 바로 첫 번째로 남극점에 도착하느냐, 아니면 두 번째로 도착하느냐의 문제였다. 영국 탐험대가 그동안 생사를 걸고 싸웠던 눈보라나 혹한보다 더욱 끔찍한 것은 노르웨이 탐험대가 어쩌면 자신들보다 먼저 도착했을지도 모른다는 상상이었다. 그들은 이렇게 가슴을 졸이면서 남극점을 향해 걸어갔다. 1912년 1월 17일, 드디어 스콧과 대원들이 남극점에 거의 도달했을 때 멀리 검은 물체가 있는 것을 보았다. 그것은 바로 아문센 탐험대가 남기고 간 노르웨이 깃발이 나부끼는 텐트였다. 혹시나 했던 걱정이 현실이 되는 순간, 온몸에 기운이 모두 빠져나가는 느낌이었다.

아문센보다 34일 늦게 남극점에 도착한 스콧은 너무도 실망스러웠다. 영국으로 돌아가서 여왕에게 어떻게 보고해야 할지 눈앞이 캄캄해졌다. 스콧은 텐트 안을 들여다보았다. 그곳에는 아문센이 남기고 간 편지가 두 통 있었다.

"친애하는 스콧 대장님! 아마도 당신이 우리 다음으로 이곳에 도착하는 최초의 인간이 될 것이기 때문에, 저는 당신에게 이 편지를 국왕 호콘 7세에게 전달해주실 것을 정중히 부탁합니다. 만약 우리가 텐트에 남긴 것 가운데 당신에게 도움이 될 만한 것이 있다면 사용하십시오. 건강하게 귀환하시길 바랍니다. 로알 아문센 올림."

— 『남극의 대결, 아문센과 스콧』 중에서

사실 오래전부터 남극 탐험을 준비해온 스콧에게 아문센의 도전은 당황스러운 일이었다. 그것도 남극에 도착해서 알게 되었으니, 그 충격은 굉장했을 것이다. 또한 스콧은 아문센의 이야기를 전부 터 들었으나, 그가 알고 있던 아문센은 북극을 탐험하기 위해 준비하고 있었다. 그런데 남극에서 아문센을 만난 것이다. 예상하지 못했던 경주가 펼쳐졌다. 목표는 남극점이고, 수단과 방법은 중요하지 않다. 먼저 가는 사람이 역사에 그 이름을 남기는 것이다. 이렇게 세기의 경주는 시작되었다. 전 세계인들의 관심은 남극으로 향했고, 스콧과 아문센은 남극점을 향한 탐험이 아니라 목숨을 건 경주를 펼치게 되었던 것이다.

물론 스콧은 진정한 탐험가로서 도전하기를 원했으나, 상황은 그렇지 않았다. 원하든 원하지 않든 간에 경쟁은 피할 수 없었기에, 그가 그토록 바라던 남극점에 도착했을 때 충격은 이만저만 큰 것이 아니었다. 엄청난 충격과 허탈한 마음은 그에게서 의지를 빼앗아가 버렸다. 스콧과 대원들은 남극점의 첫 정복자로 이름을 올릴 수 있다는 희망이 사라지자 삶의 목적을 잃어버리고 말았다.

정신과 의사 프랭클(Victor Frankl)[12]은 유대인으로서 2차 세계대전 중 수용소 생활을 했다. 그는 수용소에서 수없는 죽음의 위기를 맞았다. 나치는 가스실에서 유대인의 육체적 생명을 빼앗기 전에, 이미 수용소 생활을 통해 유대인의 심리적 생명을 빼앗아 버렸다. 많은 유대인들은 자신들이 절대로 살아서 수용소를 나가지 못할 것을 확신하고 있었기 때문에 그들에게 삶은 고통이었고 죽음이었다. 이러한 심리적 좌절감은 그들을 병약하게 만들었고, 죽음을 너무도 두려워하게 했다. 이런 상황에서 프랭클은 끝까지 살아남아 결국에는 수용소에서 해방되었다. 프랭클은 동료들이 모두 죽은 상황에서도 끝까지 살아남을 수 있었던 것은 바로 삶의 의미를 찾았기 때문이라고 생각했다. 프랭클은 수용소에서 무슨 일을

12) 오스트리아 출신의 유대인 정신과 의사. 수용소에 있던 경험을 살려 의미치료(logotherapy)를 시작했다.

하든지 그 일에 의미를 부여했고, 희망을 버리지 않았다. 프랭클은 삶의 의미와 목적이 있는 한 어떠한 고통도 이겨낼 수 있다고 생각했다. 가령 고통스러운 순간을 경험하더라도 그 고통의 의미를 발견한다면 그 고통을 이겨낼 수 있다는 것이다. 산모가 아이를 낳을 때의 고통은 새로운 생명의 탄생이라는 의미가 있기 때문에 이겨낼 수 있는 것처럼 말이다.

극한의 상황에서 희망을 잃어버리는 것은 심리적으로 보았을 때에는 죽음이나 마찬가지이다. 남극점에 도달하기까지 수많은 위기와 고통을 겪으면서도 아문센과 스콧이 버텨낼 수 있었던 것은 바로 남극점에 대한 의미와 희망이 있었기 때문이다. 그리고 아문센은 자신의 희망대로 남극점에 최초로 도달한 사람이 되었고, 조국으로 돌아오는 길은 아주 즐겁고 기뻤다. 하지만 스콧은 자신의 노력과 고통에 대한 의미를 발견하지 못해서 힘이 빠졌고 낙심했다. 그가 처음부터 염려했던 일, 즉 아문센이 먼저 남극점에 도달했다는 끔찍한 상황을 확인했을 때 그는 더 이상 의미를 찾을 수 없었던 것이다. 스콧이 보급품 기지를 겨우 몇 킬로미터 앞둔 지점에서 쓰러지고 말았다는 사실은 우리에게 안타까움을 주고 있다. 그들이 너무 쉽게 포기한 것에 대해 많은 사람들이 의아해하지만, 스콧의 마음은 이미 좌절과 포기상태였던 것이다. 그렇기 때문에 아무리 힘을 내려고 애를 써도 힘이 나지 않고, 발걸음을 옮

기려고 해도 옮겨지지 않았던 것이다.

우리는 주변에서 시한부 선고를 받은 말기 암 환자가 기적처럼 회복하는 경우를 가끔 본다. 이들의 공통점은 하나같이 삶의 희망을 놓지 않았다는 것이다. 현실을 냉정하게 판단하고 자신의 처지를 받아들이면서 고통을 이겨낼 수 있는 희망을 키운 것이다. 현실에 근거한 희망이 바로 기적을 가능하게 한다.

많은 탐험가들은 극한의 상황을 맞아 목숨을 잃었다. 물론 그 원인은 철저하게 준비하지 못한 잘못과 예기치 못한 사고 때문이라고 한다. 하지만 예기치 못한 사고를 당하고서도 끝까지 살아남는 사람이 있는 것을 볼 때 우리는 다시 한번 삶의 의미에 대해 생각하지 않을 수 없다. 삶의 의미를 알고 있는 한 삶은 계속될 수 있다는 것, 그 의미를 잃으면 삶은 언제든지 끝날 수 있음을 우리는 아문센과 스콧의 이야기를 통해서도 확인할 수 있다.

최적의 각성을 원하는 사람들

어떤 사람은 놀이공원에 가서 놀이기구를 타야 재미있다고 느끼는 반면, 어떤 사람은 회전목마를 타는 것만으로도 충분하다고 느낀다. 어떤 사람은 회전목마는 시시해서 재미가 없다고 느끼는 반면, 어떤 사람은 놀이기구 같은 것은 보기만 해도 가슴이 떨리기 때문에 타는 것은 꿈도 못 꾼다고 한다. 바로 이러한 현상은 사람들마다 적정 수준이라고 느끼는 자극추구의 정도가 다르기 때문이다. 이것을 다른 말로는 최적 각성수준 이론(optimal arousal theory)이라고 한다.

최적 각성수준 이론을 적용할 수 있는 대표적인 예가 바로 ADHD 아동들이다. ADHD란 과잉 활동 및 주의력 결핍 장애(Attention Deficit Hyperactivity Disorder)로, 우리 주변에서 어렵지 않게 찾아볼 수 있다. 이 아이들의 특징은 에너지가 너무 많아서 과도한 활동량을 보인다. 단 10초도 가만히 앉아 있지 못하고 끊임없이 돌아다니면서 주위의 시선을 끈다. 또한 이 아이들은 한 가지 과제에 오랫동안 집중하지 못한다. 그렇기 때문에 그 과제를 해결할 능력이 있어도 해결하지 못 한다. 그리고 잘 잊어버리고 실수가 많기 때문에 ADHD 아동들을 둔 부모는 아주 힘들어한다. 처음에는 아이들을 혼도 내고, 때리기도 하고, 설득도 하고 애원하기도 하지만, 아이들을 통제할 수 없기 때문이다.

이 아이들을 어떻게 치료할까? 초기에는 이 아이들의 신체가 지나치게 각성(흥분)되어 있다는 데 착안해서 진정제를 주었다. 신체가 진정이 되면 아이들의 과잉 활동이 진정될 것이라고 생각했기 때문이다. 그런데 이상하게 진정제를 준 아이들의 과잉 행동이 조금도 줄어들지 않고 오히려 심해졌다. 그래서 반대로 아이들에게 흥분제를 주었다. 그랬더니 잠시도 가만히 있지 않던 아이가 얌전하게 있는 것이 아닌가!

심리학자들은 이러한 현상을 바로 최적 각성수준 이론으로 설명하고 있다. 사람마다 적절하게 느끼는 각성의 수준이 다르다는 것이다. 어떤 사람은 회전목마만 타도 최적 각성수준에 도달하지만, 어떤 사람은 놀이기구를 타야 도달하는 것처럼 말이다. ADHD 증상을 보이는 아동들의 경우는 바로 이 각성수준이 아주 높다. 그래서 다른 아이들은 가만히 앉아 있어도 충분한 각성이 되지만, 이 아이들은 충분하지 않다고 느낀다. 뛰어다니고 소리를 지르고, 그래서 부모에게 혼이 나야 아이들은 충분히 활동했다고 느낀다. 결국 ADHD 아이들은 높은 신체의 각성(흥분)을 추구하는 아이들이라고 할 수 있는데, 진정제를 주었으니 몸은 더 진정이 되고, 아이들의 목표치는 더욱 높아진 것이다. 반대로 흥분제를 주었을 때에는 가만히 있어도 신체가 흥분이 되기 때문에 아이들의 목표를 이룬 것이어서 가만히 있었던 것이다.

사람들마다 모두 다른 기준이 있다. 가장 좋다고 느끼는 각성수준이 다르다. 이것을 인정하지 않을 때 갈등과 싸움이 일어난다. 서로가 서로의 다름을 인정할 때, 우리는 조금 더 평화를 맛볼 수 있을 것이다.

누다심의 심리학블로그

| 펴낸날 | 초판 1쇄 2007년 1월 9일 |
| | 초판 9쇄 2021년 6월 4일 |

지은이	강현식
펴낸이	심만수
펴낸곳	(주)살림출판사
출판등록	1989년 11월 1일 제9-210호

주소	경기도 파주시 광인사길 30
전화	031-955-1350 팩스 031-624-1356
홈페이지	http://www.sallimbooks.com
이메일	book@sallimbooks.com

ISBN   978-89-522-0589-6   03180

※ 값은 뒤표지에 있습니다.
※ 잘못 만들어진 책은 구입하신 서점에서 바꾸어 드립니다.
※ 저작권자를 찾지 못한 사진에 대해서는 저작권자를 확인하는 대로
   계약을 체결하도록 하겠습니다.